国家出版基金项目
NATIONAL PUBLICATION FOUNDATION

"十二五"国家重点图书
出版规划项目

《东南亚研究》第二辑

唐慧 龚晓辉 主编

马来西亚文化概论

MALAIXIYA WENHUA GAILUN

中国出版集团
世界图书出版公司

图书在版编目（CIP）数据

马来西亚文化概论/唐慧，龚晓辉主编．—广州：世界图书出版广东有限公司，2015.2
ISBN 978-7-5100-9363-0

Ⅰ.①马… Ⅱ.①唐… ②龚… Ⅲ.①文化—概论—马来西亚 Ⅳ.①G133.8

中国版本图书馆CIP数据核字（2015）第037263号

书　　名	马来西亚文化概论
	MALAIXIYA WENHUA GAILUN
主　　编	唐　慧　龚晓辉
项目策划	陈　岩
项目负责	卢家彬　刘正武
责任编辑	程　静　李嘉荟
装帧设计	书窗设计
责任技编	刘上锦
出版发行	世界图书出版有限公司　世界图书出版广东有限公司
地　　址	广州市海珠区新港西路大江冲25号
邮　　编	510300
电　　话	020-84459579　84453623
网　　址	http://www.gdst.com.cn
邮　　箱	wpc_gdst@163.com
经　　销	新华书店
印　　刷	广东虎彩云印刷有限公司
开　　本	787mm×1092mm　1/16
印　　张	15
字　　数	240千
版　　次	2015年3月第1版　2022年7月第3次印刷
国际书号	ISBN 978-7-5100-9363-0
定　　价	58.00元

版权所有　侵权必究

（如有印装错误，请与出版社联系）

解放军外国语学院亚非语系

《东南亚文化概论》编辑委员会

主　任：钟智翔
副主任：孙衍峰
编　委（以汉语拼音为序）

蔡向阳	陈　晖	傅聪聪	龚晓辉	海　贤	郝　勇
黄慕霞	黄　勇	黄　瑜	兰　强	梁敏和	李宏伟
李华杰	李　健	李　丽	廖娟凤	聂　雯	祁广谋
谈　笑	谭志词	唐　慧	陶文娟	谢群芳	熊　韬
徐方宇	阳　阳	易朝晖	尹湘玲	余富兆	于在照
曾添翼	张　琨	张向辉	张　跃	郑军军	钟　楠
邹怀强					

前　言

东南亚是指亚洲的东南部地区。根据地理特征，东南亚可以分为中南半岛和马来群岛两部分，包括位于中南半岛的越南、老挝、柬埔寨、泰国、缅甸和位于马来群岛的菲律宾、马来西亚、文莱、新加坡、印度尼西亚、东帝汶共11个国家。东南亚大部分地区位于北回归线以南，跨越赤道，最南抵达南纬11°，最北延伸至北纬28°左右。该地区北接东亚大陆，南邻澳大利亚，东濒太平洋，西接印度洋，是沟通亚洲、非洲、欧洲以及大洋洲的交通枢纽，也是中国从海上通向世界的重要通道。

由于地理位置上的邻近、民族关系的密切和文化上的相通，早在两千多年前东南亚各国就与中国建立了较为密切的政治、经济和文化联系。新中国成立后奉行睦邻外交政策，我国与东南亚各国的友好关系有了新的发展。进入21世纪后，中国政府明确提出了"与邻为善，以邻为伴"的思想，制定了"大国是关键、周边是首要、发展中国家是基础、多边是重要舞台"的外交方针，进一步强调"积极开展区域合作、共同营造和平稳定、平等互信、合作共赢的地区环境"。

本着这一精神，中国与东南亚国家展开了各种双边与多边合作，形成了多方位、多层次的合作框架，增进了彼此间的信任。随着2011年11月中国—东盟中心的正式成立，中国和东南亚国家间的务实合作关系得到了进一步提升，呈现出强劲的发展势头。世界上，像中国和东南亚这样，在两千多年时间里绵延不断地保持友好关系、进行友好交往的实属罕见。这种源远流长的友谊，成为双方加强合作的基础。

作为多样性突出地区，东南亚各国在民族、语言、历史、宗教和文化等方面五彩缤纷，各具特色。加强东南亚国别与区域研究，可以更好地帮助国人加深对东南亚的了解。为此，解放军外国语学院亚非语系集东南亚语种群自1959年办学以来之经验，在完成2012年度国家出版基金项目《东南亚研究》第一辑的基础上，与世界图书出版广东有限公司一道，继续申报了2014年度国家出版基金项目《东南亚研究》第二辑并获得了成功，本丛书便是该项目的最终成果。

参加本丛书编写工作的同志主要为解放军外国语学院东南亚语种群的专家学者。北京大学、北京外国语大学、南京国际关系学院和云南民族大学的部分专家学者也应邀参加了本丛书的编写。丛书参编人员精通英语和东南亚语言，有赴东南亚留学和工作的经历，熟悉东南亚文化。在编写过程中多采用第一手资料，为高质量地完成丛书奠定了基础。我们希望本丛书的编辑出版有助于读者加深对东南亚国家国情文化的认识，有助于促进中国与东南亚国家间的交流。

由于本丛书涉及面广，受资料收集和学术水平诸多因素的限制，书中的描述与分析难免存在疏漏与不足，恳请同行专家和广大读者不吝批评指正。

解放军外国语学院亚非语系
《东南亚文化概论》编辑委员会
2014年10月于洛阳

目　录

引　言 ··· 1
 第一节　文化的含义 ··· 1
 第二节　马来西亚文化的特点 ·· 6
 第三节　马来西亚文化的发展 ·· 8

第一章　文化地理环境 ··· 11
 第一节　地理状况 ··· 11
  一、地理位置 ·· 11
  二、地形地貌 ·· 11
  三、河流与岛屿 ··· 13
  四、气候 ·· 14
 第二节　自然资源 ··· 14
  一、植物资源 ·· 14
  二、动物资源 ·· 15
  三、矿产资源 ·· 17
 第三节　人口与行政区划 ·· 18
  一、人口 ·· 18
  二、行政区划 ·· 19
 第四节　民族 ··· 31
  一、民族构成 ·· 31
  二、民族政策与民族关系 ··· 35

第二章　历史文化发展沿革 ·· 39
 第一节　古代时期 ··· 39

一、史前历史文化……………………………………………………39
　　二、古代历史文化……………………………………………………46
　第二节　近代时期…………………………………………………………51
　　一、葡萄牙、荷兰殖民统治时期……………………………………51
　　二、英国殖民统治前期………………………………………………52
　第三节　现当代时期………………………………………………………54
　　一、走向独立的马来亚………………………………………………54
　　二、马来西亚的成立…………………………………………………59

第三章　宗教信仰……………………………………………………………60
　第一节　宗教政策…………………………………………………………60
　第二节　伊斯兰教…………………………………………………………61
　　一、传入和发展………………………………………………………61
　　二、基础教义体系……………………………………………………66
　　三、伊斯兰教传入马来半岛的意义…………………………………68
　　四、马来西亚现代化进程中的伊斯兰教……………………………70
　第三节　佛教………………………………………………………………77
　　一、传入和发展………………………………………………………77
　　二、基本特征…………………………………………………………79
　　三、教义的实践体现…………………………………………………81
　　四、佛教团体…………………………………………………………82
　第四节　印度教……………………………………………………………85
　　一、传入和发展………………………………………………………85
　　二、基础教义体系……………………………………………………85
　　三、价值观体现………………………………………………………86
　第五节　其他宗教…………………………………………………………87
　　一、基督教……………………………………………………………87
　　二、民间信仰…………………………………………………………88

第四章　文学艺术 ·········· 91
第一节　语言文字 ·········· 91
一、马来西亚语 ·········· 91
二、华语 ·········· 96
第二节　文学 ·········· 99
一、马来文学 ·········· 99
二、华文文学 ·········· 110
三、泰米尔文学 ·········· 114
第三节　音乐和舞蹈 ·········· 114
一、音乐 ·········· 114
二、舞蹈 ·········· 117
第四节　戏剧艺术 ·········· 123
一、传统马来戏剧 ·········· 123
二、传统华人戏曲 ·········· 129
第五节　建筑艺术 ·········· 131
一、宗教建筑 ·········· 131
二、历史建筑 ·········· 136
三、现代城市建筑 ·········· 138

第五章　传统习俗 ·········· 141
第一节　婚姻习俗 ·········· 141
一、马来人的婚俗 ·········· 141
二、华人的婚俗 ·········· 148
三、印度人的婚俗 ·········· 149
四、其他民族的婚俗 ·········· 149
第二节　丧葬习俗 ·········· 150
一、马来人的丧俗 ·········· 150
二、华人的丧俗 ·········· 152
三、印度人的丧俗 ·········· 152

第三节　传统节会 ··· 153
　　一、元旦节 ··· 154
　　二、开斋节 ··· 154
　　三、春节 ··· 155
　　四、哈吉节 ··· 156
　　五、卫塞节 ··· 157
　　六、大宝森节 ··· 158
　　七、圣纪节 ··· 159
　　八、最高元首诞辰日 ··································· 159
　　九、丰收节 ··· 160
　　十、花卉节 ··· 161
　　十一、国庆节 ··· 162
　　十二、屠妖节 ··· 163
第四节　其他习俗 ··· 164
　　一、生育习俗 ··· 164
　　二、姓名文化 ··· 165
　　三、日常礼仪 ··· 167
　　四、日常禁忌 ··· 169

第六章　物质文化 ··· 171
第一节　饮食文化 ··· 171
　　一、马来人的饮食 ····································· 171
　　二、华人的饮食 ······································· 176
　　三、印度人的饮食 ····································· 180
第二节　服饰文化 ··· 182
　　一、马来人的服饰 ····································· 182
　　二、华人的服饰 ······································· 186
　　三、印度人的服饰 ····································· 187
第三节　传统民居 ··· 189
　　一、马来人的民居 ····································· 189

二、华人的民居 ·· 193
第四节 传统工艺 ·· 193
一、雕刻艺术 ·· 194
二、蜡染艺术 ·· 195
三、克里斯剑 ·· 196
四、风筝制作 ·· 197

第七章 教育和文化事业 ·· 199
第一节 教育 ·· 199
一、教育概况 ·· 199
二、华文教育 ·· 210
第二节 文化事业 ·· 212
一、新闻出版业 ·· 212
二、广播电视业 ·· 215
三、创意产业 ·· 219

参考文献 ·· 221

后 记 ·· 225

引 言

第一节　文化的含义

　　文化可以说是与人的出现相伴而生的，伴随人类社会的历史进程和思想进程而发展变化。但是，直到19世纪中叶以后，随着社会学、人类学、文化学的兴起，文化问题才引起人们的关注和研究。在20世纪，文化概念经历了重要的变化。据说，在1920年之前只有6种文化定义，可是到1952年，文化的定义已经多达160余种。[①]对于这个人们在人文社会科学领域应用得最多、最广泛的术语之一，人们对它的解释林林总总，因而呈现出的文化定义难免见仁见智。确实，对像"文化"这样内涵及其丰富、外延十分广泛的大概念，要下一个严格、准确的定义，是不容易的。由于概念应用者所处的时代不同、社会环境不同、民族传统不同、社会地位不同以及研究的视角不同，"文化"这个术语所表达的意义和涵义也各有差异。

　　在我国古籍中，文化指的是封建社会统治者所施行的文治和教化方式。如西汉刘向《说苑·指武》云："圣人之治天下也，先文德而后武力。凡武之兴，谓不服也。文化不改，然后加诛。"晋代束晳的《补亡诗》也云："文化内辑，武功外悠。"南朝齐代王融的《三月三日曲水诗序》亦有"设神理以景俗，敷文化以柔远"的说法。这些"文化"主要是指与"武力"相对应的"文德"，与现代意义上的"文化"相距甚远。

　　在西方，"文化"一词来源于拉丁文culture，原意为耕耘、耕作土地，种植、栽培庄稼，培育、饲养家畜等，后来才引申为对人身体和精神两方面的培养。到18世纪以后，逐渐把整个社会的知识和艺术、学术作品的汇集等包括进文化的范畴。不过，上述含义与科学意义上的"文化"概念仍有较大的差别。从科学的角度探讨文化含义时，哲学家、人类学家、考古学家、社会学家、心理学家、传播

---

① 李醒民:《论文化的固有特征和研究进路》，载《社会科学论坛》，2005年第7期，第6页。

学家、精神病学家乃至生物学家都曾下过富有自身特征的定义，而对近代社会科学影响最深的是人类学家对文化所下的定义。

人类学将"文化"用为术语，是从英国人类学家泰勒（Edward. B. Tylor）开始的。1871年他对文化下了一个至今还有深刻影响的定义，认为文化"是包括全部的知识、信仰、艺术、道德、法律、风俗以及作为社会成员的人所掌握和接受的任何其他的才能和习惯的复合体。"[①]此后，文化便成为社会科学研究中一个极重要的术语和研究对象。20世纪30年代英国人类学家马林诺夫斯基（B.K.Malinowski）在其名作《文化论》中发展了泰勒的思想，认为"文化是指那一群传统的器物、货品、技术、思想、习惯及价值而言的，这概念包容着及调节着一切社会科学。我们亦将见，社会组织除非视作文化的一部分，实是无法了解的。"

1952年，美国人类学家克鲁伯（A.L.Kroeber）和克拉克洪（Clyd Kluckhohn）对文化概念的历史演变进行了专门的梳理，著有《文化：关于概念和定义的探讨》，共收集了自1871年泰勒提出文化的定义到1951年80年间的160多个文化的定义，并根据其重点分为六类：（1）描述性定义，把文化当作包罗万象的整体，并列举文化每一方面的内容。（2）历史性定义，强调文化的社会遗留性和传统性，认为整个社会的遗传就是文化。（3）规范性定义，强调文化是一种具有特色的生活方式，或是具有动力的规范性观念以及它们的影响。（4）心理性定义，把文化说成是人调适、学习和选择的过程，认为文化基本上是人满足欲求、解决问题、调适环境及人际关系的制度。（5）结构性定义，把文化作为一个价值系统来界定，认为文化是一种抽象的、建立于概念模型之上的、用以解释行为而本身却又不属于行为的东西。（6）遗传性定义，所注重的问题大致为文化是如何来的？文化存在及延续的因素是什么？这类定义虽也涉及文化的其他本质，但其重点却放在遗传方面。[②]最后，他们自己也给文化下了一个综合性的定义："文化存在于各种内隐的和外显的模式之中，借助符号的运用得以学习与传播，并构成人类群体的特殊成就，这些成就包括他们制造物品的各种具体式样，文化的基本要素是传统（通过历史衍生和由选择得到的）思想观念和价值，其中尤以价值观最为重要。"[③]这个文化定义为现代许多西方学者所接受。

---

① ［英］爱德华·泰勒：《原始文化》，连树声译，上海：上海文艺出版社，1992年，第1页。
② 芮逸夫主编：《云五社会科学大辞典·人类学》，台北：台湾商务印书馆，1971年，第18—19页。
③ 《中国大百科全书·社会学》，北京：中国大百科全书出版社，1991年，第409页。

此外，还有其他一些关于文化的有代表性的定义，如社会学家兰登贝格认为："文化可以被定义为是一套从社会活动中习得并传递的判断标准、信念、行为，以及因此出现的行为的习惯模式，及其物质的和象征意义上的产物。"① 而美国文化人类学者露丝·本尼迪克特的文化概念则是："文化是通过某个民族的活动而表现出来的一种思维和行为模式，一种使该民族不同于其他民族的模式。"② 拉尔夫·林顿认为：文化是由习得性行为和人们的行为结果组成的构型，这一特定社会的成员共同享有并传承行为结果的各种组成要素。巴尔诺认为：文化是一群人共有的生活方式，是全部多多少少定型化了的习得性行为模式组成的构型，这些习得性的行为模式凭借语言和模仿代代相传。③

我国有不少著名学者也给文化作过种种界定。如梁启超说："文化者，人类心能所开积出来之有价值的共业也"；蔡元培说："文化是人生发展的状况"；梁漱溟则认为文化是"生活的样法"；陈独秀则主张把文化界定为"文学、美术、音乐、哲学、科学"等这一类的事；贺麟则从"心物合一"的角度出发，将文化界定为"经过人类精神陶铸过的自然"；胡适认为"文化是一种文明所形成的生活方式"。④ 孙本文的定义则是：文化实在是一种复杂体，包括一切有形的实物，如衣服、宫室等，与无形的事项的知识、信仰、艺术、法律、风俗及其余从社会上所学得的种种做事的能力与习惯。⑤

一些辞书中对文化的解释也不尽相同。在《社会科学百科全书》中，文化是一个民族的生活方式。文化由思想和行为的习惯模式组成，文化包括价值、信仰、行为规范、政治组织、经济活动等等，这些是通过学习而不是通过生物的遗传代代相传的。⑥ 而我国《辞海》中对文化的解释是：广义指人类在社会实践过程中所获得的物质、精神的生产能力和创造的物质、精神财富的总和。狭义指精神生产能力和精神产品，包括一切社会意识形式：自然科学、技术科学、社会意识形态。有时又专指教育、科学、文学、艺术、卫生、体育等方面的知识与设施。作为一种历史现象，文化的发展有历史的继承性；在阶级社会中，又具有阶级性，同时也具有民族性、地域性。不同民族、不同地域的文化又形成了人类文化的多样性。

① 裔昭印：《世界文化史》，华东师范大学出版社，2000年，第2页。
② [美]本尼迪克特：《文化模式》，张燕等译，浙江人民出版社，1987年版，第45—46页。
③ 马广海：《文化人类学》，济南：山东大学出版社，2003年，第391页。
④ 孙秋云主编：《文化人类学教程》，北京：民族出版社，2004年，第23—24页。
⑤ 朱谦之：《文化哲学》，北京：商务印书馆，1990年，第3页。
⑥ 亚当·库珀、杰西卡·库珀：《社会科学百科全书》，上海译文出版社，1989年，第161页。

要从定义上说清楚文化是什么也许并不容易，但我们可以对文化的各种特征加以概括和分析，这是理解文化本质的一个重要途径。通过对文化特征的认识，还能使我们更好地理解文化的功能及其在人类生活中的作用。文化的特征可以概括为如下几个方面：

1. 文化的共享性。文化是一系列为一个群体内的所有人或至少是大多数人所共享的。通过这些观念、价值体系和行为准则，一个群体的每一个成员就可以知晓自己在群体内该有怎样的行为，群体也有了大家可同时理解和接受的共同行为标准，并预知在特定条件下人们的相应举措和反应。文化的共享性还表现在一个社会的文化向外传播时，其中的文化要素或多或少是可以为别的文化群体所吸纳和利用的；反过来该文化群体也一样可以汲取外来文化的营养和成分，为本群体的人们所用。虽然文化是某个社会、社区或某个族群、群体成员所共同拥有的，但事实上，不仅不同的社会的文化存在差异性，甚至在同一个社会中的不同群体的文化也有差异，内部完全同质化的文化群体是不存在的。因此，在认识和关注特定社会和群体的共同文化特征时，应同样重视该文化群体内部由于性别、年龄、价值观差异所形成的各种亚文化。[①]

2. 文化的习得性。文化是人类创造或衍生的，但文化并不经由生物遗传的机制而形成，它是通过人们后天的习得行为而获得的，人们早期形成的文化属性对其行为影响最大，也最难以改变。习得是由生物在一定环境背景下的经历所积累、演变而来的行为，所有的动物都有某种程度的习得行为，但没有任何生物具有人类这样大的学习能力，也不像人类要如此多地依赖学习获得的行为以求得生存。文化的代际之间的习得（通常指下一代人向上一代人学习）便构成了文化的传承。人类社会通过生殖行为繁衍后代，生物基因得以保留；人类也通过文化的代际学习使文化能够传递下去，使得文化具有某种"遗传"的特征。当然，文化的遗传并不像人的生物特征的遗传那样具有稳定性。文化在其传承过程中，由于大量的文化接触，文化的发明、革新等原因，而不断地变化其形式与内容。

3. 文化的整合性。文化是由若干部分或因素组成的，如语言、教育、社会组织、价值观念、风俗习惯等等，更重要的是，所有这些部分或因素又在功能上互相依存，在结构上互相连结，构成一个复杂的完整体系，共同发挥社会整合和社

---

① 蒋立松：《文化人类学概论》，西南师范大学出版社，2008年，第25页。

会导向的功能。在吸收外来文化时，本文化具有把外来文化元素整合进本文化系统，使之成为本文化系统一部分的能力和作用。因此，任何一种文化现象都不是孤立存在的，而是由多种文化要素复合在一起的，它们相互适应、和谐一致地整合为一体。

4. 文化的变迁性。文化一经产生，就会被模仿和利用，从而发生纵向和横向的传递过程。由于自然条件的变化，不同文化之间的接触和交流以及重大的技术发明、发现和创造，使文化总是处于不断变迁之中。从另一方面来讲，任何一种文化的形成和发展都不是一蹴而就的，而是需要经过一个长期积淀并不断升华的过程。在这个过程中，文化一方面继承先前的文化精华，同时不断吸收新的文化成果，通过自身不断地进行去粗取精、去伪存真、吐故纳新，在原有基础上不断积累升华，走向成熟。可以说，文化是永远发展变化的，任何一种文化都是处于恒常的变迁之中，古人云："时运交移，质文代变"，就是这一理论的生动说明。

5. 文化的适应性。文化一般是具有适应性的，即文化是一种对自然和社会环境的适应方式。如果某些习俗在特定的环境中更为适应，那么在相似的条件下一般都能发现类似的文化现象。对于自然和社会的适应功能也是一种文化得以存在和延续的重要原因。[①]一方面，人类的文化总是倾向于与周边的自然环境相互协调，但这种适应并不是被动的，它包含了一种文化与自然的互动关系。自然环境内在地规定了文化的走向，但人类通过文化的发明，主动地利用甚至改造了部分的自然，以获得生存的机会；另一方面，文化的适应性还表现为对社会环境的适应，假如一种文化不具有适应性，甚至有害于人们对自然和社会的适应，一般来说这种文化是难以被人们长期接受和认可的。

综上所述，文化概念是一个非常重要的概念，它产生了一整套解释、理解和描述人类行为或社会特性的理论和原则。由于文化概念本身具有复杂多义性，为了避免泛泛而论，文化研究者在对某一文化进行具体的描述和分析时，往往根据不同的视角对文化的内涵做出不同的层次划分，以便更好地对其进行把握和解释。通常大多数学者认可一个文化的系统包含三个层次的内容：一是人与自然的关系；二是人与社会的关系；三是人与自身心理的关系。根据这三层关系，可以把文化界定为三个层次：第一个层次是物质文化，指人类所从事的物质生产创造

---

① 马广海：《文化人类学》，山东大学出版社，2008年，第396页。

活动及其劳动产品，它反映了人类对自然的认识、利用和改造的程度与结果，包括所有的服装饮食、居住条件、劳动器具、工艺技术等方面；第二个层次是制度文化，指人类社会实践活动中所建立的各种社会规范的总和，用来解决和规范协调人与人之间的行为，其中包括生活方式、家庭模式、行为礼仪、风俗习惯、节日庆典等等；第三个层次是精神文化，指人类在长期的社会实践活动和意识形态活动中升华出来的价值观念、知识体系、审美情趣和思维方式，包括文学、音乐、艺术、戏剧、思想、宗教信仰等等。[①]作为人类社会生活的体系特征，文化的各个层次既有区分，又相互联系，构成一个有机整体。在本书中，我们将围绕这几个层次对马来西亚文化进行描述，尽可能将绚丽多彩的马来西亚文化全面、清晰、简洁地展示出来。

第二节　马来西亚文化的特点

地理环境对社会文化发展一般来说虽不会发生决定性的影响，但通常会产生重大的影响，不同的地理环境往往孕育出不同的文化类型。马来西亚全称"马来西亚联邦"（The Federation of Malaysia），位于亚洲大陆和东南亚群岛的衔接部分，亚洲、大洋洲两大陆与太平洋和印度洋的交汇处，自古以来就是东西方海上交通和国际货贸路线的要冲。马来西亚有东西两片隔南海相望的疆土，就像两叶扁舟漂浮在印度洋和太平洋之间的海面上，其中一叶位于马来半岛南部，北与泰国接壤，南与新加坡隔柔佛海峡相望，东临南中国海，西濒马六甲海峡，马来西亚人简称之为"半岛"；另一叶位于加里曼丹岛北部，由沙巴和砂拉越组成，与印度尼西亚、菲律宾、文莱相邻，简称为"沙砂"。[②]半岛和沙砂是两个不同且独特的地理区域，地理条件比较复杂。半岛地势南低北高，东西两侧沿岸为冲积平原，中部为山地；沙砂沿海为冲积平原，内地多为森林覆盖的丘陵和山地。位于交通枢纽的地理位置、复杂多样的地形地貌、受山川海洋分割的地理特征等等，这些地理状况的独特性对马来西亚文化的形成和发展产生了重大影响，使马来西亚文化

---

① 李亦园：《我的人类学观：说文化》，载于周星、王铭铭主编：《社会文化人类学讲演集》，天津人民出版社，1996年，第53—54页。
② 传统上过去多将马来半岛南部的半岛马来西亚称为西马来西亚（简称为西马），将加里曼丹岛北部的沙巴和砂拉越称为东马来西亚（简称为东马）。但基于领土统一、民族团结等多种因素的考虑，马来西亚国内逐渐改变"西马"、"东马"的提法，而是倾向于使用"马来半岛（简称半岛）"和"沙巴砂拉越（简称沙砂）"来分别指称"西马"和"东马"。在此特作说明。

呈现出多姿多彩又和睦共存的特点。

  首先，极具多样性是马来西亚文化最显著的特点。马来西亚文化的多样性来源于地理环境的特殊性以及民族的多元性。作为联接亚澳两大洲以及印度洋与太平洋的纽带，马来西亚很容易受到外来文化的影响、异质文化的入侵和挑战。位于印度和中国这两个亚洲最大的文明古国之间，使马来西亚很早就受到了中国文化和印度文化的影响，后来由于东方和西方之间贸易的发展，又受到阿拉伯伊斯兰文化和西方文化的影响，尤其是进入近代以后，在殖民入侵过程中，西方文化带来的影响逐渐加大。世界四大文化在马来西亚都烙下了深深的印记，对马来西亚文化多元性和多样性的形成和发展产生了重要的作用和影响。同样由于地理和历史方面的原因，马来西亚在成为东西方文明的交汇之地的同时，也成为多民族聚居之地，民族构成复杂，种类繁多。除马来人、华人、印度人三大族群外，还有其他许多土著少数民族、欧裔和欧亚混血人等。各民族在历史渊源、意识形态、宗教信仰、语言文字、生活方式、价值观念和习俗风尚等方面均存在诸多的差异与区别，这无疑增加了马来西亚文化的多元性和多样性。

  宗教色彩浓厚是马来西亚文化的第二个特点。由于东方文化和西方文化在马来西亚相互交融，伊斯兰教、佛教、道教、印度教、基督教和天主教等都在这块土地上落地生根、枝繁叶茂，因此马来西亚文化的宗教性很强。其中，伊斯兰教是国家的官方宗教，全国有超过60%的人信奉伊斯兰教，且信奉者大多为马来人。除伊斯兰教外，其他宗教在马来西亚也受到尊重和保护。印度人多为印度南部的泰米尔人，他们信仰印度教，还有一部分是锡克人，多信仰锡克教。土著原住民既有信仰原始宗教的，也有皈依伊斯兰教、基督教和天主教的。华人的宗教信仰比较多元，包括佛教、儒教、道教以及基督教和天主教等。在马来西亚，可以看到庄严肃穆的马来人清真寺、雕梁画栋的华人庙堂会馆和金碧辉煌的印度寺庙参差错落、鳞次栉比，其中还夹杂着殖民地时期留下的基督教堂，呈现出多元宗教共存的色彩，世界主要的宗教信仰都能在这里找到。当然，五彩缤纷的宗教文化中，色彩最为艳丽的当属伊斯兰教。伊斯兰教对马来西亚社会、政治、经济、文化等各个方面的影响力都是其他宗教无法企及的。因此，可以说马来西亚文化具有强烈的伊斯兰教色彩。

  马来西亚文化的第三个特点是具有极强的包容性。如前所述，马来西亚文化是多种文化的组合，从古至今，无论是印度文化、中华文化、伊斯兰文化还是西方文化，不管外来文化进入时是强制输入还是主动引入，马来西亚都能根据需要汲取精华并加以改造，最终为我所用，形成如今多元共存、和而不同的文化格局。在马来西亚，人们可以发现一种混合的社会空间，斑驳陆离的装束、习惯、歌曲、舞蹈及饮食等等，这种明显的差异被公认为多元文化的交错并存。在这里，马来人、华人、印度人等各民族顽强地保留着本民族的宗教、文化和习俗，尽管也存在主导性宗教，但其他宗教习俗的存在并不受排斥。来自不同地方的各种肤色的人在同一片天空下扎了根，世代耕耘着这个国度，不仅促进了马来西亚的经济繁荣，也丰富了马来西亚文化。尽管不同文化在马来西亚社会中进行交流、融合的同时，也经历过碰撞和对抗，但纵观马来西亚历史，除个别时期外，各民族文化基本上处于和睦共存的状态，在马来西亚这个多民族的大熔炉里炼出了璀璨斑斓的多元文化。由此，马来西亚被国际社会赞誉为"族群和谐的典范"，2001年还获得世界少数民族联盟颁发的"首届国际少数民族和谐奖"。可以说，马来西亚文化所具有的开放性和包容性以及对他种文化所持有的尊重甚至是认同接受的态度是极具特色的。如今，多元文化的生存背景已成为马来西亚人最具竞争力的优势。

综上所述，马来西亚在其发展的历史长河中，容纳了来自世界各地的新老移民，形成了多民族的国家。这些民族相互学习、携手并进，构成了一个和睦的大家庭。马来西亚文化丰富多彩，斑斓十色，反映出世界四大文化的深刻影响和印迹。来自印度、中国、阿拉伯和西方的文化在这里都有充分的体现，每一种文化既保持着其原有的特色，又融进了新的内容。各种文化相互吸收、相互补充，有机地融汇于同一个机体中，这不能不说是马来西亚文化的最大特色。

第三节　马来西亚文化的发展

异彩纷呈的多元文化，一方面使马来西亚在文化发展的过程中享有独特的精神资源，但另一方面其存在的文化差异也使马来西亚国家的文化发展并非一帆风顺。

独立之初的马来亚面临着一个复杂的多民族混居局面。每个州都分布了一定数量的马来人和华人。由于部分马来人居住的地方较为偏僻，所以，在政治和经济比较发达的地区，马来人和华人的人口数量几乎相当。占人口约38%的华人大部分居住在海峡殖民地和马来半岛的西海岸，华人中从事小工商业的人支配着马来亚各地区之间的贸易往来；占人口约45%的马来人大部分居住在农村；而占人口不到10%的印度人的职业却完全不同，印度教徒大多在农村从事种植业，承继了印度古老的村社制度，只是他们效忠的对象变成了种植园主，而少量印度穆斯林由于宗教的因素，与马来人的交流频繁，还在一定程度上相互通婚，他们主要从事商业贸易和其他的职业。这种种族和职业的较为固定的联系使得马来亚的民族状况变得更为复杂，也增加了整个社会的民族融合难度。①

因此，从建国伊始，马来西亚就致力于建设一个"国民团结"的社会，采取了许多政策来整合社会，以求形成一个相互交融的马来西亚民族。追溯历史，马来西亚的文化政策可以总结为以下几个发展阶段：独立初期，强调"马来人特权"，实行"一个国家，一个民族，一种文化，一种语文"的单元化文化同化政策；20世纪70年代，提出建设以马来人文化为核心的"国家文化"，该政策强调本民族文化的普遍性、超越性，其实质是奉马来民族的生活方式、价值观念为圭臬的文化中心主义；20世纪90年代以来，政府的文化政策发生了显著的变化，以旨在保障公平分配教育资源的"绩效制"取代了"固打制"②，建设"国家文化"的呼声逐渐平息，取而代之的是"多元文化"的建设。③尤其是2009年纳吉接任总理后，提出"一个马来西亚"的施政理念，旨在淡化民族性，缓和民族情绪和种族矛盾，构建和谐民族关系。他还提出了"全民的马来西亚"的新理念，强调各民族互相尊重与信任，希望改变马来人优先的民族政治格局，让全民参与国家的政治进程。概而言之，马来西亚经历了"同化论——中心论——多元论"的文化政策的流变历史，客观地说，其文化政策具有循序渐进、较为温和宽松的特点。比如，在推动教育马来化的同时，赋予了华文教育合法地位，使马来西亚华文教育在东南亚乃至全世界首屈一指，马来西亚也成为除中国大陆、台湾、港澳地区以外唯一拥有小学、中学、大专完整华文教育体系的国家。因此，应该看到马来西亚的文化政策总体上是沿着理性、务实的方向演进的，它有效地稀释了文化的政治色彩，比较成功地消解了民族之间出现对峙的可能，从而使马来西亚文化的实际多元化成为合法现象，也使各个族群保持自己的独特文化个性成为可能。

① 陈晓律等：《马来西亚——多元文化中的民主与权威》，四川人民出版社，2000年，第282页。
② 固打制，即以人口的民族构成比例作为国立大学招生的依据。1969年"5.13事件"后，马来西亚高等教育检讨委员会提出《马吉伊斯迈报告书》，建议大学招生不但在学生人数，而且在选择专业方面，都要反映社会人口结构。据此，从1971年起，政府开始实施保护马来族和土著民族教育的"固打制"，即政府大学在新生录取名额上采取"配额"分配制，按照马来族和土著60%、华人30%、印度人和其他少数民族10%的比例录取。
③ 曹庆锋、熊坤新：《民族关系维度下的马来西亚治国理念》，载《黑龙江民族丛刊》，2013年第1期，第9—10页。

需要指出的是，由于马来西亚宪法始终奉行"马来人优先"的原则，故在政治、经济和文化教育等方面赋予马来人以特权地位，这种法律制度规约设计中的缺陷使其很难逃脱文化同化论和文化中心主义的传统窠臼，有可能造成"多元文化"流于形式，严重影响文化政策的执行力。马来西亚的历史经验表明，多元文化的和平共处是建立在相互尊重与相互理解的基础上的，政治上的干预和政策上的歧视则往往产生负面效果，马来西亚文化应该是各族群在日常生活不可避免的交往中自然交融而成。马来西亚如欲保持并巩固和谐的民族关系，只有贯彻落实各民族平等的文化政策，尊重并扶持各民族文化共同发展、共同繁荣，并在此基础上，切实保障各民族的平等，尊重文化多样性，除此之外别无他途。

在全球化、信息化浪潮席卷全世界的今天，马来西亚社会正处于一个迅速发展和深刻变革的历史时期，马来西亚文化也不可避免地会发生变化。我们认为，马来西亚文化在未来将表现出以下发展趋向：

第一，全球化、区域化对文化方面的影响在增强，但不会改变马来西亚文化的根本性质和精神内核。马来西亚文化既不会倒退回以前的状态，也不会融入西方的文化体系，而是仍将呈现出具有马来西亚特色的鲜明个性和显著的多样化色彩。当然，完全的"不变"显然已不可行。

第二，在全球化、区域化背景下，马来西亚加速融入国际社会，其文化不可避免将更多地受到外来文化的影响，在文化的表现形式和内容等方面会发生诸多变化，但对外来文化的吸纳趋向和程度取决于其需要、开放度以及与各方的关系。从总体上看，西方国家的影响不容忽视。

第三，由于伊斯兰教本身的特点及国际影响的复杂多样，马来西亚伊斯兰教将更多地受到来自外部包括中东伊斯兰教和当代西方思想的影响。鉴于伊斯兰教是影响马来西亚文化发展的最为重要的一个方面，因此马来西亚文化也将受到直接影响。

第四，在全球化过程中，现代性并没有带来文化的同质性，反而更凸现了各个族群文化与历史传统的差异性。因此，马来西亚文化未来发展仍将面临一个重要问题，那就是如何在一种相互尊重、相互理解的平等对话机制下，真正实现使各族群文化能够自由发展的多元文化社会。相信马来西亚会以史为鉴，进一步巩固和发展目前已形成的多元共存、和而不同的文化格局。

第一章　文化地理环境

第一节　地理状况

一、地理位置

马来西亚位于北纬1°~7°和东经97°~120°之间，是坐落在东南亚地区中心位置的一个海洋国家，位于亚洲大陆和东南亚群岛衔接部分，面积约为33万平方千米。全境被南海分隔成东西两部分，分别是位于马来半岛南部的半岛马来西亚（简称为"半岛"）和位于加里曼丹岛北部的沙巴砂拉越（简称为"沙砂"），两地间距最长处约1500千米，最近处约530千米。半岛由11个州和2个联邦直辖区组成，面积约13.2万平方千米，北与泰国接壤，南与新加坡隔柔佛海峡相望，东临南海，西部与西南部隔马六甲海峡与印度尼西亚苏门答腊岛相望。沙砂由砂拉越、沙巴2个州和1个联邦直辖区组成，面积约19.8万平方千米，与印度尼西亚、菲律宾、文莱相邻，西部和北部濒临南海，沙巴州的东北部与苏禄海相临，东南部与苏拉威西海相接。马来西亚海域面积约为63.78万平方千米，其中内水和领海面积16.1万平方千米，海洋与陆地比例为2:1。全国陆地边界线总长2700多千米，海岸线总长4492千米，其中半岛海岸线长1737千米，沙砂海岸线长2755千米。马来西亚南北连亚洲和大洋洲，东西通太平洋和印度洋，是两大洲、两大洋相交的十字中心，特别是西临著名的马六甲海峡，地理位置十分重要。

二、地形地貌

沙砂和半岛在地质上位于巽他大陆架中部，原是同一块古陆，长期出露，更新世以后才被上升的南海隔开。巽他弧贯穿全境，构成地形骨架，支配两地山脉走向。地盘稳定，少地震和火山灾害。地面长期遭受侵蚀，起伏不大，仅局部地区因岩性与构造的关系，呈现陡峻崎岖的地貌。

马来西亚地貌主要为平原、丘陵和山地，除少数山脉外，山脉一般不超过

2千米，海拔在500米以下的山地约占全国面积的1/5。整体地势从中间向沿海逐渐降低，大部分的沿海地区都是平原，沿海岸线有大面积的沼泽地，中部则是布满茂密热带雨林的高原和山脉。永久性可耕地占3%，农业用地占12%，森林和林区占68%，其他占17%。

　　虽然地质及地形地貌上沙砂和半岛都有一定的相似性，但还是有所差异。就地形而言，巽他弧的东段作西南—东北走向，形成砂拉越与印度尼西亚加里曼丹诸省隔界伊班山脉，北头进入河巴称克罗克山脉，靠近南海岸，由此形成沙砂地势从内地向沿海逐渐降低。也就是说沙砂地势以伊班山脉和克罗克山脉为中心，从内地往沿海逐渐降低。

　　砂拉越由东南向西北倾斜，东南边境为山地，西部为平原，北部是冲积平原，内地多是森林覆盖的丘陵和山地。伊班山脉位于砂拉越东部，山峰多在海拔2000米左右。砂拉越的山脉北侧为缓和的丘陵和条条并行的单面山，夹有三块火成岩高原。南海沿岸平原海拔不到25米，宽度最大不到200千米，面积1.8万平方千米，是砂拉越的粮食与经济林木的重要产区。

　　沙巴由中部向东西侧递降，中、西部为山地，东部为平原。沙巴山脉主要有地垒形成的西部山系和构造复杂的中部高地，前者包括克罗克在内的四条山脉。克罗克山脉纵贯该区南北，北头基纳巴卢地块由花岗闪长岩构成，最高点为4102米，是东南亚最高峰。山脉东坡地堑谷形成丹南、建宁欧、兰脑等8个山间盆地，为沙巴内地主要耕作区。中部高地蕴藏多种金属矿，高地以东有一系列低丘、准平原、河谷低地、三角洲和岛屿，各级地面皆较平坦，适宜农牧。沙巴地区西部沿海也是重要的农业区，主要种植水稻。沿海岸线有大面积的沼泽地和美洲红树。

　　半岛地形北高南低，巽他弧的西段作西北—东南走向纵贯马来半岛，排成8条并行山脉，山脉外侧是低丘，沿海为宽窄不等的平原。半岛最大的山是吉保山脉，亦称主干山脉或中央山脉，由花岗岩等构成，它拥有半岛7座海拔2000米以上高峰中的5座，也是经济开发程度不同的半岛东西两部分界。吉保山脉的长岗岩待是世界上最大的锡的成矿带，迤逦南北，纵贯全境。山脉西坡的山足丘陵是半岛的矿山、种植园、铁路、公路和城镇的集中地带，为全国经济荟萃地区。

　　半岛东半部北段是片宽阔高地，高地外侧的海岸平原既不宽广，也不连续，一片洁白的沙滩，长着木麻黄天然防风林，海风吹来，发出松涛般的呼啸。平原宽度不超过8千米，许多长条低丘突出海滨形成山甲角或沙咀，有屏蔽河口的作用。东海岸北头的吉兰丹平原较大，宽约60千米，也是重要农业区。半岛南部有星散丘陵和平原，是重要的垦殖区。

半岛西部沿海有深厚的冲击平原，地势地平，海拔50米以下，平均宽20至30千米，沼泽连绵，水雾迷蒙，土壤肥沃，地下水位高，是主要的农作物产区。全境河流以吉保山脉为分水岭，分别向东西两侧流入太平洋和印度洋。西海岸的岛屿较大，如浮罗交怡和槟榔屿，是山脉没入海中的残丘，有深水港，可以让船舶躲避风暴，补给淡水，历史上就是马六甲海峡北口的要津。

三、河流与岛屿

马来西亚河流众多，水力资源丰富。半岛的河流以吉保山脉为分水岭，由此向东注入南海，向西注入马六甲海峡。西侧河流又称马六甲海峡水系，以霹雳河为最长，约350千米，流域面积1.5万平方千米。东南亚最大的明歌水坝和历史悠久的珍德罗水坝就建在该河上游。东侧河流又称南海水系，以彭亨河为最长，它是半岛最大的河流，全长434千米，流域面积2.9万平方千米。此外，半岛还有全长为280千米的吉兰丹河，其流向与上述两条河相反，自南向北入海。

沙砂的河流也非常多，水深量大，极具通航价值。主要河流包括：（1）拉让河，马来西亚第一大河，全长592千米，流域面积3.9万平方千米，支流多而长，特别是在下游，岔流如网，有4个较大的河口，海潮能倒灌60千米之远；（2）基纳巴甘河，全长560千米，流域面积1万多平方千米，河口宽960米，水深10米，可通航距离为320千米；（3）卢帕河，马来西亚最宽的河流，河口以上50千米一段，河面宽度达4~5千米，再向上溯20千米，还可以行驶吃水2米深的轮船；（4）巴兰河，源自砂拉越州内地势最高、雨量最丰富的东部山区，全长400千米，其支流长度、水量与水力均居沙砂各河之首。

马来西亚被南海分割成东西两部分，南海是世界三大边缘海之一，内有深海盆，平均水深1212米，最深处大致位于中部，达5559米。沙砂与半岛之间的纳土纳群岛和阿南巴斯群岛等大部分岛屿都属于印度尼西亚。半岛东邻南海的海岸有很多火成岩小岛，分别集中在南北两方：北方岛屿附近海底有石油和天然气，南方岛屿是南海去新加坡海峡途中的天然航标。沙砂的沙巴东临3000~5000米深的海盆，海岸线在全国最为曲折，沿岸多为低矮的丘陵和平原，山脉大多与海岸相交，因而形成锯齿形的海岸，多天然海港。

马来西亚拥有许多风光绮丽、物产丰富的海岛，如槟榔屿、兰卡威、乐浪岛、邦咯岛、刁曼岛、诗巴丹岛等，其中面积较大的有槟榔屿、兰卡威和邦咯岛，此外半岛西海岸沿海还有巴生岛、鲁末岛、皮生岛、龟咯岛等，而半岛东海岸则有丁宜岛、先务岛等小岛。砂拉越、沙巴海岸外也分布着一些岛屿，其中较大的有纳闽岛、邦吉岛、延榜甘岛等。

四、气候

马来西亚处于赤道地带，全年高温多雨，无四季之分，温差极小，夜间平均气温在21℃以上，白天平均气温则在32℃左右，日温差大约7℃，年温差也只在1℃左右，相对湿度大，平均湿度为80%。

马来西亚四季如夏，但是在山岭高峰处，气温较低，甚至有的山区月平均气温在15℃左右，形成了不少凉爽宜人的避暑之地。其中位于吉保山脉中段、距离首都吉隆坡东北方50千米处的云顶高原，就是著名的旅游避暑地，海拔2000米以上。

马来西亚全年降雨充沛，年平均降雨量，半岛为2000～3000毫米，沙砂在3000毫米以上。雨量的多少主要受季风的影响。每年5—9月，由于受从印度洋及爪哇海吹来的暖湿的西南季风的影响，降雨较少，有时会一个星期不下一次雨，气温较高。其中6月、7月是降雨量最少的月份；在每年10月至翌年2月、3月的一段季节里，受来自亚洲大陆东部的寒冷东北季风的影响，形成雨季，降雨量大，其中10—12月降水量最多。

马来西亚的雨季颇有特色，几乎每天下午都会有一场暴雨，来势快，下得猛，结束也干脆利索，极少有连绵细雨，而且往往伴随着惊天动地的雷声。

第二节　自然资源

一、植物资源

由于马来西亚长年高温潮湿，非常利于大型树木的生长，因此马来西亚成为当今世界上森林覆盖率极高的国家之一，拥有大片珍贵的热带雨林，被列为世界12个最大生物多元化的国家之一。截至2002年，马来西亚全国森林覆盖率为

74%，其中天然树林1954万公顷，约占国土总面积的60%。另有339万公顷土地被划为国家公园野生动物保护区。

马来西亚的树林种类主要有分布在半岛西海岸和沙巴州东海岸一带泥泞海滩的沿海沼泽林，内陆的山脚一带的淡水沼泽林，半岛西海岸和沙砂北海岸，特别是砂拉越州拉让三角洲一带的泥炭沼泽林，半岛东海岸沙地和沙砂的沙滩林，分布地区遍及马来西亚的热带雨林和灌木林。其中，很多淡水沼泽林已经被改造用作种植水稻。

马来西亚国土面积的3/4都分布着热带雨林。热带雨林由常绿阔叶树构成，树种主要有龙脑香属、异萼翅属、娑罗树属、坡垒属和青梅属。在半岛，热带雨林通常分为平地雨林和丘陵雨林。丰富的森林资源使马来西亚成为世界上最大的热带木材出口国之一，森林和木材工业是国民经济的重要组成部分，为国家带来巨大的经济收入。此前，非法伐木活动一度比较猖獗，近年来，政府采取了一系列措施，有效打击了木材的非法采伐。借助"森林种植发展私人有限公司"这个政府特别机构，马来西亚政府正积极推广森林种植计划，推动木材加工原料的增长。

热带花卉是马来西亚另一重要的植物资源，已知的开花植物有8000多种，包括2000种树、200种棕榈和800多种兰花。马来西亚以种植和出产热带兰花闻名于世，有品种繁多的各色兰花，除人工栽培外，多生长在深山密林里，每年的兰花出口额达3600万美元。生长在原始森林中的莱佛士花，又名玉莲，是世界上最大的花，盛开时直径最大可达2米，被称为"花王"。此外，龙舌兰、观音竹、长春花、常青藤、热带蕉也是马来西亚常见的观赏花木。此外，热带水果在马来西亚各地都有分布，著名的有椰子、甘蔗、芒果、香蕉、菠萝、番木瓜、红毛丹等。

二、动物资源

马来西亚的动物种类繁多，已知的哺乳动物有286种，鸟类736种，两栖动物和爬行动物406种，昆虫10万余种。

马来西亚的哺乳动物主要有大象、野牛、犀牛、貘、鹿、老虎、猿、猴、狸、马来熊、羚羊、野猪、黑豹、豹、穿山甲、大蝙蝠等。生活在热带雨林里的大象是最大的哺乳动物，目前在马来西亚的数量为800~2000头。由于雨林面积的减少，近年来大象与人类之间的冲突频现。生活在低地林的野牛是一种群居动物，每群数量约为20头，现主要分布在霹雳州、吉兰丹州、彭亨州和登嘉楼州的森林里。苏门答腊犀牛是马来西亚唯一的犀牛种类，主要分布在高海拔森林地区，彭亨州兴楼（Endau）、森美兰州弄边（Rompin）、霹雳州和吉兰丹州四地的国家公园是其栖息的重要场所。貘是马来西亚最常见的动物之一，在高海拔和低海拔地区都有分布。马来西亚的鹿类动物有水鹿和羌鹿，身形都是体瘦、腿长和尾短，分布于全国各地。小鼷鹿是世界上最细小的有蹄哺乳类动物，生活在热带山地丘陵茂密的森林灌丛和草丛，由于性格谨慎胆小，因此不易见到。马来虎是珍贵的动物品种，主要分布在吉兰丹州、登嘉楼州、彭亨州和霹雳州等地。由于保护得力，马来虎的数量一直比较稳定，仅霹雳州就有250多只。灵长类动物主要有猩猩、树獭、长臂猿、合趾猿、长尾猴等。猩猩主要分布在沙巴州，东岸的山打根（Sandakan）附近的希皮罗（Sepilok）保护区是世界上最大的人猿自然保护区。

马来西亚的爬行动物以蛇居多，已发现的蛇类有150种以上，包括热带巨蟒、眼镜蛇、金环蛇、树蛇、腹蛇、竹叶青等，其他爬行动物有巨晰、壁虎、海龟、鳖、鳄鱼等。鳄鱼主要分布在砂拉越州的大型河流。潮龟又名巴达库尔龟，是一种栖息于河流的龟，主要分布在霹雳州、吉打州、登嘉楼州和彭亨州的河流中。目前世界上仅存的7种海龟中有4种都在马来西亚被发现，分别是棱皮龟、绿海龟、玳瑁海龟和黎德利海龟。棱皮龟是龟鳖目中体型最大的动物，最大体长可达3米，体重可达800～900公斤，半岛东海岸是棱皮龟主要的登陆地点。重要的海龟登陆点还有登嘉楼的兰道阿邦（Rantau Abang），沙巴州的海龟岛则是海龟栖息的主要地区。

马来西亚的鸟类中有40多种猎鸟，其他有名的鸟类包括孔雀、鹑、野鸡、犀鸟、咬嘴鸟、九宫鸟、苍鹰、翠鸟、鹦鹉、太阳鸟、啄木鸟、鹧鸪、鹌鹑、翡翠鸟等。鸟类的分布很广，不同种类鸟的分布因海拔高度和栖息地不同而异。候鸟主要分布在半岛西海岸、沙巴州和砂拉越州的泥泞海滩，重要的迁徙地有霹雳州的牛拉（Kuala Gula）、砂拉越州的布律岛（Pulau Bruit）以及沙巴州的海岸地区。据估算，在每年8月至翌年4月的鸟类迁徙季节中，有100万左右的鸟类要飞经马来西亚。

鱼类在马来西亚沿海和内河都有分布，主要鱼类有鲭鱼、白鱼、小鲲鱼、鲹鱼、宝刀鱼、鲷衣、墨鱼、金枪鱼、海河豚等，以及海虾、龙虾等海产品。

蝴蝶、巨猿和兰花被誉为马来西亚"三宝"。马来西亚有2000多种蝴蝶，其中以国蝶——红颈鸟翼蝶最为珍贵。1950年，砂拉越发行了世界上最早的蝴蝶邮票，图案正是红颈鸟翼蝶。马来西亚以美丽著称的蝴蝶还有梦幻公主蝶、爱神凤蝶等。

由于面临栖息地减少和毁灭、非法捕猎等威胁，马来西亚现有约42种哺乳动物、34种鸟类、14种爬行动物濒临灭绝。

三、矿产资源

马来西亚探明的矿产有30多种，主要矿产资源有石油、天然气、煤、锡、铁、铜、金和稀土等。

石油和天然气在马来西亚矿产资源中占有重要地位。2006年全国石油剩余探明储量41100万吨，天然气储量21238亿立方米。马来西亚探明的石油多为轻质油，油质好，含硫低，主要分布在近海地区的三个储油盆地：马来盆地，面积约22.4万平方千米，北部主要分布一些气田，南部形成一些背斜型油田，主要油田包括杜兰（Dulang）油田，塞利基油田（Seligi）等；砂拉越盆地，面积22万平方千米，主要储油层在南部的巴兰河三角洲地区和中央鲁康尼亚；沙巴盆地，面积约3.4万平方千米，证实石油储量10亿桶以上。

马来西亚共有约17亿吨的煤炭蕴藏量，主要分布在砂拉越州、沙巴州、霹雳州、雪兰莪州和玻璃市州，其中14亿吨（约82%）位于砂拉越州。砂拉越州的美里—皮拉煤田煤层厚1~3米，为高挥发、中灰分、低硫次烟煤，资源量超过3.87亿吨。锡里泰克煤田煤层厚约1米，宾土卢煤田蕴藏有2000万吨高挥发烟煤，热值可达7000~7500大卡/千克，主要用作冶金用煤。沙巴州的煤田主要分布在梅里瑙盆地，至少有2亿吨烟煤。尽管煤炭蕴藏量丰富，但是没有得到开发，目前马来西亚还是煤炭纯进口国，每年需从印度尼西亚、澳大利亚、中国和南非进口大量煤炭。

锡是马来西亚最重要的矿产资源。马来西亚的锡矿品位世界最高，2005年统计的储量为100万吨，仅次于中国，居世界第二位。马来西亚锡矿主要分布在半岛。除槟榔屿州外，其他各州都蕴藏着大量的锡矿。锡储量最丰富的地区是霹雳州的近打河谷地带和首都吉隆坡地区。特别是半岛的最高峰，海拔约2190米的大汉山据称是世界上锡的最大成矿带。马来西亚的锡矿石以砂矿为主，锡矿往往还伴生有独居石、钛铁矿和磷钇矿等。

铁是马来西亚仅次于锡的另一重要矿产,其铁矿储量超过1亿吨,包括磁铁矿、赤铁矿、褐铁矿、砖红壤铁矿,主要分布在彭亨、登嘉楼、柔佛三州。矿床规模均不大。主要矿床有登嘉楼州的武吉伯西、柔佛州的佩莱卡南和沙巴州塔瓦伊高原铁矿。武吉伯西和佩莱卡南铁矿主要矿石矿物为磁铁矿,塔瓦伊铁矿为残余矿床,推测矿石储量7500万吨,含铁40%~49%,含镍0.4%~0.55%,矿区面积约15平方千米。

铝土矿资源主要分布于砂拉越州的武吉峇都、武吉格邦、伦—斯文丹和丹绒史布朗,沙巴州的武吉门家堡和柔佛州的四湾岛地区。据1994年的资料显示,马来西亚的铝土矿储量为1400万吨,概略储量7530万吨。

马来西亚金矿资源丰富,已知储量规模在10吨以上的有18处,其中原生矿8处,砂金矿10处,在沙砂、半岛均有分布,主要集中在半岛中部金矿带(包括彭亨、吉兰丹、登嘉楼等州)、砂拉越的巴乌和武吉涌、沙巴州的马穆特及塞加马河谷,其中以半岛的吉兰丹州蕴藏最为丰富。

铜矿主要分布在沙巴州基纳巴卢山南坡的马穆,铜矿石储量近2亿吨。此外,马来西亚的稀土储量世界排名第十,黏土、高岭土、灰岩等工业矿物储量也比较大,还勘测到蕴藏有硅砂、白云岩、重晶石、耐火粘土等多种矿物。

第三节　人口与行政区划

一、人口

据马来西亚统计局2010年7月2日数据显示,马来西亚人口为2825万,其中马来人(包教土著民族)占总人口的68%,华人占23.7%,印度人占7.1%,其他民族占1.2%。

从地域分布看,半岛的人口数量占全国总人口的82%左右,而其中3/4的居民又都集中在西海岸地区。沙砂虽然总面积远大于半岛,但人口数量只占全国人口总数的17%左右。此外,还有少部分居民居住在一些小岛上。1980年,马来西亚的人口密度为每平方千米42人,1990年增加到每平方千米54人,2000年增加到每平方千米71人,2010年则增加到每平方千米86人。随着城市化的发展,城市人口迅速增加。目前,人口最稠密的州是槟城州(1490人),人口最稠密的城市是吉隆坡(6891人)。

从人口结构看，马来西亚人口年轻化的趋势一直未改变。2008年，65岁以上老人占马来西亚总人口的4%，年龄依存比（65岁以上老人占劳动力人口的比例）为6.5%。劳动力人口中，男性比例为87.2%，且保持上升的趋势。在劳动力总数中，20～29岁的青年人占31.3%，30～39岁的占27.5%。

二、行政区划

马来西亚分为13个州（Negeri）和3个联邦直辖区（Wilayah Persekutuan），即半岛的玻璃市州、吉打州、槟城州、霹雳州、雪兰莪州、森美兰州、马六甲州、柔佛州、吉兰丹州、登嘉楼州、彭亨州11个州，沙砂的沙巴州、砂拉越州2个州，以及吉隆坡、纳闽和布城3个联邦直辖区。各州的行政首长称为苏丹或州长，其中玻璃市、吉打、霹雳、雪兰莪、森美兰、柔佛、吉兰丹、登嘉楼、彭亨9个州由世袭苏丹担任州行政首长，槟城、马六甲、沙巴和砂拉越4个州由国家元首任命的州长担任州行政元首。半岛的11个州下设县（Daerah），沙砂的2个州下设省（Bahagian）。

（一）玻璃市州（Negeri Perlis Indera Kayangan）

玻璃市州位于马来半岛北端，是马来西亚面积最小的州，其北部与泰国接壤，南部与吉打州相邻，面积821平方千米，人口24.01万（2010年），人口密度为每平方千米282人。玻璃市州地势呈北高南低走向，中部、北部地区有多座山丘，东部、南部与西岸为平原，西北侧的那卡湾山脉（Banjaran Nakawan）为马来西亚最长石灰山脉，海拔721米高的中国峰为州最高峰。玻璃市州主要受热带季风和暹罗湾东北季风影响，常年温度介于21℃～32℃之间，旱季与雨季分隔明显，每年1—4月为旱季，5—12月为雨季，常年降雨量介于2000～2500毫米之间。玻璃市州没有下辖县级行政区，加央（Kangar）为玻璃市州首府，距离其10千米的亚娄（Arau）为州皇城所在地，州皇殿也坐落于此。

玻璃市州经济以农业、林业、渔业和畜牧业为主，主要出产水稻、甘蔗、芒果、橡胶、烟草等作物，葡萄、草药和西瓜种植为州政府重点发展项目。为了促进经济，州政府大力发展中型制造业、轻工业，主要工业区分布于朱宾（Chuping）、爪夷芭（Jejawi）、巴东勿刹（Padang Besar）和玻璃市港口（Kuala Perlis）四地。此外，旅游业也是玻璃市州重要的经济来源，优美的田园风光、未受破坏的大自然景色、各种古色建筑吸引了众多国内外游客前来观光旅游。

（二）吉打州（Negeri Kedah Darul Aman）

吉打州位于马来半岛西北部、玻璃市州以南，北邻泰国的宋卡府和亚拉府，南部和西南部与霹雳州和槟城州相接，西濒马六甲海峡，面积9500平方千米，人口196.69万（2010年），人口密度为每平方千米205人。吉打州地势平坦，属沿海冲击层地质结构，东北部略高于西部，山脉主要集中在泰、马边境一带。吉打州年平均气温最高为34℃，最低为22℃，每年7—8月是降雨最密集的时期。吉打州下设11个县，分别为：华玲县（Daerah Baling）、万拉峇鲁县（Daerah Bandar Baharu）、哥打士打县（Daerah Kota Setar）、瓜拉姆达县（Daerah Kuala Muda）、古邦巴素县（Daerah Kubang Pasu）、居林县（Daerah Kulim）、浮罗交怡县（Daerah Langkawi）、巴东得腊县（Daerah Padang Terap）、笨同县（Daerah Pendang）、锡县（Daerah Sik）和铅县（Daerah Yan），亚罗士打（Alor Setar）为州首府所在地。

农业是吉打州的支柱产业，稻米产量占据全国总产量的1/3，因此吉打州也被称为"米都"，是马来西亚的"鱼米之乡"。吉打州种植的其他重要农产品还包括橡胶、椰棕和烟草等。而以浮罗交怡为首的一批旅游度假胜地则使旅游业在州财政收入中占据了一定的比重。近年来，随着马来西亚国产摩托车制造有限公司（Modenas）等企业在吉打州建立基地，汽车工业和航空业成为州经济发展的新方向，廉价的劳动力、便利的交通基础设施无疑是吉打州发展工业的一大优势。

（三）槟城州（Negeri Pulau Pinang）

槟城州简称"槟州"，位于马来半岛西北海岸，东部和北部与吉打州相接，南邻霹雳州，西濒马六甲海峡与印度尼西亚苏门答腊隔海相望。槟城州被槟城海峡分成两部分，即槟城岛（Pulau Pinang）和威斯利区（Seberang Perai），两地相隔3.2～16千米，由全长13.5千米的槟威大桥相连接。槟城岛由花岗岩山体构成，中央有高山，岛上森林覆盖率达30%。威斯利区为宽广的沿海冲击平原，地势平坦，西为海拔500多米的马打占山。槟城州年最高气温在32℃左右，最低气温为21℃，槟城岛由于海风调节的作用而略显凉爽。全年降雨期集中在7—8月，年降水量约2400毫米。槟城州总面积1048平方千米，人口159.69万（2010年），人口密度为每平方千米1490人。槟城岛面积297平方千米，分为东北县（Daerah Timur Laut）和西南县（Daerah Barat Daya）两个县级行政区；威斯利区面积751平方千米，分为北区县（Daerah S.P. Utara）、中区县（Daerah S.P. Tengah）和南区县（Daerah S.P. Selatan）三个县级行政区。乔治市（George Town）为槟城州首府，位于槟城岛东北角，是马来西亚第三大城市。

槟城州的发展水平、城镇化水平和经济实力仅次于雪兰莪州，在马来西亚13个州中位居次席。由于拥有自由港的地位，槟城州的经济长期以港口贸易为主，其海运和贸易更是拥有超过百年的历史。1969自由港地位被撤消后，槟城经济开始转贸易、工业、旅游业和农业的混合发展，制造业成为州主要经济支柱，其中槟城岛以发展轻工业为主，威斯利区以发展重工业为主。农业在20世纪后半期也有了较快发展，稻米、油棕、橡胶、水果是主要农产品。由于许多国内外电子企业在槟城设厂，以生产电脑周边设备、电路板和芯片为主的高科技产业蓬勃发展。槟城不仅是旅游中心，也是亚洲最主要的大型会议及展览中心。2008年7月，乔治市与马六甲被正式列入联合国教科文组织世界遗产名录。

（四）霹雳州（Negeri Perak Darul Ridzuan）

霹雳州是马来半岛第二大州，位于半岛西北部，北部与泰国接壤，西北部和吉打州相接，南部和雪兰莪州相连，东部与吉兰丹州和彭亨州相邻，西部濒临马六甲海峡。霹雳州地域广大，多山，地形呈南北长，东西短，吉保山脉为主干山脉，是该州与吉兰丹州和彭亨州的分界线。霹雳州沿海地区为冲积层地质，东北一带是花岗岩地质，土地肥沃，河道纵横，自然资源和物产非常丰富。霹雳州全年气候温热潮湿，气温介于23.7℃～33.2℃之间，年平均降雨量为3218毫米，湿度超过82.3%，州内太平山以其5080毫米的年降雨量成为马来西亚湿度最高的地方。霹雳州的森林覆盖率达到50%，其中95.6%为热带雨林，剩余的4.4%为沼泽红树林。霹雳州面积21035平方千米，约占马来西亚总面积的6.4%，人口总数246.08万（2010年），人口密度为每平方千米112人。全州划分为10个县级行政区，分别是：巴登峇当县（Daerah Batang Padang）、下霹雳县（Daerah Hilir Perak）、上霹雳县（Daerah Hulu Perak）、吉辇县（Daerah Kerian）、近打县（Daerah Kinta）、江沙县（Daerah Kuala Kangsar）、拉律马当县（Dearah Larut Matang）、曼绒县（Daerah Manjung）、中霹雳县（Daerah Perak Tengah）和司南马县（Daerah Selama）。霹雳州首府是怡保（Ipoh），皇城则位于江沙（Kuala Kangsar），为苏丹王宫所在地。

霹雳州经济以矿业为基础，农、林、渔业和工业的发展水平较高，曾是马来西亚最富有的州属之一。霹雳州盛产锡矿，中部近打河谷流域一带是世界闻名的产锡带，由于20世纪90年代受锡业不景气的影响，霹雳州经济曾严重下滑。霹雳州还是马来西亚主要的橡胶产地，州内橡胶园数目众多，胶汁质量高，其出产的橡胶享誉国内外市场。此外，霹雳州还出产大米、椰子、茶叶、棕油、菠萝、香蕉、花生、榴莲、红毛丹、山竹等，西海岸的邦咯渔场为全马最大渔场。州内交通以铁路为主，公路设施也非常发达。

（五）雪兰莪州（Negeri Selangor Darul Ehsan）

雪兰莪州位于马来半岛西海岸的中部，西临马六甲海峡，其北部、东部、南部分别与霹雳州、彭亨州和森美兰州为邻。州内三面是山，南下的吉保山脉成为其与彭亨州的分界线。主要河流包括南部的巴生河、冷岳河和北部的玻南河、雪兰莪河，4条河流顺地势向西流淌并注入马六甲海峡。雪兰莪州属海洋性气候，年平均气温介于22℃～31℃之间，海风较大，降雨较少，每年3—4月为集中降雨期。雪兰莪州首府为莎阿南（Shah Alam），皇城则位于巴生（Klang）。由于全境环绕吉隆坡和布城这两个联邦直辖区，雪兰莪和吉隆坡也常合称为"雪隆"。雪兰莪是全马拥有城市最多的一个州，也是马来西亚最富裕和人口最多的州属。全州面积8153平方千米，人口总数为510.26万（2010年），人口密度为每平方千米674人。全州划分为9个县级行政区，分别是：八打灵县（Daerah Petaling）、巴生县（Daerah Klang）、鹅唛县（Daerah Gombak）、乌鲁冷岳县（Daerah Hulu Langat）、雪邦县（Daerah Sepang）、瓜拉冷岳县（Daerah Kuala Langat）、瓜拉雪兰莪县（Daerah Kuala Selangor）、乌鲁雪兰莪县（Daerah Hulu Selangor）、沙白安南县（Daerah Sabak Bernam）。

雪兰莪州西部为冲积层地质，土地肥沃，是水稻的主要种植区，其他农产品还包括橡胶、椰子、玉米、花生、咖啡、菠萝、香蕉、硕莪等；东部为花岗岩地带，蕴藏丰富的锡矿。由于拥有巴生河谷这一全国经济核心区，工业、商业和服务业成为雪兰莪州的主要经济活动，在州国民生产总值中的比例高达58%。此外，雪兰莪州还是马来西亚主要的煤炭生产基地。雪兰莪州遍布高速公路和铁路，交通非常便利。因为紧挨首都吉隆坡，雪兰莪州在商业经济效益和政府行政管理上都获得很大便利，许多政府部门的办事处都设在该州境内，近几年来比较关键的战略发展项目如吉隆坡国际机场、多媒体超级走廊和科学园区也都设在州内。雪兰莪州也是马来西亚国内拥有最多大专学府的州属，其基础设备和电子通讯设施处于全国领先地位。

（六）森美兰州（Negeri Sembilan Darul Khusus）

森美兰州位于马来半岛西海岸，西濒马六甲海峡，北连雪兰莪州，东接彭亨州，东南邻柔佛州，南与马六甲州接壤。州内多山，吉保山脉横贯全州，地势由北向西南逐渐降低。河流长度较短，主要有麻河、色丁河、直凉河、令宜河和林茂河。森美兰州属海洋性气候，年平均气温介于21℃～31℃之间，降雨较少。州首府为芙蓉(Seremban)，皇城神安池(Seri Menanti)为州王宫所在地。森美兰州面积6686平方千米，人口总数为101.17万(2010年)，人口密度为每平方千米153人。全州划分为7个县级行政区，分别是：日叻务县(Daerah Jelebu)、仁保县(Daerah Jempol)、瓜拉庇劳县(Daerah Kuala Pilah)、波德申县(Daerah Port Dickson)、林茂县(Daerag Rembau)、芙蓉县(Daerah Seremban)、淡边县(Daerah Tampin)。

森美兰州是马来西亚主要的橡胶产地和水稻产区，其橡胶种植面积和产量在各州中位居前列。州内交通发达，经由铁路、公路与各州相通。由于靠近吉隆坡国际机场和巴生港，森美兰州还吸引了许多吉隆坡人来此置业，许多企业也选择在此投资开发新工业。

（七）马六甲州（Negeri Melaka）

马六甲州位于马来半岛西南部，北邻森美兰州，东南接柔佛州，西濒马六甲海峡。州内为低丘陵地带，从森美兰州延绵而至的布诺姆山脉为该州主要山脉。州年平均气温介于22℃～32℃之间，降雨主要集中在每年的3月和5月。马六甲州面积1664平方千米，人口总数为77.15万(2010年)，人口密度为每平方千米493人。全州划分为亚罗牙也县(Daerah Alor Gajah)、中央县(Daerah Melaka Tengah)、野新县(Daerah Jasin)3个县级行政区，州首府为马六甲。

马六甲州盛产橡胶、稻米、咖啡、棕油、胡椒、硕莪及水果，沿海地区的渔产也非常丰富。州内种植业主要分为2个区域，丘陵地带以种植橡胶为主，平原地区以种植水稻和咖啡为主，此外，沿海一带还种植有大量的椰林。该州矿产以南部的锡矿为主，另有储量不大的铝土矿和金矿。由于实行鼓励外来投资的政策，马六甲州工业，拥有数个工业区和2个自由贸易区，基础设施齐全。旅游业则是该州的另一支柱产业，拥有丰富历史和文化遗产的马六甲城不仅是马来西亚的主要港口之一，也是享誉东南亚地区的旅游胜地，每年来此旅游的国内外游客不计其数。

（八）柔佛州（Negeri Johor Darul Ta'zim）

柔佛州位于马来半岛最南端，也是亚洲大陆的最南端，其西北部和北部分别与马六甲州、森美兰州和彭亨州相接,东临南海,西临马六甲海峡与印度尼西亚苏门达腊相望,南隔柔佛海峡与新加坡相邻。柔佛州三面环海,州内无高山,地势由北往南降低,主要河流有麻河、柔佛河、巴株河和兴楼河。柔佛州属海洋性气候,年平均降雨量为1778毫米,湿度较大,平均气温介于22℃～31℃之间,每年7月受西南季风影响,东部、南部和西部降雨较多,11月受东北季风影响,东部降雨较多。柔佛州面积19210平方千米,人口总数为330.59万(2010年),人口密度为每平方千米174人。全州划分为8个县级行政区,分别是:峇株巴辖县(Daerah Batu Pahat)、新山县(Daerah Johor Bahru)、居銮县(Daerah Keluang)、哥打丁宜县(Daerah Kota Tinggi)、丰盛港县(Daerah Mersing)、麻坡县(Daerah Muar)、笨珍县(Daerah Pontian)、昔加末县(Daerah Segamat),首府新山(Johor Bahru)为马来西亚第二大城市。

柔佛州盛产橡胶,20世纪40年代以前,柔佛曾是马来半岛最大的橡胶产地,目前也是马来半岛南部的橡胶集散中心。此外,柔佛州椰子、油棕、菠萝的种植面积和产量都位居各州之首,胡椒产量居全马第二位。东部丰盛港渔业资源丰富,是半岛有名的渔场。该州矿产以铁矿和锡矿为主,铁矿主要分布在峇株巴辖(Batu Pahat)和新山一带,锡矿则主要分布在东海岸一带。工业主要包括食品、纺织、油脂、橡胶加工、电子、汽车修理等。柔佛州交通便利,设施齐全,州内的铁路、公路与各州相连,南部的三个港口兰砂(Tanjung Langsat)、巴西古当(Pasir Gudang)和丹戎帕拉帕斯(Tanjung Pelepas)对新加坡具有一定的竞争力,位于新山的巴赫鲁伊斯梅尔国际机场是亚洲航空的区域枢纽。在南部,柔佛州还通过新柔长堤和新马第二通道与新加坡连接。

(九)吉兰丹州(Negeri Kelantan Darul Naim)

吉兰丹州位于马来半岛中部,东北部濒临南海,北部与泰国接壤,西部与霹雳州相接,南部与彭亨州相连,东南部与登嘉楼州相邻。吉兰丹州北窄南宽,三面环山,东部和南部为大汉山,主峰海拔2187米,为半岛最高峰,西部为吉保山脉,是该州与吉打州、霹雳州的分界线。该州最大的河流为吉兰丹河,此外还有里比河、加拉士河等小河流。吉兰丹州属热带气候,气候炎热,降雨较多,每年的11月、12月和1月为雨季,此时暴雨会持续数天乃至数月,引发局部洪涝灾害。吉兰丹州面积15099平方千米,人口总数为167.05万(2010年),人口密度为每平方千米102人,居民以马来族为主。全州划分为10个县级行政区,分别是:

峇卓县（Daerah Bachok）、话望生县（Daerah Gua Musang）、日里县（Dearah Jeli）、哥打峇鲁县（Daerah Kota Bharu）、瓜拉吉赖县（Daerah Kuala Krai）、马樟县（Daerah Machang）、巴半岛县（Daerah Pasir Mas）、巴西富地县（Daerah Pasir Puteh）、丹那美拉县（Daerah Tanah Merah）、道北县（Daerah Tumpat）。州首府为哥打巴鲁（Kota Bharu），位于吉兰丹河下游，濒临南海，为半岛东海岸各地前往泰国的必经之地，是泰马边境重镇，也是东海岸地区的货物集散中心。

吉兰丹河谷和沿海的平原地区土地肥沃，盛产稻米，被称为马来西亚的"谷仓"。此外，该州还出产椰子、橡胶、烟草、油棕等作物，沿海地区的渔业资源也非常丰富。随着烟草种植业的发展，卷烟业已成为该州的主要工业。该州的金矿和锡矿蕴藏量丰富，20世纪90年代以后，还陆续发现了锰、铀等矿藏。吉兰丹州交通发达，贯穿全境中部的半岛东海岸铁路在北部和南部各与泰国和新加坡相连，公路通过东西大道和南北干线与西海岸相连，海运方面则有定期航线驶往东海岸港口和新加坡。州北部地区经济较发达，南部地区由于热带原始森林占土地面积的80%以上，因此经济相对落后。

（十）登嘉楼州（Negeri Terengganu Darul Iman）

登嘉楼旧称"丁加奴"，是地处马来半岛东海岸的一个州，位于马来半岛东北角，其北部和西北部与吉兰丹州接壤，南部和西南部与彭亨州相连，东部濒临南海。登嘉楼州地形南北长，东西短，地势由西向东逐渐降低。州内主要河流有登嘉楼河、龙运河、甘马挽河、巫术河。登嘉楼州年平均气温在26℃左右，降雨较多，每年10月至翌年3月为雨季。登嘉楼州面积13035平方千米，人口总数为105万（2010年），人口密度为每平方千米79人。全州划分为7个县级行政区，分别是：勿述县（Daerah Besut）、龙运县（Daerah Dungun）、乌鲁登嘉楼县（Daerah Hulu Terengganu）、甘马挽县（Daerah Kemaman）、瓜拉登嘉楼县（Daerah Kuala Terengganu）、马江县（Daerah Marang）、士兆县（Daerah Setiu）。州首府为瓜拉登嘉楼（Kuala Terengganu），位于登嘉楼河口，其南部的峇都布落（Batu Buruk）为苏丹王宫所在地。

登嘉楼州富含铁、锡、钨、锰等矿产资源，甘马挽（Kemaman）和龙运（Dungun）是半岛最大的铁矿产区，钨、锰产量也居半岛首位。渔业是登嘉楼州的主要经济来源之一，沿海地区渔业发达，甘马挽、龙运、瓜拉登嘉楼、北加（Paka）、朱盖（Chukai）、瓜拉勿述（Kuala Besut）、瓜拉伯浪（Kuala Berang）等渔港盛产渔类。草席、金银器是登嘉楼州的特产手工艺品，州首府瓜拉登嘉楼也是闻名全国的马来工艺中心。该州是半岛唯一不通铁路的州，公路是唯一的陆上交通方式。20世纪70年代，距离登嘉楼海岸250千米的海上发现蕴藏石油和天然气，政府着手开采并建立了炼油厂，现已发展成为石油化工基地。

（十一）彭亨州（Negeri Pahang Darulmakmur）

彭亨州位于马来半岛中部的东面，东临南海，北接吉兰丹州，西邻霹雳州、雪兰莪州和森美兰州，南邻柔佛州，东北与登嘉楼州相连。彭亨州高山环绕，丛林密布，地势北高南低，北部为高原地带，东南部为沼泽洼地。州内主要山脉为大汉山脉，主要河流彭亨河是半岛最长的河流，西南边境还有半岛最大的湖泊比拉湖。该州气候因地形而不同，东部沿海一带年平均气温在27℃左右，北部高原地区气候则要凉爽一些。每年11月起，受东北季风影响降雨较多，东部和南部一带更甚。彭亨州是半岛最大的一个州，面积36137平方千米，人口总数为153.48万（2010年），人口密度为每平方千米42人。全州划分为11个县级行政区，分别是：文冬县（Daerah Bentung）、百乐县（Daerah Bera）、金马仑县（Daerah Cameron）、而连突县（Daerah Jerantut）、立卑县（Daerah Kuala Lipis）、关丹县（Daerah Kuantan）、马兰县（Daerah Maran）、北根县（Daerah Pekan）、劳勿县（Daerah Raub）、云冰（Daerah Rompin）、淡马鲁县（Daerah Temerluh）。州首府为关丹（Kuantan），位于关丹河口，州中部的淡马鲁（Temerluh）为苏丹王宫所在地。

彭亨州土地肥沃，雨量充足，出产水稻、橡胶、油棕、可可、椰子、藤和多种热带水果，盛产木材，农业是该州的主要经济支柱。彭亨州矿产丰富，林明（Sungai Lembing）是世界上最大的锡矿带，铜矿、金矿和铁矿在该州也有分布。由于海岸线较长，该州的渔业和旅游业也发展迅速，成为州主要经济来源之一。此外，州政府还大力提倡小规模制造业和家庭手工业，近年来先后开辟了9个工业区，首府关丹近郊的格槟工业区已成为国内著名的化工重镇。

（十二）沙巴州（Negeri Sabah）

沙巴州是马来西亚第二大州，位于加里曼丹岛东北部，西部和北部濒临南海，东北部濒临苏禄海，东南部濒临苏拉威西海，西南与砂拉越州相连，南部与印度尼西亚接壤。沙巴地形多样，西部山系包括4条山脉，基纳巴卢山顶峰海拔4102米，为东南亚地区最高峰，山脉东坡地堑谷形成的8个山间盆地为沙巴州主要耕作区。州中部高地以东为一系列的低丘陵、平原、河谷低地、三角洲和岛屿，地势平坦。主要河流基纳巴坦甘河长560千米，是沙巴州第一大河。沙巴州为热带雨林气候，除一些高山地带气温稍低外，大部分地区全年高温、潮湿，年平均气温在31℃左右。受东北季风影响，每年10月至翌年2月为降雨期，沿海地区年降雨量为内陆地区的3倍，高达4500毫米。沙巴州面积73631平方千米，人口总数为321.42万（2010年），人口密度为每平方千米44人，是马来西亚第三大人口州属，有32个民族，其中卡达山/杜顺人、华人、巴召人和马来人为主要居民。全州划分为5个省，分别是：古达省（Bahagian Kudat）、西海岸省（Bahagian Pantai Barat）、内陆省（Bahagian Pedalaman）、山打根省（Bahagian Sandakan）、斗湖省（Bahagian Tawau）。州首府为亚庇（Kota Kinabalu），位于西海岸中段，是全州经济最发达的现代化城市。

沙巴州森林覆盖率居全国之首，州内3/4的土地为热带雨林，是马来西亚的木材出口基地，大量出口热带龙脑香木材，其木材出口植占全国的80%。在沙巴的可耕地中，约有40%种植橡胶，20%种植水稻，西部沿海分布有大量的橡胶园，东部沿海地区盛产椰子。此外，沙巴州还出产香蕉、菠萝、可可、胡椒、油棕和热带水果。沿海地区水产资源丰富，有各种鱼类、海参、海扇、珍珠、龙虾、鳖等水产品。沙巴州矿产资源丰富，分布有铜、铬、金、银、锰、镍等矿藏，沿海还蕴藏有丰富的石油和天然气。州内交通以河运为主，还有短距离的轻便铁路和公路。虽然自然资源丰富，但目前沙巴州是马来西亚最贫穷的州属，贫穷率和失业率都远超全国平均值。

（十三）砂拉越州（Negeri Sarawak）

砂拉越州是马来西亚面积最大的州，位于加里曼丹岛西北部，北部濒临南海，东部和南部与印度尼西亚接壤，东北部与文莱和沙巴州相接。砂拉越主要由平原、丘陵和山地三种地形组成，地势东南高西北低，东部与印度尼西亚边境地区为伊兰山脉，山峰海拔大多在2000米左右，南部为卡普阿斯山脉。州内河流众多，拉让河是马来西亚最大的一条河，卢帕河是全马最宽的河流，此外还有林邦河、巴兰河、伯勒兰河、卢帕河及拉让河的一些支流。砂拉越州为热带雨林气候，年平均气温介于22℃～31℃之间，每年10月至翌年3月为雨季，年平均降雨量在3283毫米以上。砂拉越州面积124450平方千米，人口总数为250.65万（2010年），人口密度为每平方千米20人，主要居民为达雅克人、华人和马来人。全州共分为9个省，分别是：民都鲁省（Bahagian Bintulu）、加帛省（Bahagian Kapit）、古晋省（Bahagian Kuching）、林梦省（Bahagian Limbang）、美里省（Bahagian Miri）、三马拉汉省（Bahagian Samarahan）、泗里街省（Bahagian Sarikei）、诗巫省（Bahagian Sibu）、斯里阿曼省（Bahagian Sri Aman），首府古晋位于州西端，是沙砂最大的城市。

砂拉越州2/3的土地为热带雨林，林产资源丰富，龙脑香属、娑罗树属林木尤多，是世界上最大的热带硬木出口产地之一。砂拉越州出产的农产品主要有橡胶、椰子、胡椒、稻米和油棕，出口商品以石油、木材、橡胶、胡椒为主。州内分布有铝土和金矿等矿藏，近海地区蕴藏丰富的石油和天然气，1972年以后，矿业和制造业逐渐成为州经济的最主要来源。

（十四）吉隆坡联邦直辖区（W.P. Kuala Lumpur）

马来西亚首都吉隆坡位于雪兰莪州偏西海岸的位置，是马来西亚政治、经济、文化中心，也是该国最大的城市。吉隆坡的西、北、东部为丘陵和山脉，巴生河及其支流穿城而过，汇入马六甲海峡。气候受海洋影响较大，阳光充足，降雨较多，年平均气温介于23.2℃～32.4℃之间，年平均降雨量为2427毫米左右。吉隆坡面积243平方千米，人口总数为170.31万（2010年），人口密度为每平方千米6891人。吉隆坡分为9个行政区和11个国会选区。9个行政区分别为：吉隆坡市中心（KLCC）、敦拉萨镇（Bandar Tun Razak）、白沙罗（Damansara）、甲洞（Kepong）、泗岩沫（Segambut）、士布爹（Seputeh）、斯迪亚旺沙（Setiawangsa）、新街场（Sungai Besi）、旺沙玛珠（Wangsa Maju），11个国会选区分别为：武吉免登（Bukit Bintang）、蒂蒂旺沙（Titiwangsa）、斯迪亚旺沙（Setiawangsa）、旺沙玛珠（Wangsa Maju）、峇都（Batu）、甲洞（Kepong）、泗岩沫（Segambut）、班台谷（Lembah Pantai）、士布爹（Seputeh）、敦拉萨镇（Bandar Tun Razak）、蕉赖（Cheras）。

吉隆坡的建都历史并不长，它原为雪兰莪州管辖的行政区，在英国殖民统治时期，成为马来亚的行政中心。吉隆坡为马来文"Kuala Lumpur"的音译，"Kuala"在马来文中为"河口"的意思，"Lumpur"为"淤泥"之意，这是因为吉隆坡的开阜于巴生河及其支流鹅麦河的汇流处。19世纪50年代以前，吉隆坡地区只是一片人迹罕至的森林和沼泽地，直到1857年，一批华工被雇往此地寻找锡矿。由于发现有丰富的锡矿，一批批的华工被招募来此开采锡矿，锡矿业迅速发展起来，吉隆坡逐渐成为锡砂收购和物资集散中心。此后，由于当地封建苏丹和土酋争夺锡矿税收，引发了一场长达十多年的争斗，华工也被迫卷入其中，吉隆坡成为一片废墟。1873年，华人甲必丹叶亚来收复吉隆坡，平息争斗，并开始了吉隆坡的重建工作。1880年起，吉隆坡取代巴生的地位，成为英国殖民当局指定的雪兰莪州首府，此后，吉隆坡实际成为英国在马来半岛殖民统治的行政中心。到1887年，吉隆坡的城区和郊区已初具规模，大批来自苏门答腊和爪哇的马来移民也来到吉隆坡周边地区开辟耕地，建立乡村，一些小型工厂、作坊、砖瓦窑等也相继出现。1895年，马来联邦成立，吉隆坡被选为联邦首都。1901年，吉隆坡西南巴生港的建成打通了吉隆坡通往海上的通道，吉隆坡迅速发展，城区扩大，人口倍增。随着纵贯南北的铁路建成和柔佛海峡的联运渡船开航，吉隆坡成为马来联邦的经济、交通中心。1957年，马来亚联合邦独立，吉隆坡成为联合邦首都。1963年，吉隆坡又成为新成立的马来西亚联邦的首都，同时也作为雪兰莪州的首府。1974年2月1日，马来西亚联邦政府正式宣布，吉隆坡脱离雪兰莪州管辖，成为联邦直辖区，专门作为马来西亚的首都，由联邦直辖区下属的吉隆坡市政厅管理，市长由总理任命。1995年开始，马来西亚政府开始进行迁都计划，并于1999年将吉隆坡以南60千米的布城划分为新的联邦直辖区。2001年2月1日，马来西亚将联邦政府的行政中心迁往布城，吉隆坡仍作为联邦的立法中心和国家王宫所在地。

吉隆坡是马来西亚最大的新兴工业城市，郊外分布着许多锡矿场、橡胶园、油棕园，近郊的安邦（Ampang）、半山芭（Pudu）、冼都（Sentul）等地则分布着铁路机车、水泥、机械、轧钢、橡胶、棕油、油脂、食品、锯木、化肥、火柴、皮革等工厂，其中，橡胶、油脂、木材加工、机械、机车、水泥、化工、食品等工业都比较发达。作为吉隆坡卫星城发展起来的八打灵再也（Petaling Jaya）是马来西亚第一个新兴工业区，有4000多家工厂，大部分属于出口加工型企业，范围涵盖电子、电器、食品、纺织、汽车装配、塑料、化工、制药、建材、五金、烟草等工业。

吉隆坡市区街道整齐，绿树成荫，道路两旁既有高大的热带树木和盛开的鲜花，也有现代化的高楼大厦、各式的华人寺庙、马来人的清真寺、印度教的神庙、天主教和基督教的教堂等，东西方文化、古老与现代和谐并存，融为一体。吉隆坡也是马来西亚多民族国家的缩影，聚居着马来族、华族、印度族和其他民族，其中华族所占比重最大。商业区主要在鹅唛河东岸，政府机构、教育机构和文化机构主要分布在西部邦泰谷一带。吉隆坡有许多著名的建筑，位于市中心的吉隆坡塔和位于东部安邦路中段繁华地段的双峰塔被视为吉隆坡的城市标志。

（十五）纳闽联邦直辖区（W.P. Labuan）

纳闽联邦直辖区由1个大岛和6个较小的岛组成，位于加里曼丹岛文莱海湾北部，沙巴州西南部，濒临南海，地处亚洲太平洋区域的正中央，是沙砂的重要海港。纳闽即组成联邦直辖区7个岛中最大的岛，也是世界最大的岛屿之一，位于沙巴州西南部对面，离岸约8千米。纳闽联邦直辖区面积91平方千米，人口总数为9.55万（2010年），人口密度为每平方千米955人。

纳闽原为文莱王国属地，1846年被割让给英国，并改名"维多利亚岛"（Victoria Island），随后在1848年成为英国皇家殖民地。在发现蕴藏有丰富的煤矿后，英国将纳闽发展成为蒸汽船的燃料补给站。1890年1月1日，纳闽被英国合并为英属北婆罗洲的一部分，此后在1906年10月30日，被合并为海峡殖民地的一部分。1942年，太平洋战争爆发，日军占领马来半岛、新加坡、北婆罗洲和砂拉越，将纳闽改名为"前田岛"。日本投降后，纳闽重新受海峡殖民地政府管治，并在1946年7月15日重归英属北婆罗洲。1963年，纳闽连同沙巴和砂拉越一起加入马来西亚联邦。1984年4月16日，马来西亚联邦政府从沙巴州政府手中接管了纳闽的统治权，并宣布正式设立纳闽联邦直辖区。1990年，纳闽正式成为国际金融中心。

纳闽出产椰子、菠萝、蕉麻等农产品，四周沿海地区有着丰富的海洋生物，红树沼泽区河口的鱼类尤为丰富，岛上居民大都从事渔业。纳闽是马来西亚唯一的自由港，也是沙砂的免税岛和度假旅游胜地，许多旅游景点都具历史文化价值。作为免税岛，纳闽享有许多特权和便利设施，不仅拥有许多廉价商铺，还提供大量的商业和投资机会。像制造业生产中使用的原材料就可以自由进出口而免收关税。石油和天然气产业是纳闽的主要经济支柱，银行业、金融业、旅游业和教育业也得到迅速发展。

（十六）布城联邦直辖区（W.P. Putrajaya）

布城位于吉隆坡市与吉隆坡国际机场之间，面积广阔，山林起伏，大约38%的土地被开发成公园、湖泊和湿地公园，其余则为政府行政区、商业和住宅区以及公共服务设施区域。布城面积49平方千米，人口总数为7万（2010年），人口密度为每平方千米1478人。

在布城建立新联邦政府行政中心的构想始于20世纪80年代后期，其目的在于维持吉隆坡作为马来西亚主要商业和金融中心的地位。1993年6月2日，马来西亚政府把位于雪兰莪州南部一片占地4932公顷的森林地区柏朗勿刹（Prang Besar）定为新行政中心所在地，并以马来西亚第一任总理东姑·拉赫曼·布特拉之名将其命名为"布特拉再也"，以纪念他对国家的贡献。经过数年的规划建设，现在的布城已经是一座颇具规模的现代化新兴城市，也成为马来西亚一处最新的旅游景点。

马来西亚政府将布城规划为"智慧型花园城市"，政府目标是将其建设成为21世纪拥有最先进基建设施和高科技的便利城市，同时，公园和林园也将是这座城市的一大特色。目前，城市1/3的地区仍保留着大自然的翠绿颜色，有大片的林地、湖泊和湿地。马来西亚总理署和政府各部已迁入布城办公，住宅区、商业区、文化、休闲设施和交通体系已基本配套。

第四节　民族

一、民族构成

马来西亚是一个多元民族共存的国家，全国共有30多个民族，其中马来人、华人和印度人在人口中所占比重最大。

（一）马来人及土著民族

根据考古学研究，马来半岛并非人类的起源地，目前居住在马来西亚的各个民族实际上都是在不同历史时期迁徙至此的"移民"。

1. 马来人

大部分学者认为，马来族的祖先来自中国云南。大约在5000年前，有一批人从东亚大陆南移至东南亚，这批人属于蒙古属系马来型。这股浪潮持续了千年之久，先后有"原始马来人（Melayu Proto）"和"续至马来人（又称"新马来人"）（Melayu Deutro）"向南迁徙。续至马来人在一定程度上已经和一部分尼格利陀人经过长期的融合，在公元1000年左右逐步演变为"马来人"的复杂共同体，成为包括马来半岛在内的海岛东南亚地区新石器时代文化的主要创造主体，一般认为续至马来人是目前马来半岛马来人的直接祖先。之后，随着东西方贸易的兴起，马来半岛以及临近岛屿之间的居民交流频繁，来自爪哇、苏门答腊等地的人逐渐与马来半岛上的马来人相互混杂。在各种外来文化如印度文化、伊斯兰文化以及中国文化的影响下，马来半岛及其临近岛屿上的马来人逐渐形成了独立的民族，马来民族也由此而诞生。19世纪末期至20世纪中期，因马来半岛上橡胶园开发和矿业开采对劳动力的需求，一些爪哇人、米南加保人、布吉斯人和马辰人从爪哇、苏门答腊等地迁入马来半岛地区。因与马来人语言相近、信仰相同、生活习性相似，他们中的部分人也被纳入"马来人"的范围之内。《马来西亚联邦宪法》第160条第2款从文化和政治的角度对什么是"马来人"作了界定：要成为"马来人"，必须信仰伊斯兰教，践行马来文化传统习俗，使用马来语进行交流，在独立日之前出生在马来半岛或者新加坡，或者自独立日定居在马来半岛或者新加坡。宪法中对"马来人"的界定具有较强的政治意义，马来人个人身份的确定与其能否享受马来人特权紧密相关。目前，马来人已经成为马来西亚人数最多的一个民族，在国家的政治及经济发展中发挥着重要作用。

2. 马来半岛土著民族

最早定居马来半岛的是几个重要的土著民族，其中包括矮黑人（Negrito）、沙盖人（Sakai）、雅贡人（Jakun）和西诺伊人（Senoi）等。

矮黑人是移居马来半岛地区最早的民族。大约一万年前，矮黑人由印度向东方迁移，经缅甸、越南等地，最终来到马来半岛地区。他们身材矮小，皮肤黝黑，鼻梁低凹且头发卷曲。矮黑人大多生活在马来半岛的北部，在霹雳和吉兰丹的内陆地区都能见到他们生活的痕迹。他们属于最原始的游牧民族，生活简单，靠打猎和采集野果为生。

西诺伊人大约在中石器时代移入马来半岛地区，考古学家推测他们可能是美拉尼亚人种的后裔。西诺伊人的肤色较为浅淡，且大部分以狩猎为生。目前，西诺伊人是马来半岛上人数最多的土著人，主要居住在霹雳、吉兰丹、彭亨、雪兰莪以及登嘉楼等地。

沙盖人比矮黑人长的更高些，头发呈波浪状，有较长的头盖骨。他们已经能够建造出比较科学的屋子，有很结实的屋基作支撑，时常群居。他们种植旱稻、甘蔗、香蕉等农作物，但一旦土地失去肥力便举家搬移，属于半游牧半定居的民族，主要生活在马来半岛的中部。他们的社会组织和结构优于矮黑人，已经出现了略带权力的族长。

雅贡人大多生活在马来半岛的南部，诸如彭亨内陆地区、森美兰、廖内等地。现在仍然居住在马来半岛上的雅贡人可分为陆上雅贡人和海上雅贡人，属于蒙古人种，大多数有圆形的头颅和细长的头发。陆上雅贡人生活在半岛南部的森林中，依靠采集野果和狩猎为生。而海上雅贡人则多数从事渔业。他们捕鱼的技艺很高，可以只用一种叫实利己的尖头枪矛在深海把鱼刺住。雅贡人是马来半岛土著人中发展程度最高的族群，在他们所组成的社会中，由酋长管理和安排几乎所有的事物。

目前，部分土著人都已经在政府的扶持下迁入民族新村，生产生活逐步趋向现代化。

3. 沙巴砂拉越土著民族

沙巴和砂拉越居住着很多土著民族。在砂拉越，人数较多的土著民族有伊班族（Iban）、陆达雅族（Dayak Darat）以及美拉南族（Melanau），他们大多居住在经济比较发达的地区。而人数较少的土著民族如加央族（Kayan）、肯雅族（Kenyah）、哥拉比族（Kelabit）、毛律族（Murut）、比沙雅族（Bisaya）等，大多数居住在内陆地区。杜顺族（Dusun）是沙巴最大的土著民族，其次是巴召族（Bajau），也有小部分的毛律人和比沙雅人居住在沙巴州。大部分沙巴和砂拉越的土著人都从事农林业或渔业。

尽管马来西亚宪法不区分马来人和土著民族，将两者统称为"原住民"，但由于土著民族与马来人语言有异，习俗文化亦有不同，所以尽管享有宪法对"原住民"的特权，与马来人的待遇相比，土著民族仍有差距。

（二）华人

华人是马来西亚的第二大族群。早在公元前后，就已经有华人踏足马来半岛这块"黄金之地"。关于中国与东南亚地区的交通关系，最早的文字记载可以上溯到《汉书·地理志》。根据史书记载，至少自汉代开始，中国就与东南亚地区甚至更远的印度、斯里兰卡有了海上联系，而马六甲海峡是其必经之地。这段记载虽然未提及中国汉朝与东南亚地区的具体交往，但是航线无疑已经打通，而马来半岛便处于这条航线之上，由此推测，当时华人就已踏足此地。据记载，明朝航海家郑和七下西洋到达马来半岛地区时，就发现在半岛上已有华人的身影，但华人的数量不多，且多为商人和宗教学者。在此后的数个世纪中，马来半岛上华人的数量变化不大。

18世纪后期至19世纪中后期，英国殖民者逐渐取代荷兰人控制了整个马来半岛地区，华人的商业贸易在经营品种和活动范围上得到了前所未有的拓展，越来越多的商人从中国带着瓷器和丝绸到马来半岛上做交易，也有华人从原来单纯的易货贸易转向了中介服务。19世纪40年代，马来半岛的锡矿业逐渐繁荣起来，大批华工涌入马来半岛各邦的锡矿区。20世纪初期，英殖民者在当地大举开发橡胶种植园和发展加工贸易，大批华工作为苦力被有计划地引入马来半岛地区。

相比葡、荷殖民时期，英殖民时期马来半岛上的华人数量呈井喷式增长态势，且华人在总人口中所占比重越来越大。马来半岛上的华人社群基本形成，并开始对当地的社会、经济以及政治的发展发挥影响。相比早期移入马来半岛的华人，18世纪前后至20世纪中期到马来半岛的华人大多数是来自中国南方各省的农民、渔民以及小贩等社会底层人员。他们以劳工的身份被引入马来半岛地区，在曾经荒凉的异国他乡，靠着勤劳的品格和坚忍的意志打造了华人在马来西亚的财富王国，也成就了华人社群在马来西亚令人刮目的社会地位。今天，勤奋已然成为马来西亚华人的群体气质，他们在国家现代化进程中发挥着重要的作用。

（三）印度人

印度人是马来西亚的第三大族群。早在公元1世纪左右，便有印度的商人和僧侣来往于印度南部与马来半岛之间，但那个时期穿梭于两地的印度人并不多。1840年前后，印度人才开始大批涌入马来半岛地区。欧洲殖民者在马来半岛上开发橡胶种植园，是印度人大批涌入马来半岛的直接原因。1900—1910年，就有近4.8万印度人被引入到该地区，而在之后的20年当中，印度人的人口数量呈上升趋势。这一时期涌入马来半岛的印度人也多为社会底层的劳动人们，他们大多数是来自印度南部的泰米尔人，其他的还有齐提人、锡兰人和信仰锡克教的锡克族人等。印度人普遍具有吃苦耐劳和克勤克俭的品格，是马来西亚国家建设当中不可或缺的一份子。

（四）其他少数民族

马来西亚还有少量欧裔、中东裔、柬埔寨裔、泰国裔和越南裔人口，分布在马六甲、砂拉越等地区。欧裔和欧亚混血人包括英国殖民者后裔及一些葡萄牙殖民者后裔。此外，还有越战后迁入的一小部分柬埔寨裔及越南裔居民。

二、民族政策与民族关系

（一）民族问题的形成

19世纪末20世纪初，随着锡矿的大量开采以及橡胶种植和大种植园的兴起，马来半岛上的农民渐渐不能满足经济发展对劳动力井喷式的需求，英国殖民者因此有计划地从中国和印度引入劳动力，大批华人和印度人涌入马来半岛，短短几十年改变了马来半岛原本比较单一的民族构成。1911年，华人和印度人在总人口中所占的比重就已分别达到33%和11%，且在随后的30年呈逐渐攀升的状态，而马来人的比重却不断下跌，马来半岛以马来人、华人和印度人为主体的人口构成初步形成。马来人、华人和印度人在语言、宗教及文化上存在一定的差异，采取何种措施对殖民地的人口进行管理，成为英殖民当局亟待解决的问题。20世纪中叶，以反殖民主义为主要目的之一的民族主义在世界范围内风起云涌，马来半岛的华人和印度人也受到母国的影响，民族主义开始萌生，华人社区和印度人社区在民族主义的凝聚之下各自融合成一个整体以争取各自的利益。而英国殖民者在马来半岛推行的英文教育培养了一批马来人精英分子，对西方制度以及世界形势的了解让民族主义在他们的心中埋下了种子。

为了保障在马来半岛的政治和经济利益不受威胁，防止三大族群联合起来反抗殖民统治，英国殖民者在马来半岛采取了"分而治之"的政策处理马、华、印之间的关系，尽量减少各族群社区在政治、经济及文化方面的交流，在族群之间竖起了藩篱。在对马来人的管理方面，英国殖民者采取扶持和禁锢两项原则。一方面对马来贵族进行西方式教育，之后将其纳入殖民政府做文员；另一方面，英殖民者通过"保留地"政策，要求马来农民只能种植稻米，将他们牢牢捆绑于土地之上。而对于华人则通过甲必丹制度，推行华人社区自治，并将华人的工作限于橡胶园及锡矿业。印度移民则主要集中在大橡胶园。英国殖民者"分而治之"的政策及其对马、华、印三大族群在职业领域的特殊限制，使马来半岛在独立之初出现了产业分布与族群界限几近重叠的畸形社会现象，导致马来亚乃至后来马来西亚拼盘式族群构成的最后成型，为后来的民族矛盾激化埋下了隐患。

为了防止在马来半岛上出现一个在经济和政治领域都很强大的族群，英国殖民者一方面在经济上将马来人禁锢在农业生产领域，鼓励华人及印度人转向橡胶和锡矿等产业，同样在政治上也实施双元统治。英国殖民者于1877年成立华人护卫司，代替马来人对华人社区的管理，割断了马来人与华人的联系，同时封堵了华人影响马来半岛政治的渠道。此外，英国殖民者还实施华人自治，在政治上对华人采取放任自流的态度。与之相反的是，英国殖民者在政治领域采取"马来人优先"的原则，有意吸收马来半岛最有势力的地方首领进入参事会，为马来人贵族子弟开设专门的英文学校，并将毕业的学员安排在殖民政府中工作。英殖民者在马来乡村开办学院，以培养政府低级职员。英殖民政府下的军队和警察也都由马来人构成，殖民政府以"华人和印度人都是来去匆匆的旅居者"为由，未曾在法律上对他们的身份做出任何认定，同时还有意将华人和印度人排除在行政部门之外，这使得政治参与成为马来人的专利。英国殖民者最终在马来半岛上造就了经济上强大而政治上受压迫的华人以及政治上强大但经济上窘弱的马来人，使得马华两族频生芥蒂。

马来人在政治上的优先权也让马来主体民族主义迅速膨胀，最后致使马来人的政治特权延伸至语言和宗教文化等领域，且部分马来民族主义者将华人和印度移民称为"外来者"而拒绝承认其公民身份，这也成为1957年马来亚独立宪法制定过程中马来人与非马来人讨价还价的重要一环。最终，非马来人以对马来人特权的承认换取了马来亚的公民身份。"马来人优先"的意识及这种"排他"心理在马来半岛上滋长并迅速蔓延开来。马来人的主体意识和对非马来人的客体设定无疑强化了马来半岛各个族群的族属认同，民族矛盾就此形成。

马来人优先这一政策在独立后得以延续，更有极端的马来民族主义者将此作为族群补偿的土壤，不断要求政府制定政策以保证马来人在国家资源分配上的优先获取权，并主张压制非马来人对财产的占有，加深了族群隔阂。此外，马来人优先这一政策所催生的马来人主体意识使得越来越多的马来人将非马来人视为"外来者"，造成了马来西亚今天略带有"等级性"的族群主义秩序，这也在一定程度上导致了一些民粹主义者在马来亚独立之后对非马来人企图实施同化政策而将其内化，以整合社会。事实表明，同化这种生硬的融合方式在非马来人族群当中遭遇强烈反弹，这使得各个族群为守护自我特征而加固了族群防线，致使马来西亚的族群关系进入一个恶性循环的怪圈。

现代化进程所带来的利益如何分配和获取则使得业已紧张的民族关系更加剑拔弩张，最终引发了"5·13"事件。1969年选举结果看似是导致"5·13"事件的直接原因，但其深层原因实际上是现代化初期经济发展在族群之间的不平衡。民族之间的不和谐情绪容易在社会中形成一种"零和游戏"的心态，这让大部分马来人相信华人对财富的占有和剥夺是造成他们经济窘迫的直接原因。而华人也因在经济的优势地位而试图将其诉求延伸至政治领域。现代化进程带来经济发展的不平衡，致使马来人与非马来人对现代化的期望双双落空，且将原因归咎于对方，从而引发激烈的民族矛盾。民族关系成为马来西亚现代化建设中最敏感、最复杂的问题之一。

（二）民族政策

独立之初，以东姑·拉赫曼为代表的中央政府主张采取温和、放任的态度处理国内的民族关系。但实践证明了这样的民族政策和处理方式在马来西亚这个特殊的现实背景中缺乏有效性。1969年"5·13"事件的发生直接导致了以调整社会族群关系为核心目标之一的新经济政策的出台。新经济政策是在"5·13"事件之后由掌权的敦·拉扎克政府以比"过去的马来人优先政策更为鲜明的立场"提出来的，其主要的目的有二：一是提高所有马来西亚人的收入水平，增加就业机会以减少乃至消除贫困；二是加速马来西亚社会的重组，纠正经济在族群之间发展的不平衡，减少并最终消除族群差别。新经济政策既是主导国家经济发展的指向和原则，也是政府在这一时期民族政策的核心体现：即寻求经济发展的平衡状态，最终实现社会族群关系的平衡与和谐。经过20年的发展，在1990年新经济政策结束之时，马来西亚各族尤其是马来人的贫困率大幅度下降，马来人在经济领域的掌控比重也有一定程度的上升，国内民族关系得以缓和。1990年新经济政策结束，国家发展政策取而代之。国家发展政策扶助及体现马来人特权的实质并没有多大的变化，但其标榜和推崇的"公正"原则已经明确向非马来人释出善意，广受马来西亚各界的欢迎。2010年，马来西亚第六任总理纳吉提出了"一个马来西亚"的施政理念，多次表明自己不是某一个民族的总理，而是全马来西亚人的总理，并强调平等、自由将是其政府开展工作的重要原则。纳吉"一个马来西亚"的理念向非马来人大抛橄榄枝，承诺政府将公平对待各个族群，成为马来西亚新一届政府民族政策的核心精神。

（三）民族关系的前景

特殊的历史和社会背景所造就的族群关系一直是马来西亚社会中最为敏感的问题之一，但马来西亚历届政府能够以国家稳定为大局，以现实情况为依据，及时制定、调整民族政策，最终从整体上维持了马来西亚社会的安定和团结，为国家现代化建设创造了一个和谐的环境。但民族矛盾时有起伏,族群之间的隔阂依然存在,马来西亚政府并未从根本上解决引发族群矛盾的原因。马来人特权是影响马来西亚族群关系的制度性因素。马来人特权在宪法中得到进一步的描述和肯定,其合法性的获取实际上暗含了对公民权别样的预设。宪法中对非马来人承诺的公民权实质是一种身份给予,并未包含所有的权利。对马来人特权的设定则超越了以自由、公平为核心的公民意义,以族群为依据进行资格的划分和圈定。族群与国家利益的分割联系在一起,对国家权力的控制也自然而然成为族群主义奋斗的目标,族群主义遂成为政治精英进行政治动员的利器,族群关系被不断地政治化并为政治所绑架,民族矛盾随着政治关系的变化此起彼伏。

此外,特权意识的存在则是阻碍政府公平理念切实付诸实践的又一道屏障。纳吉"一个马来西亚"的理念向非马来人大抛橄榄枝,赢得了非马来人的拥戴,却引起了马来民众的恐慌。惯受特权保护的马来人一向将政府视为马来人利益的庇护者,纳吉政府特意向非马来人示好的姿态让他们深感遭受"背叛"的苦楚。有不少马来民族主义极端分子援引宪法中对马来人特权的描述和规定指责政府以牺牲马来人的利益为代价换取非马来人的支持。马来人反对党也不失时机利用马来人对政府的失望情愫进行宣传,导致马来人选票的大批分流。选票的走向有可能壮大反对党的势力,也可能重创执政党,同时也有可能让非马来人政党渔翁得利。未来的重重迷雾,让马来人对非马来人的戒备心理更加严重。

从整体上看,马来西亚国内的族群关系趋于稳定。随着多元民族政党的出现,社会利益团体的划分逐渐打破民族的界限和标准,社会成员开始以阶层为指向自动重组来表达自我的诉求。马来西亚社会及政治现代化逐步深入,中产阶级对政府的辖制和监督作用越来越明显,政府的公平和公正能够落到实处,这对于真正处理和解决马来西亚国内的民族矛盾具有深远的意义。

第二章 历史文化发展沿革

第一节 古代时期

一、史前历史文化

（一）旧石器时代

根据已发现的考古证据，考古学家们估计在今天马来西亚的境内，旧石器时代的文明开始于40000年前至35000年前。其证据就是在霹雳州的哥打淡板（Kota Tampan）、沙巴州的丁加由（Tingkayu）以及在砂拉越州的尼亚洞（Gua Niah）所发现的文物。其中，在哥打淡板所发现的文物被考古学家称为淡板文化（Tampanian Culture），被视为马来半岛旧石器时代的象征。

考古学家们指出，在35000年前至10000年前，原始人类已经制造出手斧以及用鹅卵石或石头碎片做成的工具，后来又出现了手握的两面的石器。据新加坡学者邱新民所著的《马来亚史前史》一书所称，1938年柯林斯博士（H.D. Collings）在吡叻河上游玲珑县（Lenggone）附近的哥打谈板考查河床时，发现在沙砾和漂石堆中有有刃的鹅卵石，认为是人工击碎而成的石刀，考古学家认为是旧石器时代的遗物，类为砍切器。依据考古学家的一贯认知，这种粗糙的器物，被认为是旧石器时代人类的工作代表作品。那个时期的人类以狩猎、捕鱼以及采集森林物种为生。据地理变化分析，由于考古学家在爪哇先后发现了30万年前和60万年前的猿人化石，所以据此推断，马来半岛在旧石器时代就已经有原始人类居住。在淡板文化之后较为进步的，还有吡叻的宜力（Grik）、彭亨的应山（Gunong Sinyum）和劳勿（Raub）等。这些遗址所发现的遗物和爪哇岛南部所发现的"哇家人"和澳洲墨尔本的"凯乐尔人"所使用的工具相当相似。因此，据此可以推断，马来半岛不仅在旧石器时代就已经有人类的足迹，而且还是南岛人种向南移植的桥梁。

从考古材料中可看出，在40000年前到11000年前的这段时期，在马来西亚境内，除了尼亚洞等几处遗址之外，许多考古遗址都出现在一些开阔的地带，这很可能是因为当时的人类喜欢居住在开阔地域。后来，大约在11000年前，由于气候变化，造成海平面上升，淹没了巽他板块和南中国海，许多当时人类居住地的遗址已经不复存在。也正是在那个时期，苏门答腊、爪哇、婆罗洲和菲律宾与马来半岛分离开来。12000年前马来半岛进入旧石器时代，此时的居民使用较为粗劣的打击石器来切割食物。在现今马来半岛，很多州都发现了这个时代的原始遗留。

从石器制造技术的角度而言，在这个时期有了一些的变化。石器的质量有了很大的提高，出现了一些做工比较精良的磨制石器。依据西方学者的考证，约到公元前10000年，石器制作的特征、规制已经趋于统一，形体缩小，表示人类的石器工业已经能控制原料，能磨打。有些学者将大约从11000年前到5000年前的这段时期称为旧石器时代的晚期，也有些考古学家将其界定为中石器时代，因为它是从旧石器时代向新石器时代的过渡。在东南亚地区，这种石器最早在越南的和平（Hoabinh）遗址发现，也比较典型。据此，考古学者将这一文化称为"和平文化"。在和平文化时期，人类一般居住在洞穴或者石棚中，以避水御寒、通风透光、防御野兽，所以在洞穴或石棚中发现了人类尸骨、动物骨骼等遗物。具体到马来半岛，考古学者发现的和平文化的遗址主要有：朱平、华玲、玲珑、本督、和丰、朱毛、孟地里、马杜、哥打东骨、新应山、金打马尼山、丹蓉文雅等。这些遗址的遗物制作通常以卵石碎片为主，除了由于流水侵蚀的部分，圆周周围两面都制成了刀锋。从大小来看，这些遗物一般都在10～12厘米，但也有长达20厘米的遗物出现。

除了在洞穴或石棚中挖掘到这些遗物外，考古学者还在地面发现了大量遗物。其中，以彭亨开丹的发掘最为盛名。1921年和1923年，西方人汤姆森（G.W.Thomason）在彭亨开丹的一处锡矿的冲积土中发现了大量的石器，这些石器被断定为属于和平文化。据考古学者研究，马来半岛所发现的和平石器可被分为两大类：一是苏门答腊型，为单面的卵石，一面是刀锋，一面是磨平，形态比较大，发现于贝冢中；一是原新石器，就是和平文化，有锋利的刃口，是旧石器向新石器转变的过渡。

一般认为，在和平时代，马来半岛的居民是美拉尼西亚人。美拉尼西亚人作为和平时代当地的居民是由亚洲大陆迁移而来，而马来半岛也只是亚洲大陆人迁移至澳洲及太平洋群岛的中转站。一部分考古学家认为，到了中石器时代的晚期，陶器已经出现在当时人类的生活中。在这个时代，当地的美拉尼西亚人更是学会了如何使用火，并用火来煮熟食物。由于当时马来半岛凶猛而巨大的野兽较多，如毛象、剑齿虎等，当地居民为了抵抗这些野兽，采取了聚居的方式，过着捕鱼、狩猎等自给自足的生活，靠采集海洋、河流和森林的物产为生。这一时期，人类的伦理观念尚未完全确立，对自然现象因为过于惊恐而产生了崇拜的意识。这些居民以近海和河畔附近的石灰洞穴或石棚为居，使用具有锋利刀锋的砍切器具为工具，男女分工，男的负责狩猎刺鱼，女的负责采取野果和挖掘块根植物及捡拾贝壳等。

一般来说，在4000—10000年前，东南亚是美拉尼西亚人的世界。然而，美拉尼西亚人并非仅仅局限在马来半岛和中南半岛，据考古学家考证，他们甚至分布到了包括中国西南部、华南、淮河及北京山顶洞人的家族中。至于马来半岛的美拉尼西亚人，按照考古学界的一般意见，大约在公元前6000至前4000年，马来半岛来了一批亚洲大陆的新客——混血马来人，这些马来人不同于原始马来人（蒙古人种），而是具有蒙古人种的混血特征。他们从中国的西南部循着河流，中途经过中南半岛，南下马来半岛，进而继续南下至太平洋其他群岛。在马来半岛的美拉尼西亚人，由于受到后来的巴莱安人的压迫和打压，部分逃至深山，部分则继续南下，离开马来半岛，来到分散在太平洋中的美拉尼西亚群岛。狄逊的《人类种族史》认为："马来人种是中国华南、华中沿海的阿尔卑人种、加斯比型人种混合的结果。"

贝冢中常发现人类的骨骸，根据埋葬的形式来看，有三种埋葬方式：次葬、曲葬和伸葬。其中，要以次葬作为普遍。所谓的次葬，指的就是人死后，尸体被暴尸荒野，任凭专吃腐尸的动物吃食，尸体被吃光后，与死者关系亲密的人将剩余较为大块的骨骸埋葬，而这些骨骸往往是较为凌乱和无序的。在吉兰丹州瓜渣（Gua Cha）地区发现的古人类遗骸显示，曲葬指的就是尸体侧卧而屈膝的方式被埋葬的墓葬方式。至于伸葬，其形式基本与现代人的平卧一样。依据考古学家考察，这三种墓葬方式以曲葬所埋葬的地层最深，其次为次葬，最浅的则为伸葬。虽然那个时期的人们偶有挖掘块根较大的植物，但是至今还未有证据显示那个时代的人类有任何的种植活动。不过，考古学家猜测居住在开阔地带，例如河流和海洋周围的人类已经懂得使用船只，人类社会之间已经建立了海路和陆路的联系。

另据考古学家发现,在马来半岛的和平文化遗物中,不但有涂有赤铁矿粉末,而且还有些骨头上涂有红粉。据此可以推断,在和平文化时代,氏族社会组织的迹象已经开始出现,图腾社会已经初现。随着和平文化的进一步发展,马来半岛生产力水平显著提升,为新石器时代的到来奠定了深厚的基础。

(二)新石器时代

史前人类文化,西方学者认为石器的制作到了"有计划地运用石料,顺着石头的文理加以分解"这一阶段已经较之以往"盲目地捣碎"有了核心的进步,而这一进步主要体现在研磨技术的积累方面。随着研磨技术的日渐发展,无论是一面的石器,抑或是两面的石器,都得到了改进。特别是两面石器,如多刃手斧、匕首、石矛等,刀矛尖端,已经出现柳叶形或月桂型等具有相当美感的外形,并为史前人类的生产劳作带来了巨大的改变。研磨技术的介入是人类文化向前跨一大步的象征,伴随着研磨技术的进一步发展,与日常生活密切相关的石器工具日渐小型化、统一化,人类生产技术也因此发生大革新。生产技术的进步给史前人类带来的最显著的改变莫过于生产方式和生活形态的变化,他们从靠渔猎采集为生的生活方式逐步被庄稼种植和畜牧定居所代替。随着新的生产方式和生活形态逐步扩展,东南亚地区便迎来了新石器时代。

东南亚地区早期新石器时代的代表即是前述越南和平文化。和平文化是东南亚地区旧石器时代向新石器时代转变的过渡,也是地区早期新石器时代最具有典型的代表。国内有关学者对此也有同样的认知,云南大学贺圣达教授在其编著的《东南亚文化发展史》中提到:"东南亚半岛早期新石器文化,以越南的和平文化时间较早,也较为典型地表现出从旧石器时代向新石器时代的过渡。"在和平文化遗址中,虽然最底层也即最早期的一层只有一些粗糙的旧石器,而没有陶器,但在中层和最上层遗址中却发现了大量的打制石器和磨制石器。因此,被部分考古学者划归中石器时代文化的和平文化,也可以被视为早期新石器时代文化的组成部分。

有考古学学家认为,和平文化作为一种文化类型并不仅限于今天越南的区域,马来半岛、泰国、缅甸和苏门答腊也有一些,如马来半岛的瓜渣、泰国西北部的仙人洞、柬埔寨马德望省的拉昂斯边、老挝的华邦等遗址,也可归入和平型文化。具体到马来半岛,大约在公元前2500年前后,该地区进入新石器时期。

西方学者盖尔登（Geldern）将包括马来半岛在内的整个东南亚地区的新石器文化分为三个时期：一是早期新石器时代，这主要包括越南、缅甸和吕宋岛的北山文化和分布于马来群岛的圆形石斧文化，属于海洋蒙古人种的马来人在这一时期出现；二是中新石器时代，这主要包括亚洲东部华南地区、中南半岛、中国台湾、日本、朝鲜和菲律宾等地，这一时期出现了有肩石斧文化；三是晚期新石器时代，由于这一时期方角石锛遍布东南亚地区，因此被考古学家称为方角石锛文化，而据考古学家推断，属于蒙古人种的马来人则是这一时期文化的主人翁。至此，文化根源上来自中国华南地区的马来人创造了马来半岛的主流文化，也即方角石锛和绅汶陶、几何印陶。

马来半岛石器的分布，一般循着河流，分为旧石器、中石器和新石器。马来半岛的新石器文化是和平文化的重要代表与发展，其重要的遗址有吉兰丹的瓜渣和瓜穆（Gua Musang），霹雳州的武吉腾古伦布和吉打州的瓜巴哈拉（Gua Berhala）。这一地区居住的人类就是原始马来人，他们与现今居住在马来半岛上土著尼格利陀和沙盖人十分相似。紧随研磨技术进步而来的是，带有木柄的斧头的出现。恰是因为这一新发明的出现，马来半岛的一些原始居民开始离开洞穴，沿河修建简陋的木屋，进而组成了简易的村落。这一时期，他们还开始学会饲养牲畜，并进行耕种活动。另外，在温斯泰德所著的《马来亚史》一书中也提到，马来半岛新石器时期出土了大量的石制器具，同时还有大量各种各样带纹路的陶器残片。由此推断，马来半岛地区的史前人类已经初步掌握了陶器技术。

就马来半岛而言，新石器社会与旧石器社会的区别主要在于制造满足日常生活所用的石器的技术有了较大提高。石器的品种更多，做工更加精细，外形也更加美观。石器都被打磨得更加光滑，在沙巴州的骷髅山（Bukit Tengkorak）发现了用黑曜石做成的石器和一些陶器，包括锅以及花纹各异的盛水的容器。考古学家发现，大多数新石器时代的陶器都具有绳纹装饰。部分比较精美的陶器发现于吉兰丹州的文德里（Gua Menteri）、瓜穆和瓜渣，以及砂拉越州的尼亚洞。此外，在包括瓜渣在内的一些地方发现的石制手镯等石制装饰品和一些用于削树皮的石制工具，说明当时的人已经能够利用工具将树皮加工成衣服。另外发现的还包括石臼和舂捣工具石器，以及骨头制品和贝壳类装饰品。

除了工具之外，新石器社会与旧石器社会的区别还在于墓葬方式。新石器时代的人类采取伸葬方式（尸体以舒展的方式被埋葬），并出现了最初的陪葬品，例如：锅、盛水容器、手镯、石斧等。同时还发现了画有符咒的石头，这些很可能是用于墓葬仪式中或是其他一些与当时人类所信仰的原始拜物教相关的仪式。在雪兰莪州发现的用于制陶的可以旋转的木轮子说明了陶器并不仅仅是从外面引进或带入的，也有部分是由当地先民自己制造的。

在马来半岛地区一些地方的考古发现显示，当时社会的生活方式和文化程度已经进入一个更为进步和革新的阶段。从所发现的食物残骸中可以看出先民们的食物种类在不断地丰富，这应该与他们使用了更加先进的工具有关。而一种被称为"淡比灵刀"的石制刀具的出现被认为与原始农业有关。虽然至今尚未发现确凿的证据，但一部分学者确信证据一定会被找到。此外，考古学家们还认为当时的人类已经开始种植木薯类作物。

相比于旧石器时代，新石器时代另一件值得关注的事情是当时社会的造船技术有了一定的提高，并具有运用所造船只开拓更远地区的能力。因此，可以确定的是，当时的沿海社会已经与马来群岛之外的沿海社会建立了联系，这种联系应该是由近及远的。在这种联系的前提下，古老的贸易方式——物物交换实现了。当然，当时的沿海社会已经和内陆社会建立了联系，而内陆地区也经由沿海地区建立了对外联系的网络。

在和平文化时期，生活在马来半岛的原始人类已经进入新石器时代。然而，马来半岛文化发展程度在不同地区并不平衡，许多先民仍然生活在石灰岩洞中，还有一些人如他们的祖先那样居住在开阔地带。

（三）金属时代

由于根据目前所知的资料，难以断定现在东南亚地区的各个国家在新石器时代后均相继经历了金石并用的时代和青铜时代，因此我们以金属时代介绍新石器时代之后马来半岛原始社会最后一个阶段的概貌。

大约在公元前300年，那些经历过新石器时代的沿海地区进入金属时代。这一时期，第二批外来人种从中国南部和中南半岛迁到马来半岛，并带来了铜钱、铜鼓、铜壶和中国式的铜剑、铜镜等物品。随着青铜器和铁器的传入，马来半岛进入了铜器时代。根据整个人类在金属时代的发展规律来看，首先经历的是铜器时代，或称为青铜器时代，然后才是铁器时代。不过，这并不是一种必然，因为不同地区的发展并不平衡，在世界上的一些地区是铜器文化与铁器文化同步发展的。这时的生产力已经有了较大的提高与发展，人们组成部落，并逐渐定居下来。

公元1—2世纪，马来人已经学会了制造青铜器。

马来半岛所发现的铜器文物为数不多，主要有铜鼓、铜钟、铜碗等，地点分布于雪兰莪州的浪河（Sungai Lang）、登嘉楼州的巴都布落（Batu Buruk）、彭亨州的淡比灵（Tembeling）以及柔佛州的巴莪（Paguh）、麻坡（Muar）等地区。由于铜器都发现于沿海地区，说明这些地区当时是前来东南亚经商的外来商船的停靠地，并在那儿进行了原始贸易。当时的上层阶级很可能有能力购买"进口"的商品，例如，铜鼓和铜钟。根据其形状和花纹，这些铜器应来自于越南的东山地区。与此同时，当地的森林物产以及包括黄金、锡在内的各种金属也流到了国外。因此，有这样一种说法，金属时代是东南亚居民大规模从大陆迁往群岛的时期，因为他们要寻找金属原材料来进行金属工业的生产。

部分考古学家认为，马来半岛在金属时代，其铜器文化与铁器文化是同步发展的。证据之一是在雪兰莪州和霹雳州的一些古墓中同时发现了铜器和铁器的陪葬品。此外，在马来半岛铜器的数量非常有限，而铁器却几乎遍布了全半岛。其中比较常见的铁器包括长柄斧和锄头。还有一种被命名为"猩猩骨头"的史前用具，至今仍无法了解其真正的用途。

在这个时代，马来半岛之间的社会交流是非常活跃的，与外界社会的联系也在不断增加。这个时期，出现了专门用于对外贸易的港口，有些港口由于自身的战略性地理位置而成为富裕发达的地区。港口的存在形成了港口的早期政府，其统治者可能就是后来出现的君主制度以及早期国家的缔造者。

金属时代的生活方式体现了人类生活历史上的又一大进步。人类的生活方式大大丰富了。除了原始的生活方式之外，还进行贸易，并开始对原材料，例如宝石，进行加工。墓葬方式也有了一些变化。最初，他们采取"海葬"，将尸体葬于船上。后来葬在房屋下，并有大量的陪葬品。在霹雳州长卡特文德里（Changkat Menteri）地区还发现了将尸体葬于石棺之中。

金属时代被认为是史前史的最后一个时代，为有史记载的历史揭开了序幕。

（四）马来族的初步形成

依据考古学界现有的知识，马来族的酝酿与形成虽然是成长于铜鼓盛行的金属时代，但是早在新石器时代中期即已开始。如前述，混血巴来安人的压迫和介入使得原来在马来半岛的史前人类进一步南迁，进入太平洋群岛。恰是巴来安人的进入促进了当地文化的发展。在新石器时代晚期，巴来安人已经遍及整个东南亚地区。根据史前史学者的推断，这一支文化来源于中国的中原，有着深厚的中原底蕴，是中原文化分化的结果，而龙山文化则是马来半岛新石器时代主流文化的根源。龙山文化被中原文化同化，在中原地区不复存在，其部分南迁至马来半岛，形成了几何印纹陶和方角石锛为主流的文化，并主导着东南亚地区晚期新石器时代。到金属时代，处于中国东南地区的百越进一步遭到中原文化进一步同化和鞭挞，部分接受中原文化，迁徙江淮地区，部分则逃至南岭深山甚至海外。逃亡海外的这部分百越人即构成了第二批来到马来半岛的外来人种，他们本身所拥有的文化也就在马来半岛地区得以获得遗存。

同时，依据几何印纹陶和方角石锛的遗迹，有考古学家推断，金属时代马来半岛的居民已经开始开辟小规模的水田，发展以水稻为主的农业，改良旱田的生产方法，试图提高粮食生产量。在这一基础上，人民生活相对稳定，国家组织建立的基础初具规模。到公元1世纪左右，马来半岛已经出现形成国家的迹象，此时正值印度开始大量移民东南亚之际。印度人的到来不仅为马来半岛带来了新的宗教，也为地区推崇"优生"的婆罗门作为君长创造了机会。于是，在来自印度的君长和僧侣们的推动下，梵文开始在半岛推广，马来族的文化也由此步入了新的纪元，有史时代随之开启。

二、古代历史文化

自公元后有史记载以来直至西方殖民进入的这一段时期是马来群岛的奴隶社会和封建社会时期。在这漫长的岁月中，有数个奴隶制或封建王国，或更替，或并存于马来群岛地区。需要强调的是，马来群岛地区并不仅仅限于今天马来西亚的地理范围，而是指古代使用马来语的主要区域，包括今天的马来西亚、印度尼西亚、文莱、新加坡及泰国南部和菲律宾南部等地区，覆盖范围甚广。

（一）15世纪以前的马来半岛

新石器时代晚期，马来半岛地区的生产力水平获得了显著的提升，构成了推动地区历史进程大发展的最重要推动力量。在这一背景下，马来半岛地区奴隶制国家相继出现。然而，在历史上，马来半岛并没有形成一个统一的国家，多为一些分而治之的王国或土邦社会。据考古学家考证，马来半岛的这些奴隶制王国一般都有着坚固的城墙，英勇善战的人民。这些人民身穿纱笼，贵族留有长发，佩戴金饰，身穿锦绣，国王则出入乘象，前呼后拥、护卫森严。

有关资料反映,在中国汉代,马来半岛已经有国家出现。据《汉书·地理志》记载,马来半岛上最早的古国为都元国(地处今登嘉楼州龙运一带)。都元国是一个港口国家,西汉末年,王莽(公元前45—23年)派往印度黄支的使者曾经过此地。时至中国三国时代,吴国使节朱应、康泰出使扶南,南宣国化,经历百余国,其中就包括位于马来半岛和泰国、缅甸部分地区的柔佛、顿逊国。后来朱应著有《扶南异物志》,康泰著有《吴时外国传》,对马来半岛王国都有记载。公元2世纪初以前,在马来半岛比较有影响的土邦国家为狼牙修、羯荼等。公元2世纪,马来半岛东北部(今吉打至北大年一带)出现了另外一个受印度文化影响的古国,这就是狼牙修,中国古籍也称龙牙犀角。公元2—5世纪,狼牙修曾一度被扶南国征服,直到公元6世纪,因扶南国的衰退,狼牙修才逐渐恢复国力并强盛起来,最终成为马来半岛北部强国,并成为马来半岛上的一个贸易中心。该国人民、贵族和国王的衣饰有严格区别,居住条件悬殊,阶级对立明显,奴隶制占统治地位,生产以农业和渔业为主,盛产沉香。狼牙修与中国及印度往来密切,在公元515—568年期间曾四次遣使到中国。狼牙修的统治一直延续到16世纪初。羯荼始建于公元初,位于今马来西亚吉打州附近。由于该地盛产樟脑、檀香、黄金和锡,而且位于古印度与中国国际通道的中途,十分适合过往商船停泊和交换商品,所以很快就成为当时重要的国际贸易中心。羯荼和印度的关系十分密切,并深受印度文化的影响。印度人不仅带来了水稻种植技术,也带来了印度教和佛教。公元9世纪左右,吉陀国取代了羯荼。11世纪初,因受到印度南部注辇(朱罗)王朝的攻打,吉陀王朝逐渐衰落。同时,暹罗王国也控制了马来半岛北部的小王国。到14世纪,该地区出现了由马来人统治的吉打国,并臣服于暹罗的素可泰王朝。

公元5世纪中叶,顿逊国日渐衰微,马来半岛国家逐渐分裂。至16世纪以前,大大小小王国纷纷建立。在中国史传中,可考查的就有多达11个国家,有:丹丹、盘盘、赤土、狼牙修、佛罗安、单马令、彭坑、吉兰丹、丁家庐、满刺加、柔佛等。这些国家大多和中国发生过贸易或朝贡的关系,其中就包括由马来半岛原住民所建立的丹丹、赤土和狼牙修等王国。公元7—8世纪,马来半岛地区先后出现了登牙浓、蓬丰、淡马锡等土邦政权。它们大多受印度文化的影响,以农业和贸易为主要的经济形态,同时具备一定规模的政治法律制度,在人口组成上则由逐渐迁移过来的马来人为主。

公元7世纪开始,众多的马来古国纷纷臣服于苏门答腊强大的室里佛逝王国。

西方学着乔治·考德斯（George Coedes）的研究认为，室利佛逝王国位于苏门答腊岛东南部巨港地区的穆西河（Musi）上，是最早的海洋大国之一，在公元7世纪崛起，一直延续到13世纪末。虽然国内外历史学界对室利佛逝王国的存在与存在的时间段仍存在着较大的争议，但后来出土的文物遗址进一步证实了这一判断。考古学者在巨港发掘的一块早期碑铭中发现，682年室利佛逝王国发动了一场强大的远征，而此次远征的凯旋给室利佛逝王国带来了"胜利、权力和财富"；686年，室利佛逝王国再度远征，对"爪哇"进行了讨伐。由此，考古学家和部分历史学家认为，室利佛逝王国在7世纪晚期出现在历史舞台上开始便给世人一种急于确立其领先地位的印象。在后期的发展中，室利佛逝王国取得了非凡的成就，以至于一个室利佛逝王国的统治者能够自信到宣布他本人是"整个世界所有王国的最高君主"。

归结来看，室利佛逝王国取得非凡成就的主要原因有三个。一是建立与中国的特殊关系。由于室利佛逝王国位于苏门答腊岛南端，处在通往中国的海上交通线上，且坐落在东北季风的路径之上，因此与其他马来半岛王国相比，其在地理位置上拥有着显著的优势。在这一基础上，室利佛逝王国的统治者充分地运用了中国朝贡贸易体制，在承认中国为最高宗主的基础上，维持和不断发展与中国的朝贡贸易，使自身在这一贸易中受惠良多。据历史记载，仅在公元960—983年间，室利佛逝王国就至少派出8个使团出访中国。二是利用特殊的地理位置保障室利佛逝王国与包括中国在内的国际市场的物产需要。由于其有利的地理位置，室利佛逝王国易于通过河流进入苏门答腊岛和马来半岛的丛林地区，而且使附近海岸的红树林处于其掌管之下。因此，在东南季风和东北季风间歇期间，来自附近王国的珍珠、乳香、玫瑰香水、丝绸和锦缎等各类物品在此地集散。室利佛逝王国由此成为享誉盛名的地区贸易中心，给外国人留下了深刻的印象。三是保持与"奥朗—劳特人"（Orang Laut）之间相互依赖的共生关系。"奥朗—劳特人"是河海民族，对室利佛逝王国附近海域的海路相当熟悉，原本是从事海上劫掠的海盗。随着室利佛逝王国的强大和崛起，"奥朗—劳特人"逐步建立起对室利佛逝王国的忠诚和拥戴。"奥朗—劳特人"由此也转变为室利佛逝王国周边海域海路的保护者，转变成为其他海上劫掠者的克星。至此，室利佛逝王国开始享有平静和安全的海上环境，其统治者还曾一度自称为"海上国土之王"。

尽管如此，由于来自爪哇和印度的挑战及权力中心的转移，室利佛逝王国对

"奥朗—劳特人"的权威逐渐衰微,贸易中心也失去了当年的繁华,室利佛逝王国在公元1000年左右开始逐步走向衰落。根据明代史料记载,到13世纪末14世纪初,室利佛逝王国最终被满者伯夷所灭。

满者伯夷于13世纪末在爪哇地区兴起,14世纪初势力逐步强盛,以"军国主义"武装人民,在消灭室利佛逝王国后建国并统一了马来群岛和马六甲海峡。然而,满者伯夷对马来群岛的统一昙花一现,由于王位继承问题,王国发生内斗,最终分崩离析。在泰国入侵马来半岛后,王国势力更是日薄西山,最终在15世纪末期为伊斯兰教势力所灭。

简言之,15世纪以前的马来半岛自进入有史以来便一直处于分裂割据的状态,尽管出现过犹如狼牙修、室利佛逝等强大的王国,但地区政治上极不统一的状态在奴隶制时期未有根本改变。

(二)马六甲王国

马六甲王国是马来西亚历史上的首个统一的封建王国,位于马来半岛的西南岸,在马来西亚历史中起着十分重要的作用。虽然它仅存在了百余年,但它完整、系统的政治、经济、法律体系对马来西亚其他各州都产生了巨大的影响,并且为伊斯兰教在马来西亚的传播、发展,以及后来确定其为官方宗教奠定了坚实的基础,其丰富的风俗习惯与社会文化同样影响至今。

关于马六甲王国的建立存在不同说法。根据《马来纪年》(*Sulalatus Salatin/Sejarah Melayu*)的记载,苏门答腊满者伯夷王国派兵攻打淡马锡王国,淡马锡国王仓皇北逃,经过柔佛海峡,到达了现在马六甲城内的一个小渔村,在这里建立起了马六甲王国。马六甲一词的起源,是室利佛逝王子拜里米苏拉(Parameswara)到达渔村时曾依靠休息的那棵树的名字。另一种说法是,室利佛逝王子拜里米苏拉是满者伯夷王朝统治者的女婿。1389年满者伯夷王驾崩,因为他没有儿子继承王位,所以他的众女婿为了抢夺王位展开了一场混战,拜里米苏拉也参与其中,但最终战败。为了躲避追杀,他逃离了满者伯夷,并从此开始了流亡生活。在逃往淡马锡后,拜里米苏拉受到统治淡马锡的一位暹罗将军多摩智的盛情款待。但是没多久以后,为了夺权,拜里米苏拉杀死了多摩智将军,成为淡马锡新的统治者。根据《马来纪年》,淡马锡在被拜里米苏拉统治6年后,遭遇暹罗讨伐,最终沦陷,拜里米苏拉只好再次逃亡,最终到达马六甲。在6名"奥朗—劳特人"及当地马来人的帮助下,拜里米苏拉在此建立了马六甲王国。

全盛时期的马六甲王国是个闻名于世的港口和经贸中心。由于其位置处于航海及经贸的中心，又有良好的深水港口，东连资源丰饶的东方文明古国，西接印度、阿拉伯世界及欧洲西方列强，使得马六甲不仅成为繁荣一时的商业中心，同时成为东西方多种文化互相碰面及交流的地方。随着贸易的发展，马六甲的港口贸易制度逐步健全。当时通用以锡和金制造的货币，并建立起了一种公认的度量衡。政府设立四个港主专司港口事务。四个港主分别管理各个区域来的商船，并为他们引见盘陀诃罗（相当于总理），分配货栈，发送货物，安排食宿和预订象只，并决定和征收他们的港税。按规定，西方来的商船要按其货价缴6%的税，土著及东方来的货船则免税或是缴纳3%的税。除了按规定缴税外，商人往往还要向港主及有关官员和国王赠送礼品、货物。因此，马六甲的苏丹、贵族和各级官员也都由于港口的繁荣而富裕。

马六甲建国初期，国力还十分虚弱。为了在政治上取得邻国支持，保障国家安全，它很快同中国明朝政府、苏门答腊各国政府建立了官方关系。在经济上，由于阿拉伯商人逐渐增多，马六甲王国与阿拉伯世界的经济联系日渐紧密。由此，以伊斯兰教为主的阿拉伯文化逐渐被马六甲王国的统治者所接受。随着一系列依据伊斯兰教规制定的富国强民政策出台，马六甲王国在15世纪中叶逐渐强大起来。

到了第三任国王穆罕默德·沙统治时期，马六甲已建立起了一套较为完备的君主制度。1445年和1456年，马六甲国王两次出征北方强国暹罗，大获全胜，马六甲国势鼎盛，经济繁荣、军事强大，随后不久便征服了马来半岛的其他王国。同时，马六甲已经转型为一个伊斯兰教国家，国王改称苏丹。苏丹是国家的最高元首，其下有三位大臣分别掌管政务，分别是盘陀诃罗、天猛公和奔呼卢盘诃黎，各自管理国家的政务、军务司法和财政。15世纪中叶，著名政治家、军事家和外交家敦·霹雳（Tun Perak）连任三朝的盘陀诃罗，马六甲王国在军事和外交上都取得了重大的胜利。第六任国王曼苏尔·沙统治时期，经过武装斗争，马六甲与暹罗达成互不侵犯协定，并以武力征服了马六甲海峡沿岸各国，其疆域和势力范围几乎包括整个马来半岛和苏门答腊东岸，成为当时东南亚最强大的国家，马六甲王国进入鼎盛时期。当时，由于马六甲王国地理优越，各国商贾聚集海港，华人、爪哇人大量前往。伊斯兰教文化同时也以马六甲为中心逐步向马来群岛传播，在马来世界日渐兴盛。

到1488年，第八任国王马哈穆德·沙继位，虽然马六甲王国的版图又一再被扩大，但由于统治阶级内部尖锐的矛盾斗争，马六甲王国逐渐衰落。随着西方列强于16世纪相继而来，葡萄牙人最终于1511年攻陷了马六甲，开始了马来半岛的殖民史。

第二节　近代时期

一、葡萄牙、荷兰殖民统治时期

从公元10世纪开始，东西方之间的贸易，特别是东方的香料贸易，完全由穆斯林商人垄断。欧洲一些国家为了打破垄断，直接从东方产地取得香料和其他原料，自14世纪后期便纷纷到东方寻找新的贸易通道和伙伴，葡萄牙就是最早产生这种兴趣的殖民主义国家。由于马六甲所处的战略位置十分重要，加之又是东南亚国际贸易中心，因此成为葡萄牙的重要目标。

1509年，葡萄牙海军上将雪奎拉（D.L.Sequeira）率领强大舰队首次到达马六甲港，试图入侵马六甲，被当时的苏丹马哈穆德·沙派兵赶走，并活捉了20多个葡萄牙人。两年之后，由18艘军舰组成的葡萄牙舰队再次来到马六甲并要求释放人质和赔偿损失。由于要求未得到完全满足，葡萄牙军队开始进攻马六甲。战斗初期，葡萄牙侵略者受到马六甲当地人民的英勇抵抗，苏丹更是亲自带领官兵作战，葡萄牙人曾一度被击退。然而，在经过近半个月的顽强抵抗后，装备落后的马六甲军队终不敌拥有强大海上武装力量的葡萄牙殖民者，马六甲陷落。苏丹马哈穆德·沙先后逃亡至柔佛、彭亨和廖内群岛，并以此为根据地建立一个新的王国，号称"柔佛廖内王国"。

葡萄牙人占领马六甲后，掀开了马来亚近代史的序幕，随之而至的是西方殖民势力的不断扩张。葡萄牙人占领马六甲后，烧杀抢掠，拆除清真寺，建造城堡和基督教教堂，并强迫人们皈依基督教。由于当地人民的反抗和葡萄牙殖民者的政策，葡萄牙人统治的范围仅限于马六甲城及近郊的一些地方。当时的最高长官称为总督，由大法官、市长、助教等人组成的咨询委员会协助总督处理行政事务。将军协助总督处理军务，是海陆军的最高统帅。当时马六甲军队的规模为500~600人，并有1~2艘装备齐全的军舰。

由于葡萄牙人加征高额税收，对宗教敌人——英国商人和穆斯林商人百般刁难，贸易受到很大影响，马六甲由此逐渐衰落，柔佛马来人和苏门答腊岛亚齐等伊斯兰教国家也趁机来扰。到16世纪后期，葡萄牙统治下的马六甲在东南亚国际贸易的地位被苏门答腊新兴强国亚齐所取代。

16世纪末期，葡萄牙的海军力量开始走向衰弱。荷兰作为新崛起的欧洲国家，将目光投向远东，荷兰东印度公司于1602年成立后便开始策划占领马六甲。1630年，荷兰舰队开始封锁马六甲海峡，试图武力侵占马六甲。为了取得马来半岛柔佛和亚齐两国的支持，荷兰人出台允许伊斯兰教存在的的政策。经过长达十余年海上封锁和进攻，荷兰人终在1641年1月占领马六甲。葡萄牙人在马六甲维持了长达130年的统治，将之奉为其在远东地区的贸易中心，随着荷兰完成对马六甲的占领，葡萄牙人对马六甲的统治终告结束。

荷兰人在马六甲推行了与葡萄牙人不同的政策，以马六甲为贸易中心，倾力发展其在远东地区的贸易。但是，在荷兰人统治时期，之前葡萄牙殖民者执行的高税赋政策却继续延续下来。此外，荷兰人还特别规定所有香料、锡、胡椒等都要由荷兰东印度公司专卖。由此一来，马六甲的经济发展日渐衰退，荷兰人只能像海盗一样逼迫来往于马六甲海峡的商船前来马六甲进行贸易。后来，由于荷兰作为英国的盟国在英法战争中被法国侵占，1795年法国军队占领了荷兰，包括马六甲在内的荷属海外殖民地的统治暂托管于英国。虽然马六甲在1814年英国、荷兰签订《伦敦条约》后归还荷兰，但10年后《英荷条约》的签订使得马六甲再次回到英国殖民者的手中。以此为标志，荷兰对马六甲150余年的殖民统治正式画上句号。

二、英国殖民统治前期

早在16世纪末，英国人为了在马六甲海峡沿岸寻找和建立贸易基地，曾与葡萄牙人发生过多次冲突，后来被迫转到印度和今印度尼西亚地区。为了开辟商品市场、控制对华贸易通道和在远东地区建立海军基地，18世纪后期成功将法国势力驱逐出印度并控制印度后，英国继续向东扩张，再次来到马六甲海峡。1771年，英国殖民者侵入槟城。1786年，弗朗西丝·莱特(Francis Light)代表东印度公司与吉打苏丹签订条约，占领槟城，并开始将其发展成为英国在远东地区的军事及商业中心。

英法战争期间，荷兰作为英国的盟国曾遭到法国的进攻，为防止法国军队占领殖民地，荷兰国王要求各海外殖民地将行政权移交给英国。借此，英军于1795—1814年占领了马六甲。英国东印度公司通过支付少许金钱或武力强迫等手段，收买和强占了马来半岛的一些地方。其中，强占新加坡则成为其在亚洲扩张的重要步骤。因为英国在侵占新加坡后，便有了控制马六甲海峡和马来半岛的战略前沿，对在地区牵制荷兰的殖民统治和维护英国在远东地区航运、贸易安全等利益都有着十分重要的战略意义。1819年1月30日，英国为了有效控制马来半岛的商业，以每年8000西班牙元的代价获准在新加坡设立商馆。由于占据着优越的地理位置和英国殖民者的自由贸易政策，新加坡港口贸易得到了迅猛的发展。到1820年，新加坡贸易额开始超越马六甲；到1825年，新加坡的贸易额则远远超过了马六甲和槟城，成为英国在整个远东地区进行掠夺的重要基地。

1824年，英荷签订《伦敦协议》(亦称《英荷条约》)。根据协议内容，两国重新划分了在马来半岛及附近地区的势力范围，荷兰把马六甲转让给英国，以换取了英国人在苏门答腊的明古兰(Ben-Coolen)，同意不再在马来半岛建立殖民地；英国则把苏门答腊等地划归荷兰，答应不再在新加坡以南的岛屿建立殖民地。1826年，英国把槟城、马六甲、新加坡合并为海峡殖民地，由英国东印度公司管理。1832年，海峡殖民地的行政中心从槟城迁到新加坡。1830—1851年，海峡殖民地由孟加拉总督管辖，后归印度大总督管辖。1867年，海峡殖民地成为英国皇家殖民地，转为英国殖民部直接管理，由英国殖民大臣指定的总督在行政、立法两委员会的协助下进行统治。行政会议包括财政司、律政司等高级官员以及多名非官方成员。立法会议除高级官员外，还包括13名非官方议员，其中2名由商会选出。新加坡、槟城和马六甲三地再分别设立辅政司，在市政委员会协助下进行统治。

海峡殖民地的建立，奠定了英国在远东的霸权。英国不仅对贸易霸权感兴趣，而且还图谋抢占原料和矿产资源，从1870年开始对马来半岛各邦采取了主动干预的政策。同时，马来半岛许多州的统治者为了解决州内的纷争而向英国殖民者求援。在殖民厅接管海峡殖民地的10年内，一些马来半岛西海岸的马来州属也同时被英殖民者控制，海峡殖民地的商人也希望英国政府介入马来半岛产锡州属的内政。

1874年1月，海峡殖民地总督克拉克以平息霹雳地区内部矛盾为由，与侨领和各州苏丹在霹雳州邦咯岛签订了著名的《邦咯条约》。该条约规定，霹雳州受到英国殖民者的保护。以同样的方式，到1895年英国殖民者又先后把雪兰莪、森美兰、彭亨等三地变为其"保护邦"。1896年,英国殖民者进一步把霹雳州、雪兰莪、森美兰、彭亨四个邦合并成马来联邦,并以吉隆坡为首都。马来联邦设立总驻扎官,向海峡殖民总督负责。初期英国殖民者在马来联邦设立州务会议,讨论宗教和马来人风俗等问题,苏丹权力受到削弱。后来为了缓和同苏丹之间的矛盾,英国殖民者于1909年设立了联邦会议,苏丹和英国驻扎官及商人代表坐在一起共同讨论财政立法等事宜,但苏丹并没有决定权和否决权。1927年联邦会议改组,苏丹不再参加,改由官方议员13人,非官方议员11人组成。由于各州苏丹的抗议和反对,到赛西尔·金文泰任海峡殖民地总督(1929—1934年)时,才将财政与立法权交回以苏丹为主席的州务会议,各州苏丹的权力和地位显著回升。

泰国在克里王朝时期仍领有马来半岛北部各州的总主权。在设立了海峡殖民地和马来联邦之后,1909年英国通过与泰国的长期谈判,订立了《曼谷条约》。根据条约,泰国同意将马来半岛北部四个州的宗主权让与英国。同年,英国殖民者又与吉打、玻璃市、吉兰丹签订条约;1914年,英国殖民者又侵吞了马来半岛一个独立的土邦——柔佛;1919年,英国殖民者和登嘉楼签订条约,规定其受英国的保护。在这一基础上,英国殖民者将吉打、玻璃市、吉兰丹、柔佛和登嘉楼五个州合并为马来属邦。至此,英国已占领全部马来州属。马来属邦各邦由海峡殖民地总督管辖,但因内部安定仍保留了较大的自主权,由邦元首签署法令。虽然各邦施政方面同样听从英国驻扎官的意见,但苏丹的自治权比较大。马来属邦没有设立统一的立法会议,只是各邦设立以苏丹为首的州务会议。与此同时,英国殖民者也侵入砂拉越和沙巴地区,排挤了荷兰势力。至此,马来半岛和沙巴砂拉越均沦为英国殖民地。

第三节　现当代时期

一、走向独立的马来亚

(一)第二次世界大战前的马来亚

英国殖民主义者的入侵,加速了马来亚封建经济的解体,殖民地经济开始在马来半岛形成。英国殖民当局强迫当地人民种植橡胶,把粮田变成种植经济作物的种植园,并从中国和印度拐骗大批劳工到该地当苦力,在马来亚大规模开采锡矿。除此以外，英国资本还控制了马来亚工业、农业、商业和交通运输等各方面。巨额利润年年流入西方，马来亚当地的劳动人民却贫困如洗，英国的殖民统治造成了马来亚经济畸形发展。

虽然英国在马来亚设立了各种形式、不同级别的立法会议，但殖民总督和各级驻扎官对殖民地和保护国的重大问题始终拥有绝对的决定权，英国的分区统治制度使马来亚长期处于分裂的状态。

马来半岛居民原来以马来人为主体，沿海地区有少许异族客商。19世纪以来随着外贸、锡矿和橡胶业的发展，对劳工需求的递增，致使外来移民急速增加，马来亚逐步发展成为以马来人、华人、印度人三大民族构成的多元种族地区。

英国政府对各民族采取分而治之的统治手段。对于马来人，除殖民地官员外，英国政府允许其保持自己的宫廷结构并直接统治辖区内的人民；对于华人，在海峡殖民地建立之初设有甲必丹制度，即任命华侨领袖为甲必丹来管理华侨事务，后来还正式成立了华民保卫署，专门负责华人各项事务；对于印度人，主要通过其移民劳工机构进行管理。

为了获得马来苏丹的支持和配合，巩固殖民统治，英国政府有意推行马来人优先的政策。殖民政府与苏丹签订协议，承认马来人是当地的主人，承认和维护马来人在政治、经济、文化等各方面的特权。为此，它在政治上除保留苏丹封建统治的宫廷结构，还主要由马来人担任政府各级官员；经济上也规定非马来人不得占有马来人的保留地；在文化教育上则是拨款建立了不少马来学校。殖民政府通过各种舆论宣传马来人优先的观念，致使广大马来人，尤其是上层人物和知识分子，一直认为自己是马来亚理所当然的主人，理应享受更多特权，并把本族经济落后归咎于其他民族。

英国殖民者"分而治之"的政策，使得马来亚三大民族极少往来，各自保留自己独特的经济、文化和社会生活领域，与这种多元社会结构相适应的是战前政治运动的民族性。虽然在第二次世界大战前马来亚三大民族的民族主义都逐渐觉醒，但是其主要矛头都未对准英帝国主义，因此，直到太平洋战争前夕，英国在马来亚的殖民统治基本上都是稳固的。

（二）第二次世界大战中的马来亚

日本在袭击珍珠港、发动太平洋战争后不久，就对英属马来亚发起进攻。由于武器装备相对落后、准备不足等原因，当日军于1941年12月8日发起反动攻势后，英国守军一溃不可收拾。日本陆军在海军配合下于12月31日占领关丹，1942年1月11日攻占马来亚首都吉隆坡，1月30日，马来半岛全部沦陷。2月8日，日军强渡柔佛海峡，进攻新加坡。英军全线溃败，损失惨重，退守新加坡。当时的华侨抗日动员总会和政府也组织了1000多人的华人义勇军参加战斗。2月15日，新加坡英国守军投降，山下奉文与英国殖民者签订协议。从此，日本法西斯取代英殖民者开始对马来亚实行残酷血腥的统治，马来亚进入历史上最黑暗时期。

日军占领新加坡后随即设立了军政部，于3月7日任命了昭南特别市（新加坡）市长及马来亚十州知事，管理各地政务，但最高权力仍旧掌握在军政部长手里。为了掠夺战略物资，控制马来亚经济，确保当地日军供给，镇压反抗，巩固统治，日本军政府在占领新加坡不久后，即在各地将居民集中一起以进行"大检证"，只要被认为是抗日分子的便被杀害，被害者达数万人。之后，又建立起庞大的警察部队，以防范并镇压人民的反抗。

日本军政府为了灌输日本大东亚共荣圈的思想，重开多个中小学，推行学习日语运动。同时，继续承认马来亚各州苏丹的特殊地位，征集马来人担当各级官员和警察，成立各种马来人的社会宗教组织。此外，还极力促使印度人的反英民族主义，释放被俘的印度军人，倡导建立印度独立联盟、印度民族军和自由印度政府。日军占领马来亚期间，不仅残酷镇压华侨，而且还有意挑拨马华两大民族间的关系，专门用马来人组成的警察部队镇压以华侨为主的抗日部队，并散步华侨掠夺马来财富等言论，致使马华两族矛盾日益尖锐，为战后民族矛盾激化埋下隐患。

日军的暴行和统治激起了马来亚人民的强烈反抗。最初反抗日军的是马来亚共产党和新加坡沦陷前被解散的华侨义勇军成员。他们开始分别组成零星的游击队，随后联合成马来亚共产党领导下的马来亚人民抗日军。从1942年到1945年间，马来亚人民抗日军迅速发展到数千人，逐渐活跃于马来亚全境，并在全马范围内开展游击抗日斗争。在此期间，中国等国家和地区的抗日力量也对马来亚人民抗日军进行了物质援助和技术培训，极大增强了马来亚人民抗日军的抗战能力。马来亚人民抗日军后来与潜入的英军取得了联系，共同作战，有力地打击了侵犯之敌，成为马来亚抗日的主要力量。

（三）第二次世界大战后初期的马来亚

1. 马来亚联邦

1945年8月15日，日本宣布无条件投降。同日，盟军宣布在马来亚建立军政统治。10月10日，英国政府在国会透露了对马来亚的战后政策。为了整合英属马来亚，建立一个全国性统一的行政管理系统以恢复马来亚的经济，英国殖民者策划在马来半岛实行联邦体制。在接受了爱德华的建议后，英国政府把马来联邦、马来属邦、海峡殖民地所属槟城及马六甲合并成一个政体，称为"马来亚联邦"（Malayan Union）。随后，英国政府派使团奔赴马来亚，强迫各州苏丹签订条约以放弃权力。马来亚联邦于1946年4月1日宣布正式成立，建立后的联邦仍属英国皇家殖民地，第一任总督由爱德华担任。

马来亚联邦计划以《马来亚政策白皮书》的形式正式公布，其主要内容有：新加坡为单独的皇家殖民地，马来亚其余地区合并称为中央集权的马来亚联邦，以总督为最高行政官员，下设行政、立法两大会议；在马来亚出生，或是1942年2月15日前15年期间在此地居住的非马来人均可获得公民权，一切公民拥有平等权力和享有同等权利，包括进入民事服务机构工作，公民权将不分种族、条件宽松的赋予全体的人民；苏丹战前的一切统治移交英国政府，在总督的主持下，苏丹主持各邦的协商委员会，对宗教问题提出意见。

在这一计划下，原来间接统治的保护国成为英国的直接殖民地。而新马分离，有助于强化建立一个英国在远东的中心殖民地，并割断新加坡共产党对马来亚的影响，防止华人超过马来人，引起民族骚乱。但是，由于战争已经使马来亚发生了深刻地变化，英国殖民者想加强殖民地统治的政策愈发难以实现。联邦计划颁布伊始，便开始遭到马来人的强烈反对。在强烈的反对浪潮下，英殖民政府最后只好放弃马来亚联邦的建议，取而代之的是在1948年宣布的"马来亚联合邦"（Federation of Malaya）计划。

2. 马来亚联合邦

在1946—1948年期间，英国殖民政府尝试把马来半岛11个州合并成为马来亚联邦的计划遭到了马来民族主义者的强烈反对，马来亚共产党及其他政党和群众组织皆要求民族独立、新马合并。苏丹和贵族领导的大部分马来人民代表本族利益，反对剥夺苏丹权力、给予非马来人公民权。

马来人的反抗最为激烈，1945年12月，第一次万人抗议示威爆发。1946年3月1日，在短期内成立的马来人协会领袖纷纷聚集吉隆坡，宣布苏丹被迫签订的协议无效，并决定建立马来联合统一组织（简称"巫统"）。1946年4月1日，巫统发动全体苏丹和马来人以带孝、拒绝出席成立典礼、撤走各级协商委员会的马来人成员等方式来抵制联邦的成立。不合作运动甚至扩大到拒缴地税、警察辞职和暴力袭击英国人。

面对马来人掀起的第一次民族运动高潮，英国政府被迫让步。经过英国政府代表、苏丹和巫统领导人的多次协商，1948年2月马来亚联合邦成立，代替原来的马来亚联邦，但新马分离的政策仍旧实行。

新建的马来亚联合邦由高级专员代替总督，中央设立行政、立法和苏丹三种会议，由高级专员指定并对其负责的行政、立法会议拥有行政、立法和财政权力。苏丹的宫廷统治依然存在，每州也设立行政和立法会议。马来人的特权得到承认，新的获取公民权条件更为严格，规定自动获得公民权的除马来人以外，还有在联合邦出生的第二代华裔及印度人，其他人要获得公民权则需要15年居留期以及符合语言等有关条件。显然，是英国政府出卖了非马来人的公民权利，以获得马来人政治上的妥协，而英国人独掌大权的马来亚殖民地性质并未得到改变。

3. 紧急状态时期

第二次世界大战后，马来亚共产党及其领导的民族解放运动一直是英国殖民统治的严重威胁。为了削弱马共的力量，殖民政府解散马来亚人民抗日军和马共在各地建立的行政机构，攻击马共机关并逮捕马共成员，同时颁布各种法令以限制马共开展工人运动。马来亚联合邦成立后不久，英国殖民者为了全面扼杀民主力量，以三位欧洲种植园主遭杀害为借口，于1948年6月宣布马来亚全国进入"紧急状态"，开始了持续12年的"剿共"战争。在此期间，马共及其外围组织被宣布为违法，其他政党和群众组织迫于形势，也纷纷停止活动或宣布解散。第二次世界大战后如火如荼的马来亚政治运动一蹶不振。

殖民政府原以为两周内的时间便可消灭马共及其武装力量，但"紧急状态"直到殖民者从马来亚撤走也没有结束。相反，马共在1948—1949年间还得到了很大程度的发展。从1949年开始，殖民政府采取了一系列措施以争取华人对剿共的支持。首先，推行移民新村运动，强迫森林附近所有居民迁居到特别划定的地点，集中建立了600多个新村，其中大部分是华人。其次，支持华人政党的建立。在殖民政府的支持下，1949年2月，以陈祯禄为首的马华公会成立。马华公会开始以集资安置新村居民和争取华人平等公民权为主要任务。最后，倡导种族协调。1949年1月，殖民政府倡导成立马华亲善委员会，后又扩大为社群联络委员会。在当局拉拢华人、争取华人支持的形势下，巫统主席及其创始人拿督·翁要求吸收非马来人入党。

二、马来西亚的成立

因为英国殖民政府不会允许只代表一个种族的政党争取独立，于是在1955年分别代表马来人、华人和印度人的三大政党，即巫统、马华公会和印度人国大党联合组成联盟，由东姑·拉赫曼领导，向英国殖民政府争取马来亚联合邦的独立。第一届马来亚联合邦大选于1955年7月27日举行，联盟在52席中赢得51席，使联盟有更大的信心向英政府争取独立。在经过多次与英政府的谈判后，马来亚联合邦最终在1957年8月31日宣布独立。后来这一天也被定为马来西亚的独立纪念日。

1961年，东姑·拉赫曼建议马来亚联合邦、新加坡、沙巴、砂拉越和文莱合并，组成一个名为马来西亚的新国家。最初，几乎所有沙巴及砂拉越的政党都反对成立马来西亚，因为他们担心这两州将受到马来人统治。不过，经过一番解释后，在1962年进行的民意调查显示70%的沙巴及砂拉越人民支持成立马来西亚，而文莱则拒绝加入。于是，由马来半岛11个州、新加坡、沙巴及砂拉越组成的马来西亚联邦在1963年9月16日正式成立。

然而，合并之后的新政府却面临着一系列棘手问题。印度尼西亚不满马来西亚这个强大邻居的出现，在马来西亚成立不久后便断绝了与马来西亚的外交关系，禁止马来西亚商人到印度尼西亚经商，使很多新加坡商人破产。因此，新加坡并未能获得预想中的经济利益。合并也没有理顺马来西亚和新加坡紧张的政党关系、种族关系。新加坡两次爆发华人和马来人之间的种族骚乱。新加坡不仅与东姑·拉赫曼领导的马来人有摩擦，也与马华公会的华人有冲突，而且这些分歧和冲突非但无法通过协商解决，反而持续扩大。之后，因难以满足新加坡总理李光耀的诸多政治诉求，东姑·拉赫曼最后不得不通过国会表决的方式，允许新加坡脱离联邦。1965年8月9日，新加坡正式脱离马来西亚成为一个独立的国家。直至今日，新加坡国徽右侧仍保留着一只马来虎，象征着新加坡与马来西亚之间在历史上的紧密联系。

第三章 宗教信仰

马来西亚是个多元民族、多元宗教文化的国家。据该国2010年人口普查数据显示，马来西亚61.3%的人口信仰伊斯兰教，19.8%的人口信仰佛教，9.2%的人口信仰基督教，6.3%的人口信仰印度教，1.3%的人口信仰孔教（Konfusianisme）、道教（Taoisme）以及其他华人民间信仰。还有一些宗教信徒如沙巴和砂拉越的土著民族，忠实于本土的神灵信仰，如万物有灵（Animisme）、鬼神崇拜等，他们约占0.4%的人口比例。此外，也有近0.7%的人声称自己不崇信任何宗教或者不提供信息[①]。

第一节 宗教政策

根据现行的《马来西亚联邦宪法》，伊斯兰教是马来西亚的官方宗教，在不威胁到伊斯兰教的尊严和地位的前提下，马来西亚各族人民在联邦内享有宗教信仰自由。联邦宪法第一章第11条规定：（1）人人皆有权利信仰及奉行自己所信仰的宗教；在第（4）条的约束之下传播。（2）不得强迫任何人纳税，如果这项税收的全部或者部分服务于非本人信仰的宗教。（3）每一个宗教团体都有权利：(a)管理自身的宗教事务；(b)创设及维持宗教或慈善机构；(c)依法取得、拥有并管理相关产业。此外，联邦宪法还规定，任何人不得强迫他人接受非自己信仰的宗教及其教义，或者参加非自己信仰宗教的仪式或礼拜，且给予了每一个合法的宗教团体创设并维持为信徒子女提供宗教教育的权利，联邦或各州署有权创设或维持伊斯兰教机构或提供、协助伊斯兰教教育并支付所需款项。

联邦宪法规定，成为"马来人"的一项重要标准便是"信仰伊斯兰教"。可以说，马来人生而为穆斯林，伊斯兰教是马来西亚的马来人社会身份的核心因素之一。作为国家人口的主体构成，马来人的全民信仰——伊斯兰教被规定为国家的

---

① 马来西亚统计局网站数据，Laporan Taburan Penduduk Dan Ciri-ciri Asas Demografi 2010；http://www.statistics.gov.my

官方宗教实属情理之中。联邦宪法对国家官方宗教的规定以及个人宗教信仰自由的描述，是马来西亚政府对历史事实的总结，也为马来西亚现阶段的宗教文化发展奠定了基调。对宗教团体的创设和发展以及与教育相关的各项规定，既为社会各宗教团体的存在提供了法律依据，也为其健康发展创造了良好的生存环境。

马来西亚历届政府基本上都奉行宗教信仰自由的政策。在政府规定的五项国家原则当中，其一便是"信奉上苍"，明确了政府对伊斯兰教作为国家官方宗教的支持，而第三条"维护宪法"，也暗含了政府对其他民族及其宗教信仰自由的承诺。政府各项政策的制定和实施也严格以宪法的各项规定为依据。政府在保护本国主体民族宗教文化的同时，充分考虑了其他民族的历史与现实情况，给予了各族人民以宗教信仰自由，使他们能自由宣传教义和举行各种宗教仪式。在重大的宗教节日庆祝时，还常有信仰伊斯兰教的内阁部长参加华人或者印度人的集会。政府在宗教事务上的开明态度，既为本国文化的和谐与稳定提供了政策保障和支持，也为马来西亚这个多元宗教文化共存的国家赢得了宗教万花筒的美誉，得到了世界各国的一致认可。

第二节 伊斯兰教

一、传入和发展

马来半岛地处于马来群岛的中心地带，由于历史和地理的原因，马来半岛并非是伊斯兰教传播至该地区的第一站。伊斯兰教传入马来半岛地区经历了两个阶段：一是伊斯兰教传入马来群岛；二是伊斯兰教传入马来半岛。

（一）伊斯兰教传入马来群岛

伊斯兰教是如何到达包括马来半岛在内的海岛东南亚地区，这一问题的答案尚无定论。总结起来，目前大概有以下几种观点。

1. 东南亚海岛地区的伊斯兰教源于阿拉伯地区

根据相关的中国史料记载，早在公元7世纪，就已经有阿拉伯人出现在爪哇地区。公元684年，一些阿拉伯人在苏门答腊岛的北海岸建立了穆斯林村。此外，还有记载显示，在哈里发·阿尔·马克蒙（Khalifah Al-Makmun bin Harun Ar-Rashid）统治时期，一位船长曾率领一个百人的传教士团体前往马来群岛传教。

他们顺利觐见了当时八儿腊和亚齐的国王并成功说服其皈依伊斯兰教。之后，八儿腊的国王还将自己的一位公主许配给其中一位有阿拉伯血统的伊斯兰传教士，而其他传教士也与当地妇女成了婚。不久之后，公主生下一个儿子，取名赛·阿卜杜·阿齐兹（Syed Abdul Aziz），并最终成为八儿腊的苏丹。此外，也有西方文献记载，公元717年，一个由35艘船组成的伊斯兰海上船队在开往中国的途中曾驻足苏门答腊地区，并在休憩地传播伊斯兰教。

2. 东南亚海岛地区的伊斯兰教源于印度

公元13世纪，来自阿拉伯半岛的穆斯林就已经控制了印度南部的部分地区，古吉拉特（Gujerat）成为穆斯林往来海岛东南亚的前哨港口。随着穆斯林商人的频繁往来，古吉拉特也非常有可能成为伊斯兰教由印度转向海岛各地的中转站。也有人认为位于印度西南方的孟加拉是海岛东南亚伊斯兰教的直接来源地。公元13世纪，孟加拉落于穆斯林之手，并迅速成为当时印度最重要的伊斯兰教教义研究和宣传中心。很多穆斯林来到此地学习伊斯兰教法，其中有一部分人游历到海岛东南亚地区以宣传教义。在传教的过程中，一些穆斯林与当地妇女通婚，其家庭所在地往往会成为该地区伊斯兰教的宣传中心。

3. 东南亚海岛地区的伊斯兰教源于中国

伊斯兰教到达中国大陆的时间远远早于其传播至东南亚的时间。在哈里发·乌斯曼（Khalifah Uthman bin Affan）统治时期，官方曾派遣一位名为沙阿德（Saad bin Abi Waqas）的人到中国传教。公元9世纪，中国南方尤其是云南地区就已经出现穆斯林。南方地区有些穆斯林漂洋过海来到东南亚，并最终定居此地，影响并带领着当地民众皈依伊斯兰教。中国人很有可能在伊斯兰教传播至海岛东南亚地区这一过程当中发挥了关键性的作用。有些历史学家认为，来自中国的伊斯兰教大约在公元10世纪末期至11世纪早期传播至海岛东南亚地区。

由于史料的缺乏，人们无从回答伊斯兰教到底是如何到达海岛东南亚地区这一问题，不能确切了解东南亚人皈依伊斯兰教的时间和地点。但在学术界比较一致的看法是伊斯兰教最迟在13世纪就已传入东南亚，并在海岛的沿海地区取得立足点，后来随着15世纪马六甲王国的崛起影响了整个马来半岛地区。

（二）伊斯兰教传入马来半岛

伊斯兰教传入马来半岛的时间较晚，大约在其创建6个世纪之后才传至马来半岛地区并为人们所接受。一般认为，苏门答腊北部的巴赛是马来半岛上伊斯兰教的直接来源地。公元13世纪，伊斯兰教登陆巴赛地区，遂以巴赛为据点向马来半岛、爪哇等地区辐射开来。之后，崇尚佛教的室利佛逝帝国的衰落和15世纪马六甲王国的崛起以及海上国际贸易的繁荣，为伊斯兰教在马来半岛地区的广泛传播创造了条件。

考古学家在登嘉楼河上游20里处发现一根石柱，上面刻有以阿拉伯字体书写的最古老的马来文，内容与公布穆斯林国法的总督有关，并称其为罗阇·曼达利卡和悉利·帕杜卡·涂汗，年份为1326年或者1386年，但并未发现公元15世纪前伊斯兰教在马来半岛大面积传播的痕迹。15世纪初期，马六甲王国的建立为伊斯兰教在马来半岛的传播和发展奠定了基础。据说马六甲王国的创建者拜里米苏拉娶了巴赛的一位公主，在妻子和岳父的敦促下，拜里米苏拉最终在其72岁时皈依伊斯兰教。马欢随郑和于1413年出使马来半岛，对其所见的马六甲国王有类似这样的描述：国王（拜里米苏拉）细白番布缠头，身穿细花青布长衣，出入乘轿。可见国王在装束上已经受到了伊斯兰文化的影响。事实证明，马六甲国王皈依伊斯兰是非常明智的选择，为这个新生的王国在建国之初构建良好的政治、经济、以及外交关系创造了条件。穆斯林对真主的忠诚被延伸至社会政治领域，进一步巩固了国王统治的合法性。而马六甲与巴赛的共同信仰与姻缘关系使得在巴赛、阿鲁及马六甲之间形成的三足鼎立局面趋于瓦解，无形之中马六甲与巴赛形成了某种防御联盟，加固了自身的竞争力。马六甲王国对伊斯兰教的崇信也为其赢得了来自西亚和印度的穆斯林商人，切实的经济利益让底层民众也自觉地披起了头巾，戴起了宋谷帽，皈依伊斯兰教。

第三任国王穆罕默德·沙在位期间，在马六甲建立苏丹王国，使用苏丹称号。苏丹是阿拉伯语的音译，意思是"君王"或"有权威的人"，是苏丹王国的统治者。从苏丹穆罕默德·沙开始，马六甲王国正式进入苏丹王国时代，其后的历任统治者皆采用苏丹称号。第五任国王穆扎法尔·沙统治时期，马六甲王国开始真正向外扩张，伊斯兰教随着对马来半岛其他地区的征服而迅速传播。穆扎法尔·沙在其去世前不久，编定了内含伊斯兰教法律的法典，在其统治区域内使用伊斯兰教法，创建了清真寺、宗教学堂以及苏菲派道堂。此后的三任国王苏丹曼苏尔·沙、苏丹阿拉乌丁·黎阿耶特·沙和苏丹马哈穆德·沙都非常重视伊斯兰的传播及在政治统治中的作用。

(三)伊斯兰教的发展

1. 马六甲王国时期

巩固权力统治和获取商业利益是马六甲王国统治者皈依伊斯兰教的重要原因。15世纪,伊斯兰教世俗权力复兴,穆斯林商人基本上控制了从欧洲延伸至马来群岛和马鲁古群岛的巨大的商业网络。大批来自阿拉伯、印度等地的穆斯林商人为巴赛带来了巨大的经济利益。马六甲统治者也急于仿效其对手巴赛。再者,伊斯兰教先知的故事已经随着穆斯林商人传播开来,马六甲的马来人统治者也深深地意识到,伊斯兰教强调君主的神圣性及其超越凡界的地位和尊严对其政治统治具有深刻意义,他们非常乐意并急于享受伊斯兰教的显赫封号给予自己的荣耀。马六甲的统治者被称为"世界和宗教的助手",真主的代表,且对他的顺从成为一种职责。可以说马六甲港口的马来人统治者皈依伊斯兰教是伊斯兰教在马来半岛全面传播和最终确立自身的地位具有里程碑意义。《马来纪年》中用"神的启示"来描述统治者皈依伊斯兰教这件事情。在统治阶层的鼓励之下,各个民众,不分高低贵贱都相继皈依了伊斯兰教。王室鼓励穆斯林和异教徒(非穆斯林)通婚以吸引新的皈依者,严格惩戒离经叛教者,强调履行伊斯兰教的各项义务。此外,官方还频频制定出有利于穆斯林的法律规章。

15世纪中叶,马六甲已经成为海岛地区非常强盛的商业中心,宗教文化随着经贸关系的往来逐渐形成了一个以马六甲为中心的巨大网络,那些或臣属于马六甲或与之关系密切且存在竞争关系的穆斯林王国在马来半岛中北部的霹雳、吉打、彭亨及登嘉楼等地区相继出现。

伊斯兰教中以苏菲教派闻名的神秘主义思想迅速与当地原始的万物有灵并混着印度文化的宗教信仰相结合,深深触动了马来人的心弦。这场运动以自上而下与自下而上相结合的方式,以摧枯拉朽般的力量,随着马六甲王国的崛起和扩张,在短短一个世纪的时间内几乎征服了整个马来半岛。伊斯兰教很快在马来半岛和马来人心中占得一席之地,与马来人的本土文化相融合,成为传统马来文化中的一个重要组成部分。在随后到来的长达4个多世纪的被殖民史中,西方列强专注于对经济的掠夺,反而激发了马来人更好、更顽强地保存和发展自身文化,维护伊斯兰教的地位和功能。

2. 殖民统治时期

1511年,马六甲王国不敌西方战舰最终落入葡萄牙人之手,开始了马来半岛长达数个世纪的被殖民的历史。1641年荷兰取代葡萄牙殖民马来半岛。葡萄牙殖民者的首领在攻陷马六甲之初反对与穆斯林开展任何联系，马六甲的多个清真寺被毁，几乎所有的穆斯林商人被驱逐，马六甲港口与穆斯林商人之间的贸易网络被破坏殆尽。与此同时，基督教也随着西方殖民者抵达马来半岛，马六甲曾经作为马来群岛地区伊斯兰教研究和传播中心的地位逐渐被取代。但由于葡萄牙和荷兰殖民者过分重视对马来半岛地区的经济掠夺，忽视了基督教的传播，为伊斯兰教的生存和发展创造了条件。殖民者对宗教领域的忽视恰恰保存了伊斯兰教在马来人心中的神圣性，使伊斯兰教成为马来人在国破家亡的现实背景中唯一完好的精神家园。人们以真主的教悔接受命运，以真主的名义崛起抗争，同样也以真主的名义团结着同祖同根的马来人民。在整个东南亚伊斯兰教的传播版图中，马六甲的光辉随着殖民者的到来逐渐暗淡，但伊斯兰教在整个马来半岛马来人心中以及马来文化中的地位却因殖民者的压迫而被强化。

1786年，英国人登陆马来半岛北部的槟城，迈出了殖民马来半岛的脚步。与之前的葡萄牙和荷兰相比，英国殖民者对马来半岛的社会、政治及文化的影响较大，但在宗教习俗方面仍然大致沿袭了葡萄牙、荷兰的政策，宗教信仰相对自由。18世纪是伊斯兰教发展史上的一个重要时期，奥托曼帝国衰落，圣地麦加和麦地那再次取得独立。加上国际航运的发展，包括马来半岛在内的世界各地的穆斯林纷纷到圣城进行朝拜或者学习。此时，学成归来的穆斯林学者对马来半岛伊斯兰教教义的系统化和正规化起了关键性的作用。宗教学者逐渐将伊斯兰教教义与社会和人的精神、现实生活联系起来，形成了明显具有宗教特性的社会伦理和道德观，为伊斯兰教在马来亚独立之后担任国家官方宗教这一角色做好了准备。

1942年日本侵略者轻而易举地占领了马来半岛地区，开始了其在马来半岛上长达3年的暴虐统治。与之前的西方殖民者相似，日本人的统治往往更加依赖当地民众的合作，且常常保留原有的基层统治结构，对占领地实施间接统治。在宗教信仰和文化方面，也并未采取强行的同化政策，甚至对宗教和习俗也保持不强迫的态度，表示尊重马来人民的伊斯兰信仰，让苏丹政权保持原样，并于1944年在瓜拉江沙召开了宗教委员会全体会议。日军占领当局对宗教和传统文化领域的宽容，实际上是对马来人以及整个马来民族注射的镇痛药和麻醉针，消磨和禁锢了他们血液中的抗争意识。但这也使伊斯兰教作为传统马来文化中的重要组成部分，被相对完整地保留和传承了下来。

1945年8月日本法西斯投降，随后英国殖民者重掌马来半岛地区。英国殖民者基本上继承了日占前时期的宗教政策，对伊斯兰教及民众的信仰文化持比较中立和客观的态度。伊斯兰教作为马来半岛不断更迭的社会政治统治中唯一被放生的民族精神生命，在马来民族的发展历程中逐渐沉淀为传统马来文化的核心构成。在反法西斯的斗争中，世界多个受压迫国家和地区都相继爆发了民族主义运动，日本占领军的统治以及后来英国殖民者的回归也在部分马来中产阶级中催生了民族主义的兴起。伊斯兰教作为马来人的共同信仰，成为马来民族主义者号召和团结马来人的大旗，也是马来民族主义最核心的表达。马来族的政治领导人以之为武器，与英国殖民者为争取国家的利益而讨价还价，同时也以之为武器，与非马来人抢占政治和经济利益空间。伊斯兰教从人们的精神世界介入族群之间的利益争夺，是伊斯兰教为其在马来亚独立之后步入政治场所做的一种试探，也是其开始影响马来半岛各个族群社会生活的前奏。

3. 独立后时期

在各族人民的共同努力之下，马来亚于1957年8月31日摆脱了英国的殖民统治，最终取得独立。在马来人民长达数百年的被殖民史中，伊斯兰教和伊斯兰文化已经成为马来文化的中心。在马来半岛这个多元文化和族群共存的社会中，伊斯兰教对马来民族和马来人来说已经超越了表层文化的意义，而成为了身份认同及区别他人的一种标识。伊斯兰教在这个新生国家的地位直接映射了马来民族在其中所具有的影响力。马来西亚宪法明确规定伊斯兰教是马来西亚联邦的官方宗教，这既从根本上承认了马来民族的主体地位，也为伊斯兰教全面影响现代马来西亚社会的各个方面创造了条件。

二、基础教义体系

"五基"和"五功"是伊斯兰教基础教义体系中的核心内容。"五基"指伊斯兰教规定的五个基本信条，"五功"则规定了穆斯林必须遵守和履行的宗教义务。

（一）五基

1. 信真主。伊斯兰教认为，真主是宇宙万物的创造者，是世界唯一的主宰，是宇宙间独一无二的、至高无上的主。他无所不知、无所不在、永远生存、大仁大慈。穆斯林在祈祷时，时常会默念"万物非主，唯有真主"。信真主是伊斯兰教信仰的核心内容，也是伊斯兰教一神信仰的集中体现。

2. 信使者。《古兰经》中提到了很多使者，如阿丹、努海、穆萨和穆罕默德等，但使者中只有穆罕默德是最伟大的先知，是真主的使者，负有传授真主之道的光荣使命，穆斯林必须服从真主的使者。

3. 信天使。天使是真主用光创造的无形妙体，他们只听从真主的差遣，分别管理天国和地狱，传达真主的旨意，记录人间的功与过。《古兰经》中有四大天使，包括哲布勒伊来（Jibra'il）、米卡尔（Mikal）、阿茨拉伊尔（Azral）和伊斯拉斐尔（Israfil）。他们各司其职，分别负责传达真主命令以及降示经典，掌管世间事务、死亡和吹响末日审判的号角。

4. 信经典。伊斯兰教认为《古兰经》是真主降示的最伟大的经典，穆斯林必须虔诚信仰并严格遵循，不得诋毁和篡改。《古兰经》是穆斯林在现世的最高法典。

5. 信末日审判和死后复活。伊斯兰教认为在世界末日到来之际，世界将会毁灭，真主将就此对所有的人进行"末日审判"。届时，所有死人复活接受真主的审判，以现世的行径为依据，罪恶的人将下地狱，而善良的人将升入天堂。

此外，穆斯林还相信现世的一切均是"前定"，是真主的特殊安排。任何人都只能平静地接受真主的旨意，不能变更，唯有顺从，方能在来世得到幸福。

（二）五功

1. 念功。念功为五功之首，即指穆斯林每天要诵念"清真言"："万物非主，唯有真主。穆罕默德是真主的使者"，以此来表达自己的宗教信仰以及对信仰的坚持，树立并坚定认主独一的信仰核心。

2. 拜功。穆斯林要每日履行5次祈祷：晨礼，在拂晓时举行；晌礼，在中午1～3时举行；晡礼，在下午4时到日落时分举行；昏礼，在日落之后、太阳的白光逝去之前举行；宵礼，在入夜、拂晓之前举行。每周主麻日集体祷告。履行拜功是穆斯林无限接近真主的途径，是穆斯林表达虔诚、感恩和敬仰的最好方式之一。

3. 斋功。斋功是指每年伊斯兰教历的9月，从清晨拂晓之时到日落黄昏期间，穆斯林禁止饮食和房事。斋功是所有穆斯林的一项主命功课，也是穆斯林必须履行的一项宗教义务。

4. 课功。课功是指穆斯林在自身财产达到一定数额时要缴纳的宗教税，名为"天课"。伊斯兰教认为，所有财产都是真主所有，个人财富的累积是为把资财施舍给他人做准备。穷人和富人，只要是穆斯林都是真主的子民，都应该平等地获取真主赐予的财富。课功是伊斯兰教平衡财富分配的方式之一，也是伊斯兰教公平原则在社会经济领域的体现。

5. 朝功。朝功指穆斯林到麦加朝觐天房——克尔白圣殿。伊斯兰教规定，所有穆斯林，只要在身体及经济允许的条件下，一生至少要到麦加朝觐一次。

笃信五基、履行五功，是成为一个虔诚穆斯林的首要条件。伊斯兰教传入马来半岛，与传统马来文化相结合，为马来人所接受和吸收，逐渐成为马来人的全民信仰，在政治、经济、文化等方面对马来半岛整个社会的发展产生了巨大的影响。

三、伊斯兰教传入马来半岛的意义

（一）政治意义

伊斯兰教自诞生之日起就与政治密不可分。政教合一、族群混同是伊斯兰教的两个本质特征，对苏丹和领导者的崇拜是伊斯兰教认主独一的宗教信仰在政治理念以及政治制度中的体现和延伸。在早年阿拉伯穆斯林的观念中，伊斯兰教先知穆罕默德在麦地那所创建的穆斯林社团"乌玛"（Ummah），既是信仰者的联合体，也是民族、国家和社会共同体。维护乌玛的团结和统一，也就是维护整个社会的安宁与团结，是伊斯兰教的使命，也是每个国家和民族领导者的责任。社会中每个穆斯林都必须按照真主启示的要求，"服从真主，应当服从使者和你们中的主事人。"所谓"主事人"便是宗教领袖，也是国家领导即苏丹。苏丹被认为是真主在穆斯林中间的化身，真主是穆斯林心中唯一的神，苏丹是其唯一合法的现实化身。在信仰理念上，任何穆斯林都是"真主的仆人"，而在现实当中，所有臣民都是苏丹的子民，苏丹拥有无法超越的权威，忠诚成了人们生活中最可称道的道德标准。这使得苏丹成为人们的保护神，成为国家主权和统一、民族道德以及社会权威的象征。伊斯兰教传入马来半岛，从根本上改变了马六甲王国的政治体制。苏丹成为王朝最高的统治者，同时也是所有臣民不可置疑的精神领袖。宗教赋予了统治者至高无上的神性，同时也为其统治找到了合法性。马六甲王国当初在接受并最终确立伊斯兰教在马六甲王国的国教地位之时，政治利益就是其主要考量。马六甲作为马六甲海峡沿岸的一个重要港口，其国王和国民皈依伊斯兰教对来往于印度和西亚的穆斯林具有很大的吸引力，繁荣的港口贸易逐渐为马六甲这个新生国度提供了坚实的经济支撑。此外，集神权和统治权为一体的最高统治者苏丹也在伊斯兰教的圣训和教义中找到了坚不可摧的政权合法性。

(二)文化意义

忠君和顺从是马来半岛吸收伊斯兰文化并与之融合的精髓所在。伊斯兰教与政治难舍难分,对于一般的民众来说,政治是远离生活的,是上层领导者的事,但宗教和宗教意识却渗透到人们生活的每一个细节甚至是价值观念和道德评判。在他们看来,宗教先于政治,是政治的基础。伊斯兰教教导他们安于现状,忠于苏丹。他们认为苏丹作为宗教领袖的地位是不可取代的,是社会的最高统治者。真主是这一切的主宰,所以是不可违逆的。尽管马来农民作为整个社会结构最为庞大的底盘,受到苏丹和首领们的沉重剥削与压迫,但他们还是无条件地效忠于他们。一位马来教育工作者阿拉塔斯将这种奇怪的现象称为"心理封建主义"。成书于15世纪的《杭·都亚传奇》一书的主人公杭·都亚便是封建社会中臣民对苏丹盲忠的典型,而杭·都亚却成为数百年来马来人心目中最为完美的英雄,至今依然能够引起现代马来人的共鸣。在马来传统观念中没有背叛、起义和反抗,长久以来形成的文化传统让他们坚信领导者是完美而无错的,矛盾和不满的产生根源在于自身。当他们对领导者的统治不满时,他们选择宣泄的方式是"逃离"而不是反抗。

(三)身份认同的意义

伊斯兰教也为生存在马来半岛的马来人相互认同提供了标识,为马来民族的最终形成发挥了重要作用。基于马来半岛传统的政治统治特色,在伊斯兰教传入之前,尽管马六甲王国的势力几乎渗透到马来半岛的各个角落,但整个马来半岛依然是一个相对松散的整体,天然的高山和河流湖泊往往将半岛分割成并不紧密且在一定程度上还存在竞争关系的政治单元。虽然在人种上存在相似性,但各个区域人们效忠的对象是各自的"王",并未表现出其共同的"民族特性"。伊斯兰教的传入和普及为马来人的相互认同发挥了纽带作用,并最终催生了马来民族共有的"民族特性"。认主独一是伊斯兰教教义之一,真主跨越所有疆界成为皈依伊斯兰教的穆斯林共同的效忠对象和精神寄托,这让马来半岛上的马来人有了此认同的标准。伊斯兰教像一根纽带,从思想上将所有马来人团结了起来,为现代意义上马来民族的最终形成奠定了基础。

马六甲王国的崛起和伊斯兰教的传入在奠定了马来西亚现行政治体系基础的同时,也使马来传统文化得以最后定型,同时马来人的共同信仰——伊斯兰教使马来民族这一概念首次对马来半岛上的马来人产生了认同意义。在此后的历史发展中,伊斯兰教越来越深入马来人的内心,真主成为他们共同信仰的唯一的神与效忠对象,成为他们心灵寄托之所在。真主和穆圣的训诫也成为马来穆斯林生存和行事的准则与依据。1511年葡萄牙人利用其舰队和大炮打开了马六甲的大门,马六甲王国从此沦陷,马来半岛开始了长达4个多世纪的殖民地历史。伊斯兰教成为一面旗帜,团结着所有马来穆斯林,在圣战的激励之下,为保卫马六甲、保护苏丹而奋战。在此后被殖民的历史中,伊斯兰教是马来人每每在面临外敌时凝聚人心、一致对外的潜在力量,也是马来人在屈辱的殖民史中之所以仍然维系着一个强大团结的民族的根源所在。随着马来亚的独立和马来西亚的成立,伊斯兰教依然在国家的政治、经济、文化等领域发挥着重要影响。

四、马来西亚现代化进程中的伊斯兰教

(一)伊斯兰教在马来西亚现代化进程中的自我调适

马来西亚自独立以来就开始了现代化进程。与早期内源现代化国家如英、法等国不同的是,马来西亚现代化改革的动力并非来自于体系内部,而是从外部移植的,属于外源型现代化国家,这样的现代化也被称为"追赶型现代化"。因为缺乏相应的制度和精神准备,飞速的经济发展以及社会结构的变化往往让处于剧变中的人们茫然和不知所措。此外,现代化对民主政治、工业化、城市化、世俗化、个人主义、利益至上主义、人身自由等观念提出了要求,对马来人传统的处事原则和价值观念提出了挑战。作为马来传统文化核心因素的伊斯兰教必须相应地自我调适以适应马来西亚的现代化进程。首先,伊斯兰教对原先掌管的权力进行部分分割和出让。如在政治领域,马来西亚自独立开始便引入西方民主政治,实施政教分离。但伊斯兰教作为马来西亚的官方宗教,仍然能通过对马来民族思想道德及价值判断的影响间接作用于国家政治。当前,宗教法庭和世俗法庭在马来西亚并行不悖也是伊斯兰教自我调适的成功尝试。其次,对教义作出重新解释是伊斯兰教进行自我调适的有效方式。伊斯兰教政治倡导的"协商"原则也被重新解释为"民主",成为政府追求民主政治最重要的宗教支撑。在经济领域,伊斯兰教对商业的重视成为马来西亚政府说服马来人踏足经济领域的有力证据,"平等、公平"等原则被用以解释马来西亚新经济政策的出台与实施。伊斯兰教强调财富的均衡分配,催生了马来西亚国内宗教福利事业欣欣向荣的局面。

伊斯兰教作为一种非常理性的宗教,面对现代化对马来西亚社会带来的冲

击,一方面适当地进行自我调适,另一方面也固守其积极的道德标准和正确的价值判断,如倡导以伊斯兰教的纯洁性来进行自我道德建设和道德反省,主张重整社会风气,反对在现代化过程中出现的腐败、没落、贫富分化、种族矛盾加剧等现象。

马来西亚的伊斯兰教通过其及时、适当地自我调适而成为现代化进程中的积极推动因素,对伊斯兰教义的重新解释回答了穆斯林如何面对现代化的难题,同时也凭借其对自身纯洁性的坚持成为马来人引以为豪的道德壁垒,为迷惘的人们提供了心灵归宿,在马来西亚现代化进程中发挥了重要作用。

(二)伊斯兰教对马来西亚现代化进程的影响

随着马来西亚现代化的深入,政治的逐步民主化、经济的飞速发展以及西方文化对传统马来文化的冲击,不仅引起了社会结构的急剧变化,也在人们的思想领域引发了一场观念的攻守战。作为传统马来文化核心因素的伊斯兰教适时自我调整,不仅适应了马来西亚现代化步伐,同时也从政治、经济、教育和法律领域对马来西亚的现代化进程产生了重要影响。

1. 伊斯兰教对马来西亚现代政治的影响

自马来亚独立到1969年这段时期,伊斯兰教与马来西亚的政治发展关系并不密切。独立之初,英国人的撤离造成了马来半岛上的权力真空状态,各族领导人为其民族的政治诉求而明争暗斗,民族主义超越了所有因素而成为此时政治发展的主导,族群之间的斗争与妥协为政治斗争定下了基调。巫统在1950年4月27日注册成为维护马来人利益的政治党派,但并非伊斯兰教组织。这段时期伊斯兰教与马来西亚政治发展唯一重要的体现便是伊斯兰教被立为官方宗教。1958年,马来亚第一任总理东姑·拉赫曼在立法议会上明确表示,"这个国家不是像人们所认为的那样是伊斯兰教国家,我们能做的仅仅是立伊斯兰教为官方宗教"。尽管伊斯兰教为马来西亚的官方宗教,但对国家的政治生活并没有实际影响,仅仅起着象征性的作用。马来亚联合邦1957年宪法明确规定各州最高统治者必须是宗教领袖,有权处理宗教事务,但并未规定总理、部长等掌握实权的职位必须由穆斯林来担任。再者,此时掌握国家政权的联盟核心政党巫统,其领导人大多受英文教育,西方民主思想对他们的影响深厚,他们的政治理想是建立民主的世俗国家而不是政教合一的国家。这些都决定了伊斯兰教在这段时期对政治影响的局限性。

1969年"5·13"事件是马来西亚民族矛盾在政治领域的一次大爆发,是在马来西亚政治发展中具有重大历史意义的阶段性事件,标志着该国新一轮政治整合以及由政治整合带动的社会整合全面开始,也为伊斯兰教在民族主义的大背景下真正进入马来西亚的政治角斗场打开了大门。"5·13"事件之后,马来人与非马来人尤其是与华人之间的关系突然变得紧张起来。从政府到民间,马来民族极端主义重新抬头。伊斯兰教成为马来政治领导人团结民众、凝聚力量的重要纽带。

"5·13"事件让马来领导人认识到了马来人之间相互团结的重要性,更让巫统明白在民族主义依然笼罩马来西亚政治的状态下,马来人之间的分裂,马来人选票的分流将会葬送马来人的政治主导权。1969年伊斯兰教党作为反对党在大选中的优秀成绩让巫统看到了伊斯兰教对马来人的号召力,伊斯兰教对马来政治仍然具有无比巨大的旗帜意义。因此,为强化马来人之间的相互支持和认同,巫统一改过去与伊斯兰教若即若离的关系,加强了对伊斯兰教的宣传,也更加明确了其维护和支持伊斯兰教的态度。1974年联盟政党的改组、国民阵线的形成以及伊斯兰教党加入执政联盟为伊斯兰教影响马来西亚现代政治提供了官方途径。1977年伊斯兰教党突然退出国民阵线,则再次强化了伊斯兰教对马来西亚政治的影响。从此,伊斯兰教对马来西亚政治的影响便主要体现在马来西亚执政党巫统与反对党伊斯兰教党的相互斗争之中。两党为争夺马来人的支持而纷纷指责对方不以"正确"的伊斯兰教为基础,伊斯兰教党与巫统就伊斯兰合法性的争斗烽烟四起,这也紧密了伊斯兰教与马来西亚政治之间的关系,推动了伊斯兰教政治化的趋势。两个政党纷纷就伊斯兰教课题做出种种行动,大打伊斯兰教牌。伊斯兰教党在其新领导人法兹诺(Fadhil Noor)和艾哈迈德(Ahmad)加入该党之后,迅速成立伊斯兰教党长老会,强化伊斯兰教对该党的指导作用。而巫统也全面宣传支持和维护伊斯兰教的姿态,提出温和伊斯兰主义路线,以此与伊斯兰教激进极端路线相抗衡。

1971年,马来西亚举行全国文化大会,会议明确指出马来西亚文化将以马来人文化为基础,而伊斯兰教是马来传统文化中的重要组成部分。政府确定了国家文化的三大原则,这从根本上、政策上为伊斯兰教和伊斯兰教文化在马来西亚文化中的地位奠定了基础,也为伊斯兰教对全国的社会和政策产生影响作了铺垫。同年,马政府建立了马来西亚伊斯兰研究中心,举办了国际《古兰经》背诵比赛,1974年建立了由总理署直接管理的伊斯兰教传播基金会,1978年全国法特瓦委员会成立。1972年总理拉扎克表示，伊斯兰教将指导政府在国内和国际事务方面的行动。

　　20世纪中后期风靡世界的伊斯兰教复兴运动于80年代在马来西亚达到高潮。此时，现代化进程引起的种种社会弊端如权钱交易、贫富分化、社会风气败坏、社会道德堕落等现象开始显现。伊斯兰教复兴运动以及政党对伊斯兰教的热情使马来穆斯林开始从一个全新的角度重新审视伊斯兰教，探索伊斯兰教对现代化的引导意义。他们相信，伊斯兰教所倡导的社会公平、公正、宽容等道德要求将是解决现代化进程中所有不和谐的关键所在。马来穆斯林的生活和价值观念重新回归伊斯兰，是否遵循伊斯兰教戒规和圣训成为马来民众评判政府的重要标准，是否符合伊斯兰教的合法性遂成为巫统和伊斯兰教党相互指责的矛头所在。两党纷纷表明自己的伊斯兰立场，积极推行伊斯兰政策，出台各种伊斯兰法规，伊斯兰教党和巫统的争斗迅速白热化。1984年，政府宣布"政府管理机器伊斯兰化"，这意味着将伊斯兰教价值观引入政府管理中，要求具备一定的伊斯兰教知识也成为马来穆斯林申请政府职位的必要条件之一。2001年，马哈蒂尔在震惊世界的"9·11"事件过后不久的9月29日正式提出"马来西亚已经是伊斯兰教国"。马哈蒂尔没有明确界定"伊斯兰教国"的定义，但表示现在的马来西亚就是伊斯兰教国，是符合伊斯兰教精神的。他表示穆斯林在马来西亚能以伊斯兰教的方式自由生活，人们享有公平公正的权利，因此马来西亚已是伊斯兰教国。"文明伊斯兰"是巴达维2004年主要的竞选口号。

　　2008年伊斯兰教党"福利国"概念的提出标志着伊斯兰教与马来西亚政治的关系逐渐趋于平和。伊斯兰教党对其福利国的解释更多地强调了"建立廉洁的政府"、在倡导伊斯兰生活方式的前提下为各族人民创造自由的生活环境和思想空间，关注的焦点已经由单纯的伊斯兰教逐渐转向民主、民生和自由。纵观马来西亚2008年大选以来的政坛特色，宗教色彩有所淡化。巫统和伊斯兰教党都不再以伊斯兰教或者伊斯兰教国作为其主打宣传对象，而更关注民主以及现代社会发展之下的经济和政治问题。但是伊斯兰教仍然是马来西亚除民族之外左右政治发展的核心因素，伊斯兰教党也从未放弃其伊斯兰教国的政治理想。在主流为发展的现代社会，多元民族、多元宗教和多元文化共存的马来西亚社会，在可预见的未来，妥协政治将是马来西亚政治发展的总体方向。伊斯兰教将以更加平和的方式与政治结合，左右马来西亚政治在马来人与马来人之间以及马来人与非马来人之间寻求平衡。

2. 伊斯兰教对马来西亚现代经济的影响

马来西亚一直以来被认为是当今世界上现代化程度最高的伊斯兰国家之一，伊斯兰教对国家经济的发展发挥着重要的作用。20世纪80年代，随着伊斯兰复兴运动在马来西亚的兴起和发展，伊斯兰理念开始向经济领域渗透，具有浓厚道德烙印的伊斯兰经济思想被全面引入现代经济体系。

伊斯兰教对马来西亚经济发展的影响是其在政治领域影响的体现和延续。1972年新经济政策出台之时，时任总理的拉扎克就指出，"新经济政策是在《古兰经》的指导下进行的。"新经济政策倡导的公平公正的原则是完全"伊斯兰特质"的。特别是在1981年马哈蒂尔上台之后，随着伊斯兰教在政治领域的影响逐渐深入，政府一再表明其政府政策的伊斯兰特性，声称要将伊斯兰教的发展概念与马来西亚经济发展相结合，同时也在各项政策中明确其伊斯兰教态度，表达对伊斯兰教的忠诚。新经济政策取得了一定的成果，从宏观的角度来看实现了最初定下的目标。马来西亚各民族的贫困率有所下降，很大一部分马来人从土地当中解放出来，成为城市中的新兴中产阶级，实现了社会的重组和经济资源在民族之间更加平均合理的分配，体现了伊斯兰教公平公正的原则。1991年，时任马来西亚总理的马哈蒂尔提出"2020年宏愿"，目标是要在一代人的时间里将马来西亚建设成一个充分发达的工业化国家，同时，一个有道德的社会和有强烈宗教精神的公民也是2020年宏愿计划的目标之一。马哈蒂尔认为，"2020年宏愿"对现代工业社会中公民的道德作出限定和要求，完全符合伊斯兰教允许合理正当追求财富的经济思想。

20世纪70年代，随着伊斯兰教对马来西亚政治经济影响的加深，政府引导民众重新探索新时期伊斯兰教与经济发展的关系，提出了"新马来人"的概念。政府对伊斯兰教经典中所蕴含的经济思想进行了再挖掘，强调伊斯兰教并不反对财富积累，而且鼓励勤奋工作和符合规范的商业活动，为马来穆斯林解开了将其深深禁锢的思想和道德枷锁，同时在政策上为马来穆斯林跨足商界提供了种种优待。培养富有竞争精神、勇于进取、有良好宗教道德的马来企业家成为马来西亚政府各种经济政策的重要目标。得益于政府在教育领域为马来人提供的固打制优势，大部分马来企业家往往具有高等教育背景和专业技术知识，在政府借以"真主重商"的名义鼓吹之下，他们都能勤奋工作，积极探索，也能够抓住各种机遇全力发展。大部分马来企业家认为只有将伊斯兰教教义确实贯彻到经商理念和行为之中才算是一名合格的真正的穆斯林商人，无愧于真主。他们坚信，真主并不喜欢贫穷，通过合理正当的手段积累财富是真主允许和鼓励的，也是报答真主赐予万物的最好方式。他们富于道德之心，依戒律处理日常事务，以合作之心态对待对手，鄙视不顾一切伤人利己的手段。此外，一位优秀的马来穆斯林商人同时也是一位慈善家。他们乐于助人，回报社会，认为真主和政府给了自己智慧和机会，将财富紧握手中，最终的目的是通过自己的手去扶助更多需要帮助的人。随着马来西亚经济的向前发展，马来穆斯林商人的队伍正不断壮大，在社会中扮演着越来越重要的角色，以"道德"、"合理"、"善心"、"勤勉"为核心因素的"马来穆斯林企业文化"正悄然成型。

目前，马来西亚已经建立起了相对比较完整的伊斯兰金融体系，与传统的金融体系并行不悖，成为让马来穆斯林倍感骄傲的"双系统"金融体系的典范。相比传统金融体系，以体现"公平"、"平等"为核心价值观的伊斯兰教法为伊斯兰金融体系冠以"道德"、"人道"的光辉。但是，在沙里阿法规定下的种种禁忌也可能会成为禁锢其大展拳脚的枷锁。如何让伊斯兰金融系统与现代经济相融合，是马来西亚伊斯兰金融未来发展必须要解决的难题。

3. 伊斯兰教对马来西亚现代教育的影响

宗教教育和世俗教育和谐并存是马来西亚现代教育体制的特点之一。宗教教育作为传承传统马来文化的重要方式，自独立以来就一直在马来西亚的教育体系中占有非常重要的位置。政府要求所有的马来学生从小学开始就接受伊斯兰教教育，学习伊斯兰教圣典，接受并逐步确立符合伊斯兰教的世界观和价值观。就读于高等学府的马来穆斯林还会继续接受有关伊斯兰教发展史、教法教规、伊斯兰教文化等方面的教育。马来西亚教育部规定，只要一个学校的穆斯林学生超过15名，就必须要配备一名伊斯兰教师，要求国内所有学校给马来学生安排伊斯兰教课程。1961年的政府教育条例规定，所有穆斯林学生每周必须完成两个小时的伊斯兰课程学习。随着伊斯兰复兴运动的兴起，政府逐步加强了全国的伊斯兰教教育，将伊斯兰教全面引入教育体系，规定每名穆斯林学生必需修读伊斯兰教历史和伊斯兰教文明。1976年，马来亚大学正式为所有在校的学生开设伊斯兰教课程，1981年马哈蒂尔上台之后更是要求所有大学开设伊斯兰文明必修课。此外，政府还于1983年修建了国际伊斯兰大学，成为马来西亚培养伊斯兰学者、传播伊斯兰教的殿堂。

同时，伊斯兰宗教教育也适时地吸纳了现代教育理念。建于1955年的马来西亚第一所伊斯兰高等教育学校——穆斯林学院在政府的推动下于1966年正式引入艺术和自然科学课程。马来亚大学的伊斯兰系和法律系在现代教育理念的指导下能为学生提供高水平的课程选择。国际伊斯兰大学在建立之初也并未自我定位为完全的宗教学院。时任总理的马哈蒂尔认为，在现代的马来西亚，宗教并非与世俗的知识形成固定的二元对立关系。将宗教知识与现代科学、艺术教育相结合，将现代教育理念引入马来西亚的伊斯兰教育，同时充分发挥宗教教育在传播伊斯兰理念、构建穆斯林世界观、道德观和价值观等方面的指导作用，将是马来西亚现代教育所要探索的方向。

4. 伊斯兰教对马来西亚法律体系的影响

马来西亚的法律绝大部分承袭于英国。马来西亚的伊斯兰法律体系比较完善，但在使用范围和权限上无法与现行的世俗法律体系等而视之。伊斯兰教事务归属于各州苏丹管理，而伊斯兰教法的管辖范围也仅仅局限于婚姻、子女、继承等家庭事务以及与不履行伊斯兰教义务相关的罪行等方面。但随着伊斯兰复兴运动的兴起以及伊斯兰教对马来西亚政治的影响，越来越多的马来穆斯林试图通过对伊斯兰教法的忠信来表达自身更加纯正的"伊斯兰"特性。马来西亚的法律体系也对此作出了反应，将伊斯兰教法中的元素融入现代法律体系，扩大伊斯兰教法的使用范围，并提升马来西亚伊斯兰教法庭的地位。20世纪90年代，马来西亚各州包括联邦直辖区对《伊斯兰家庭条例》做了修改，放宽了对一夫多妻的限制。此外，伊斯兰教法庭权力和地位的提高不仅意味着国家对伊斯兰法庭权力的控制，同时也意味着世俗法庭某些权力的出让。1988年，联邦宪法重新规定：伊斯兰法庭的决定将不能被其他法庭所推翻，伊斯兰法庭将与州宗教事务局分离而独立门户，不再受其控制。

总之，伊斯兰教作为马来西亚的官方宗教，在国家建设过程中的地位不容忽视。随着马来西亚现代化的深入，社会结构急剧变革，伊斯兰教适时自我调整，成功适应了马来西亚现代化的步伐，并在国家政治、经济、教育及法律各领域中发挥着重要影响，成为现代化进程中的积极推动因素。

第三节 佛教

一、传入和发展

佛教文化早期在马来半岛的传播可追溯到公元前后。由于马来半岛地处东西方海上交通的枢纽地带，随着贸易的兴起，马来半岛遂成为各国的交易中心及世界各地货物的集散地，也成为各种文化的交汇处。早年来自印度南部的商旅随着西南季风南下至马来半岛各地，其中的佛教徒和随之而来的僧众成为携佛教文化登陆马来半岛的先驱。随着时间的推移，南下的印度商人和僧侣越来越多。历经千难万险的信徒们着陆之后，往往会落脚建庙，以感谢菩萨的眷顾，并以此作为据点逐步向当地的人们传授佛法。

马来半岛北部建立于公元2世纪的狼牙修便是半岛历史上的第一个佛教王国。"狼牙"即"Langka"，来自于梵语"Lanka"，意为"山峰"，而"修"一词则音译于"Sukha"，意思是"喜悦，高兴"。根据《楞伽经》上有关"狼牙"的记载，其或为传说中马来半岛一座山峰上的山城。狼牙修即意为"快乐的马来山城"。也有学者指出，"山峰"可能指的就是吉打州的吉打峰，而狼牙修就建在吉打峰下。印度商旅和僧众在茫茫大海之上，抵岸之前只能依稀望见高高的吉打山，于是循山而来，为示感谢便以此山来命名之后建立的王朝。尽管目前学者们对狼牙修真正的地理位置莫衷一是，但印度人及印度佛教对狼牙修的影响却是毋庸置疑的。据我国古代文献《梁书》记载，狼牙修曾与当时崇信大乘佛教的南梁有密切的交往，并曾于公元515年遣使前往中国，且措辞中饱含对中国帝王的崇敬之情。公元1804年在莫未河（Sungai Merbok）和布央河（Sungai Bujang）流域一带发现的佛教遗址也证明了佛教对马来半岛的重要影响。此外，先后崛起于马来半岛北部的盘盘、丹丹等王国，也都是在印度佛教文化的影响下建立起来的。

公元7世纪中叶，室利佛逝在苏门答腊东南部建立并逐渐发展成为雄霸一方的海上帝国，其所信奉的大乘佛教也随之有了很大的发展。我国唐代史书记载其疆域"东西千里，南北四千里远"。在室利佛逝的统治下，佛教在马来半岛的传播也逐步扩大到各个区域。室利佛逝是当时大乘佛教的传播中心，印度的佛学大师夏基阿基尔蒂曾到此弘法讲学。而我国唐代著名高僧义净和尚在取道海路去印度求法之时，也曾在此学习梵语和佛教理论。从印度得法归来途中，更是留住此地多年，继续从事佛教经典和教义的翻译和著述工作，完成了著名的佛教史传《南海寄归内法传》。书内记载了他在当地所见僧徒的日常行事，同时也叙述了佛教各部派的传播和发展，记录了不少印度以及南海一带的佛教史实，从中可以清晰看到佛教在室利佛逝时期全盛发展的辉煌景象。可以说，当时的室利佛逝俨然已经成为佛教经印度向世界各地传播的中转站。一直到公元11世纪初期，室利佛逝仍然是东南亚重要的佛教传播中心。

公元11世纪，注辇大举入侵室利佛逝，成为这个海上帝国没落的起点，室利佛逝终于在13世纪末期分崩离析，被信奉印度教的满者伯夷王国所取代，佛教也随之开始失去信众。14—15世纪，马六甲王国崛起，伊斯兰教随着马六甲王国势力的扩散而占据了整个马来半岛，佛教就此逐步退出了半岛民众的宗教信仰领域。18世纪前后，随着马来半岛上种植园和矿业开采等经济开发项目的推进，大批亚洲其他国家的民众纷纷来到此地谋生。尤其需要指出的是，此时华人大批南移至马来半岛地区，具有强烈华人色彩的佛教文化随之而重新登陆马来半岛。

清朝末期，中国国内民不聊生，大批中国人渡海南下以谋生存。特别是在19世纪前后，英殖民者因劳动力的缺乏而有计划地引入大批中国劳工进入马来半岛，以协助其橡胶种植园的开发和锡矿的开采，掠夺式地攫取经济利益。这段时期来到马来半岛的中国人多为社会底层的民众，谋求生存是其远渡重洋的主要目的。陌生的环境、生活的艰辛以及对未来的迷茫心态，使其在家乡或许并不十分虔诚的信仰变得重要起来，于是这些华人也将自己的宗教信仰文化带到了此地。对于佛教信徒来说，佛陀和菩萨此时成了他们的护佑神，他们感激佛对自己的眷顾，也祈求佛永远的眷顾。他们默念佛陀，尽表虔诚以求怜悯。此外，也常常会向佛陀倾诉背井离乡的苦楚和对故乡的思念之情。随着大批华人在马来半岛的社会和经济地位日益巩固，众多佛教信徒为实践自己的宗教信仰，表达心中对佛陀的尊崇之情，往往会自动集资修建佛堂庙宇。这一方面将初到异乡的华人联合成一个整体，同时也为由中国传入马来半岛的佛教文化向制度化、团体化发展做好了物质准备。随着华人人数的增加及其经济和社会地位的提高，华人的佛教信仰文化越来越受到社会的关注。在当今马来西亚民族主义氛围相对浓厚的社会政治生态中，华人的佛教信仰成为华人文化的重要组成部分，或多或少含有了身份标识的意义。华人信徒们也越来越强烈地保护着自我的文化特色，这在一定程度上也成为今天马来西亚佛教继续向前发展的动力之一。

19世纪末20世纪初，还有一些来自缅甸、泰国以及斯里兰卡等地的佛教徒进入马来半岛地区。与华人信仰的大乘佛教流派不同的是，他们绝大部分为小乘佛教徒，其宗教信仰文化也是构成今天马来西亚佛教文化的重要因素。

二、基本特征

马来西亚的佛教文化是在长期的历史发展过程中，由多种源流汇聚沉淀而成的，表现出多元性、实用性、适应性等诸多本土化特征。

（一）多元性

佛教传入的阶段性和多源流特征是造成马来西亚佛教多元性的主要原因。佛教传入的早期阶段，来自印度南部的原始佛教混合着印度婆罗门教对马来半岛狼牙修、盘盘及丹丹等古国的影响是马来半岛上佛教文化沉淀的最底层。之后，室利佛逝崛起，其所推崇的大乘佛教文化成为这一时代最主要的佛教文化累积。公元15世纪左右，伊斯兰教逐渐取代佛教，由上而下覆盖了整个马来半岛，佛教逐渐退出，但其教义体系中的某些元素却在民众的信仰文化中有选择性地沉淀下来。公元16世纪前后，西方殖民者入侵，当地的文化和宗教受到了以基督教文化为代表的西方文化的冲击，这一方面影响了当地本已式微的佛教文化，但同时为另一股佛教源流登陆马来半岛准备了空间。公元18世纪前后，大批外国劳工进入马来半岛，同时，其宗教信仰也被带到此地，大大丰富了马来西亚的佛教体系，其中包含有斯里兰卡佛教、泰国和缅甸佛教等南传佛教，以及汉传佛教和藏传佛教等北传佛教，马来西亚佛教的多元性特征就此形成。20世纪20年代之后，世界各国佛教徒之间交流频繁，日本和欧美的佛教文化也相继传入，更加丰富了马来西亚的佛教体系。

（二）实用性

佛教早期传入马来半岛地区，是由一场自上而下与自下而上相结合的运动来完成的。来自印度南部的商人最早将佛教带到此地。出于交易的目的，商人们往往会向本地人传授佛法，而本地人也会为取得对方的好感而自觉学习佛法。随着狼牙修等王国的建立，统治者出于统治目的在王国范围内推行佛教，与民众的自觉受教形成一股合流。近期传入马来半岛的佛教文化则最集中地体现出马来西亚佛教的实用性特征，而其中又以从中国传入的佛教为最。近期南下至马来半岛的华人多为社会底层的民众。清末的中国，民不聊生，民众缴纳重税，却无朝廷眷顾，无处谋生，无人可信，只能祈求菩萨护佑。这造成了中国国内诸多民间佛教信众虽不十分了解佛教的教义，但知晓菩萨的大慈大悲，虔诚祈求菩萨庇佑，逢庙烧香，对宗教本身及教义也往往不求甚解，只问灵验与否，带有很强的目的性。大批华人信徒到达马来半岛之后，即把菩萨当做庇佑神而顶礼膜拜。更有不少民众，为求平安而皈依佛教。从马来西亚华人佛教徒信奉的情况来看，最受其膜拜的当推观音菩萨，主要是因为观音菩萨的大慈大悲恰好迎合了广大民众渴求解脱、向往幸福的迫切心态。

（三）适应性

马来西亚的佛教能在各种宗教文化的相继冲击之下生存下来，其适应性功不可没。在佛教传入马来半岛的早期阶段，能够迅速占领当地人的思想和信仰领域，一方面是统治者及其民众出于自身的利益考虑，而另一方面也是因为佛学文化以当地原始信仰为依据、在传入之时进行的自我淘选有关。在伊斯兰教和西方文化占主导的年代，佛教能退隐舞台之后，更体现出其强大的弹性和适应能力。在各种文化相互激荡之时，多元宗教、多元文化共存的现代马来西亚社会对佛教的适应性提出了更高的要求。马来西亚佛教能根据现实情况而进行自我选择，结合信众自身的心理诉求，因地制宜，投其所好。需要指出的是，目前马来西亚的佛教徒大部分为华人，他们中的大部分是于18世纪前后定居马来半岛的华侨后裔，其信仰的宗教文化与中国国内的佛教文化具有一脉相承的关系，可以说是中国民间佛教在马来西亚的发展和延续。佛教在马来西亚的传播过程中，不断调适自我的传播方式，以便赢得更多老百姓的认同。大部分华人初到马来半岛这个陌生之地，生活的艰辛以及未来的不确定让其感到苍凉，他们需要一种精神的慰藉。佛教许潜心修行者以未来的极乐世界，文化底蕴并不深厚的民众便容易崇信佛教，幻想着能改变自己悲惨的命运。再者，佛教也改变了对信徒在布施上的要求，没有对布施的有无、多少做出经济上的规定。这样，人们往往会抱着"宁可信其有，不可信其无"的态度信仰佛教。当前马来西亚佛教对信徒在履行宗教仪式上的要求也不多，不要求信众熟背所有教义，而是引导信众将佛教理念和教义内化在自我的价值体系和道德判断当中。此外，为了避免被边缘化，马来西亚佛教也逐渐改变了其原有的"避世"原则，积极参与社会事务，以扩大自身在国内及国际领域的影响。

三、教义的实践体现

佛教在马来西亚取得了长足的发展，成为马来西亚多元文化中的重要组成部分，产生作用的范围已远不止于佛教徒。佛教教义精髓已经内化于整个马来西亚社会，在不知不觉当中影响并规制着每个个人甚至整个社会的潜在意识。

（一）忍让精神

忍辱是佛教所提倡的重要思想原则，乃"六度"之一，佛陀告诫弟子要常持容忍之态度，仁慈之心肠，方能避怒、止怒。佛教所推崇的忍让精神对国家的稳定和文化的发展具有非凡的意义。马来西亚是一个多元族群共存的国家，族群的身份时常与社会利益的分割相联系，这导致国内民族矛盾时起时伏。但目前，马来西亚各族之间已经形成了一套比较完整而顺畅的对话机制，民族矛盾失控的情况在现代马来西亚社会已有所缓和。这与佛教的忍让精神对个人及社会行为的控制不无关系。

（二）利他主义

佛教教导众生要以他为要务。布施居六度之首，也表明了佛教对利他主义的重视。社会由个人组成，若每个人都以自我利益为行为主导，那么整个社会就会成为自私者的角斗场。马来西亚众多佛教徒自觉布施，帮助他人，不以族群为界限，不分贫穷与贵贱，关注人的价值和本性，能赢得人心，团结人群。现在，利他主义不仅仅是佛教徒的思想行动原则，同时也成为马来西亚各族人民考虑问题及实施行动的一扇阀门。这为创建和谐的族群关系和稳定的社会环境提供了保障。

（三）和谐精神

佛教对团体生活设有"六和敬"之原则，"和"即为平等、和谐、公正。整个社会是一个大的集体，和谐生存更为重要。马来西亚的佛教团体——佛教青年总会鼓励青年人以"公平、公正、公道"的态度对待不同派系的佛教徒和其他宗教信仰者，以佛教的智慧来理解和处理不公平，以求和谐。佛教的和谐精神备受马来西亚人民的推崇，已经成为他们在各族共存的环境中所遵循的生活原则及道德规范。

（四）简约主义

佛教重视精神的充实，反对物资的享受与铺张浪费，提倡节约的生活态度。马来西亚佛教徒清贫简朴的生活态度对非佛教徒乃至整个马来西亚社会都具有一定的影响和作用。马来西亚华人佛教徒素以勤劳简朴而著称，这也为他们在马来半岛的立足和发展做好了准备。随着华人在社会政治及经济领域的地位日益稳固，华人这一简朴主义态度无疑对该国其他民众具有深刻的榜样意义。

随着马来西亚各种佛学讲座及短期出家等弘法行动的全面开展，佛教教义中的各种精神与原则逐渐为国内各个族群所熟知。他们取其精华，自觉地将种种观念内化在自我的道德标准及人生观当中，塑造着自我的生活原则和人生态度，也逐步凝聚成为马来西亚的国家品格和民族性格。

四、佛教团体

目前，马来西亚的佛教徒占总人口的20%左右，其中大部分为华人，且多为大乘佛教徒。也有小部分来自缅甸、泰国以及斯里兰卡等地，他们一般为小乘佛教徒。马来西亚佛教文化的发展呈现出日益体系化的趋势，佛教团体遍布全国各地。马来西亚目前的佛教团体大致可分为三种类型：全国性团体、区域性团体和寺院庙堂。

（一）全国性佛教团体

1. 马来西亚佛教总会

马来西亚佛教总会，简称为"大马佛总"或"马佛总"，其前身为1959年成立于槟城极乐寺的"马来亚佛教会"，1963年更为现名，是马来西亚第一个具有全国影响力的佛教团体，也是马来西亚华人佛教寺院和各地佛教团体的代表机构，竺摩法师任首任会长。马来西亚佛教总会成立的目的是在法律允许的情况下，弘法全国，将佛教发扬光大。马佛总在成立之初，便组织弘法团巡回全国进行弘法，并在其机构内设有诊所、佛教图书馆、文物流通处、槟州弘法会、佛学函授班等，同时还创立了马来西亚佛学院，并与马来西亚佛教青年总会合作，成立考试委员会，在全国各地举办中英文佛学考试，定期举办佛学讲座，出版杂志《无尽灯季刊》等，以推动佛学文化的发展。此外，作为马来西亚佛教徒的代表机构，马来西亚佛教总会积极与政府展开对话，最大程度地保障佛教徒的利益。1962年，在其积极争取下，政府同意将佛陀诞辰日"卫塞节"列为全国性假日。多年来，马佛总还积极敦促国家电影检查局禁止播映污蔑佛教的影片或删除相关剧情等，都取得了不错的成绩。马佛总在槟城和吉隆坡分别设有佛总大厦和佛教大厦，各州也都设有分会，其影响力遍及全国各地。

2. 马来西亚佛教青年总会

成立于1970年的马来西亚佛教青年总会是该国唯一的佛教青年组织，简称"马佛青"，是一个非常活跃的团体，曾负责主办多项活动，包括佛教青年训练营、联谊会、座谈会、工作营和短期出家等，还赞助外国讲师在全国范围内巡回讲学，参加各类佛教学术会议等。此外，这个组织还成立了马来西亚佛教基金会，编印并出版中英文对照的杂志《佛教文摘季刊》以推广佛教文化。

3. 马来西亚佛光协会

马来西亚佛光协会，简称为"马佛光"，成立于1992年。举办各种全国性的活动是该组织弘扬佛学文化的重要途径。马来西亚佛光协会曾与《星洲日报》联合举办《传灯》万元征文比赛，在全国范围内引发了学佛弘法的热潮。在该组织的推动下，星云法师应邀于1996年4月21日在莎阿南体育馆举行"人间佛教人情味"的佛学讲座，吸引了近八万人前往，成为马来西亚佛教发展史上的壮举。

4. 马来西亚僧伽会

马来西亚僧伽会简称为"大马僧伽会"，1992年筹备成立，1995年正式获准注册，成为继马来西亚佛教总会和马来西亚佛教青年总会之后马来西亚佛教界第三个全国性组织，也是马来西亚唯一包括了南北传佛教僧众的佛教组织。大马僧伽会成立的目的是宣扬佛教教义，促进马来西亚的佛教活动，增进马来西亚僧伽间的关系以及居士与僧伽间的和睦关系。

5. 马来西亚斯里兰卡佛教会

1984年，马来西亚的斯里兰卡佛教徒发起并成立了马来西亚斯里兰卡佛教会，简称大马斯里兰卡佛教会，是该国目前历史最为悠久的南传佛教组织。该组织在成立之初建立了十五碑斯里兰卡佛寺，后来成为马来西亚南传佛教的弘法中心。1962年，该佛寺的住持达摩难陀上座创立大马佛教弘法会，开展了一系列的弘法活动，如开办周日学校、倡议短期出家修道等。此外，该佛寺也出版佛教书籍，尤以《佛教之音》最为有名，对马来西亚的佛教徒影响最甚。

6. 马来西亚泰裔佛教会

马来西亚泰裔佛教会成立于1968年，简称为"泰僧总会"，是马来西亚泰裔僧伽唯一的组织，会员均为出家人，他们都要求奉行原始佛教的生活与修行。该组织成立的目的是协调马来西亚国内泰国佛寺的活动，并处理与泰僧相关的各项事宜。

（二）区域性佛教团体

马来西亚区域性佛教团体很多，其中比较著名的有世界佛教徒友谊会槟城分会、马来西亚禅坐中心、慧音社、北海佛教会、雪兰莪教会、菩提学院等。其中世界佛教徒友谊会槟城分会不仅是世界佛教会在马来西亚的分会，同时也是马来西亚各佛教团体联合庆祝卫塞节的联络中心。

（三）寺院庙堂

马来西亚供奉佛陀和菩萨的寺院遍布全国各地，如建于明末清初年间的马六甲青云亭是马来西亚华人供奉观世音菩萨历史最悠久的道场。槟城最有名的极乐寺，其中建有一座融合了中国、泰国及缅甸三国特色的大佛塔，目前是该国国内最大的佛教寺院。此外，槟城还有玛兴达锡兰佛寺、平万安泰佛寺、竺摩法师住持的三慧讲堂、佛光山派下的佛光学舍、缅甸佛寺等。吉隆坡的寺院也不少，如莲苑泰佛寺、甘榜暹佛寺、观音亭、鹤鸣寺及佛光山派下的南方寺、青莲堂、东禅寺、佛光文教中心、六里村念佛会、东禅佛学院等，都属于香火旺盛之地，每天都有不少善男信女前来朝拜。

马来西亚政府奉行宗教信仰自由的原则，这为佛教在现代社会的发展提供了制度和政策保障，为佛教的自由发展创造了前提条件。20世纪50年代以来，马来西亚佛教发展迅猛，各种具有全国影响力的宗教团体和组织纷纷成立。此外，他们还突破地域和流派之间的界限，彼此之间开始相互交流，共同为弘法采取行动，并且逐步与国外佛教团体取得联系，将马来西亚佛教置于世界佛教领域之中，邀请他国佛学大师来马讲课弘法，博众家之所长以研究和发展佛法。值得一提的是，马来西亚当代佛教越来越积极地参与社会事业，提倡"以出世精神，做入世事业"，鼓励佛教徒在弘法的同时，投身慈善，共同服务于社会。

马来西亚佛教团体及组织遍及全国各地，这标志着马来西亚佛教及佛教文化已经由个体化、分散化的状态逐渐步入体系化、系统化的阶段，而国内各流派之间以及国内外佛教组织的频繁交流，也使马来西亚的佛教文化呈现出融合趋势。马来西亚现代佛教企图通过自我系统化以及与他者相融合的方式，在多元文化共存的现代社会通过集体精神展开对社会的影响，争取社会存在和历史记忆的空间，这也成为当代马来西亚佛教发展的趋势和目标。

第四节　印度教

一、传入和发展

印度教在马来半岛的传入和传播与该地区社会经济的发展密切相关。公元前后，一些印度的商人因商品贸易往来于印度南部与马来半岛之间，其宗教文化也随之被带到了此地。公元2—10世纪，马来半岛上多个王国如狼牙修、顿逊等在印度文化的影响下建立起来，印度教作为印度文化影响马来半岛的载体之一，亦在当地社会及人们的物质和精神生活中留下了痕迹。公元15世纪，伊斯兰教在马来半岛占据主导地位，印度教逐渐没落，但印度文化的某些成份已经与伊斯兰教相融合而成为传统马来文化的重要组成部分。19世纪末20世纪初，大批印度人从印度南部南移至马来半岛，印度教再次跟随移民登陆此地。印度教前后两次传入马来半岛，成为构成今天马来西亚印度教文化的两股重要的历史源流。第二次世界大战后，在马来西亚的印度人兴起了一场印度教复兴运动，并催生了一系列印度教组织和机构。

二、基础教义体系

印度教是一个颇为庞杂的概念，其与古印度的婆罗门教存在一定的承接关系，如印度教承认吠陀经典，赞成并积极发挥造业、果报和轮回等观点，同时糅合了一些佛教信仰元素，如倡导佛教禁欲的主张等。但印度教本身亦有其独特之处。

印度教为多神信仰，其中又以梵天、毗湿奴和湿婆三神为主神。印度教教义认为，梵天是主管创造世界之神，是第一主神，是创造万物的始祖。毗湿奴是维持世界之神，能降服妖魔，被奉为保护神。湿婆是世界的破坏者，是毁灭之神。湿婆以男性生殖器为象征，并会不断变化其形象。在各地的宗教信仰当中，毗湿奴和湿婆又常常被立为主神，其他神都是他们的化身，且地位都在他们之下。

印度教的教义含有浓厚的因果报应及轮回观念。印度教认为，任何生命都附有灵魂，在生命的终点，灵魂会再生或转世，善恶有报，轮回周而复始。世事苦楚，人们可以通过种种方式达到解脱，如严格奉行各种戒律、虔诚的祭祀以及虚心的学习等。印度教徒崇拜各种神祇，坚信祭祀是表达虔诚最好的方式之一。数千年来礼仪繁琐的祭祀仪式成为印度教的特色之一。此外，克制情绪和苦行也被认为是修行和摆脱轮回之苦的方法。梵我合一，即灵魂与神合二为一是解脱的最高境界。印度教实行严格的种姓制度，按照从高贵到低贱将人划分为四个等级：婆罗门、刹帝利、吠舍和首陀罗。各种姓之间界限分明，不能相互来往更不能通婚。

三、价值观体现

对于印度教徒来说，宗教不仅仅是他们的信仰指向，更是一种思维方式和生活方式，对马来西亚的印度教徒乃至整个马来西亚社会的价值观念产生了潜移默化的影响。

（一）尊重生命

印度教认为灵魂不死。随着肉体的消逝，其灵魂也会因其一生的业而转世重生，或为更高等的人，或为更低等的人，或为虫兽。印度教徒相信，他们已经逝去的亲人灵魂不灭，他们有可能是现世的一头牛或者一只蚂蚁。这种信念久而久之形成了印度教徒珍视一切生命存在的世界观。这成为马来西亚印度教徒"以人为本"、尊重人以及人的生命这一群体理念最悠久、最深层的宗教文化根源，为马来西亚整个社会的和谐共存提供了重要的人文保障。

（二）等级观念

印度教徒心中根深蒂固的等级观念是印度教种姓制度向社会生活无限延伸、长期堆叠的结果。数千年来印度教徒被教导着，恪守生而固定的职责和地位，跨越种姓的界限被认为是罪恶的，为神所不允许的。近代社会，在民主、平等及自由思潮的影响下，人们的种姓意识逐渐淡化，但等级观念并未完全消除。尤其是在一些偏远乡村，虔诚的印度教徒依然按照宗教为其确定的身份自我的活着。而对于深受西方文化影响的部分印度教徒，他们也大多能平静的接受现实情况。一种民族记忆中的等级观念以及对这种观念的接受和遵守，或多或少对其成员在改变自我状态时存在一定的束缚作用。

（三）轻物质，重精神

印度教徒相信，所有现世的物质均是灵魂的承载物，物终是要消逝的，但灵魂、精神不灭。在现实生活中，他们轻蔑外在的、物质的东西，而崇尚内在的精神，远离物质、隐忍的修行能饱满他们的灵魂。那些隐居深山修行的圣者往往会成为印度教徒崇拜的偶像，这也让他们逐渐养成了重精神、轻物质的观念。

在马来西亚，大约有89%的印度人信仰印度教。因马来西亚的印度教徒多为移民或其后裔，这使得目前马来西亚的印度教信仰呈现出明显的地域性特征。来自印度南部的泰米尔族主要信奉湿婆教，而小部分从印度北部南移至此的印度人以及来自斯里兰卡的印度教徒则忠诚于他们的保护神毗湿奴。信仰不同派别的印度教徒会在不同的寺庙里供奉他们的神。但尽管如此，各流派之间依然存在很大的共同点，彼此之间的交流也很频繁。可以说，共同的印度教信仰是马来西亚印度教徒团结的纽带和凝聚力生成的重要因素。印度教与其说是作为一种信仰文化存在于马来西亚社会，毋宁说是印度人自我肯定以与他人区分的一种生活方式和身份标识。作为马来西亚第三大族群，他们似乎与世无争，安守自己的一方净土，但如此淡然的态度也为其文化的独立性拉起了一层保护圈。

第五节　其他宗教

一、基督教

随着西方基督徒与波斯人之间贸易的开展，基督教最早于公元7世纪左右登陆马来半岛。1511年葡萄牙人占领马六甲，开始有传教士专职在其管辖范围内传教。但由于殖民者过于专心对马来半岛经济利益的掠夺，而在宗教信仰方面并未采取强制措施，基督教的传播在广度和深度上都十分有限。1786年，英国殖民者占领槟城，此后不久来自泰国的天主教神父就在槟城创建了一所神学院。19世纪中叶，受英国文化的影响，在马来半岛上出现了一批以讲英语为主体的基督教社群，他们建立的教会学校是基督教在马来西亚主要的传播方式和途径。目前，马来西亚大概有9.2%的人口信仰基督教，大部分为沙巴和砂拉越的华人。1900年，福建闽清县的华人基督徒黄乃裳就婆罗洲诗巫的开发事宜与当时砂拉越的统治者布洛克签订合约，并在此后两三年内组织了大批华人移民诗巫，在这些移民当中就有很多基督徒。马来西亚的基督教信仰流派主要包括圣公会、浸礼派、卫理公会、长老会以及罗马天主教等。

二、民间信仰

（一）马来人的原始宗教

原始宗教是在生产力极端低下的情况下，自然、人类自我以及人类与自然之间的关系在人们意识中的反映和总结，其基本特点表现为对自然万物、祖先、死亡、繁殖等现象的祈求和敬拜，并在此基础上发展为对超越自然之力量的想象、信仰和崇拜。信仰影响生活，于是禁忌和规范开始在社会中出现。

原始马来社会属于典型的农业社会，自然给他们带来生计，同时也能毁灭他们为生存所做的努力。他们意识到了生产活动乃至人类的生存与自然现象之间的密切关系。面对变幻莫测的自然界，他们同时感到了希望和压迫。于是他们把他们无法解释的自然现象神化，承认并畏惧他们的巨大威力，也赋予他们人类的喜好和情感，并以自认为好的方式讨好神灵以祈求庇佑。马来人原始宗教信仰表现为多种形态，如植物崇拜、天体崇拜、生殖崇拜以及祖先崇拜和万物有灵等。随着社会经济的发展，各种宗教文化先后登陆马来半岛。但马来人原始宗教信仰元素却在一浪又一浪的文化冲击中保留着一定的延续性。尤其是身处深山的土著民族，原始宗教仍然是他们的信仰文化中最为朴素的底色。

（二）华人的民间信仰

1. 道教

道教起源于中国的神仙方术，以"道"明教，认为天地万物皆由"道"而生，即所谓"道生一，一生二，二生三，三生万物"，社会、人生都应循道而行。和谐、超然的心态和生活方式是道士的最高目标追求。道教于19世纪末20世纪初随着大批华人南下谋生登陆马来半岛，在信教行为方面有所变化，更具实用性。在中国国内，道教奉老子为教主，同时侍奉天兵、天将、天女、天神、天尊、天帝等神灵。马来西亚华社道教供奉的主神也五花八门，如玉皇殿主要供奉玉帝，同时也有灶君、孔子、如来、观音等，与佛教有所混淆。道教主要在华人中间流行，但道士的比例相对比较低。道教在马来西亚的传播范围十分有限，建于1900年的槟城自在观是马来西亚境内的第一座正规的道观。直到1990年，马来西亚道教协会才最终成立，并开设道教学院。总体来说，道教在马来西亚对国家和社会的影响不大。

2. 儒教

儒教又称孔教，源于儒学，以中国的孔子为先师，以十三经为宗教经典，以古代官僚机构为宗教组织，以孔庙为宗教场所，以祭天、祭祖为宗教仪式，倡导修齐治平、忠恕、仁爱、孝悌、和谐、诚信。在马来西亚，信奉儒教的主要是华人。儒学为中华文化的核心和基础，这使得儒教成为部分远离家乡的华人在异地安身立命的指导原则和精神寄托。在马来西亚，孔子已经被神化了，儒学也被引申为教义。建立私塾、书院和华人学校是传播儒教的主要手段。目前，华人学校已经遍布马来西亚。尽管现在马来西亚信奉儒教的人数并不多，但以儒学为核心的中华文化得到了良好的保存和传承。

3. 德教

德教起源于中国广东潮汕地区，流行于东南亚地区的华人社区，其中对马来西亚的影响最大。德教会是德教最重要的宗教组织形式。20世纪30年代，日本帝国主义侵略中国，人们生活在水深火热当中。此时身处潮阳县的杨瑞德等人为祈求战火平息，设立香案，恳请仙佛降谕，遂创立德教会历史上第一阁——紫香阁。第二次世界大战结束后，德教开始向潮汕以外的地区发展。1952年，德教创始人之一李怀德在新加坡创建紫新阁，开始了德教向东南亚传播的路程。此后，马六甲的紫昌阁、槟城的紫英阁先后成立。

《德教心典》是德教会最重要的典籍，改编自老子《道德经》的《德教意识》则为德教的教义和宗旨奠定了基础。德教宣扬道德教化，其中心思想是"道为宗"、"德为崇"，认为儒教、道教、佛教、基督教和伊斯兰教实际上同宗同义，儒教强调"仁爱"，道教讲究"和谐"，佛教重在"慈悲"待人，基督教倡导"博爱"世界，而伊斯兰教教导人们"忠诚"于自我的信仰，总而言之归于一"德"。德教崇善五教（儒教、道教、佛教、基督教和伊斯兰教），认为这五教都以利人济物、修心济世为主旨。德教综合各教之精华，"以德化人"，扬善止恶，扶危济贫。在具体的实践生活当中，德教倡导德友（即德教信徒）以"十章八则"作为自我修身养性、为人处世的法则。十章，即为孝、悌、忠、信、礼、义、廉、耻、仁、智十大美德；八则，则是不欺、不伪、不贪、不妄、不骄、不怠、不怨、不恶。德教在马来西亚的传播非常迅速，至20世纪80年代，全国已有近60处道场。迄今为止，马来西亚全国的德教会达120多个，德友以华人为主。他们热心公益，经常开展赈灾、济贫活动，已经成为马来西亚华人传承传统文化、培养和强化族群认同的重要的信仰实体。

多元民族与多元文化共存是马来西亚最大的社会现实，而社会的族群划分与宗教界限几近重叠让现实变得复杂而深刻。伊斯兰教是马来人的族群信仰，印度教主要在印度裔中流行，而华人却忠实于与中华文化相关的儒教、道教、佛教以及德教，宗教逐渐演变成人们的一种身份标识，捍卫所谓的"族群信仰"与保护族群的社会地位具有同等的意义。但随着马来西亚现代化的启动和深入，社会急剧变革，社会的分层逐渐细化，利益团体跨越族群实现重组，中产阶级出现并壮大，宗教的身份标识意义随着族群之间的交流而有所模糊。马来西亚的各种宗教，如伊斯兰教在现代化的进程中适当自我调适，成为现代化的积极推动因素，并对国家的政治经济产生了积极影响。

第四章　文学艺术

第一节　语言文字

马来西亚是一个多元民族共存的国家，语言文化也呈现出多元化、多样性的特征。受族群结构、历史沿革等诸多因素的影响，多语言现象在马来西亚十分普遍。马来西亚语是马来西亚的国语和官方语言，英国在马来西亚的长期殖民统治使得英语作为通用语言被广泛地使用在行政、工商业、教育、科技、服务业和大众传媒等领域。在马来西亚，除未受过正规教育的老年人和生活在偏远乡村的人之外，大部分人都能说英语。

马来人、华人、印度人是马来西亚人口的主体，同时在这三个族群中马来族又占据了主导地位，因此马来西亚的语言使用状况大体上是：马来人常使用马来西亚语、英语以及各种地方方言，如吉兰丹语、吉打语等；华人除普遍使用华语和英语外，也使用马来西亚语，还使用祖籍地的各种方言，如广东话、福建话、潮州话、海南话、客家话等；印度族群则使用泰米尔语、马来西亚语和英语以及印度的各种方言。马来西亚语作为马来西亚的国语和官方用语，使用最为普遍，地位最为突出。由于华人为马来西亚的第二大族群，因此华语的使用也较为广泛。印度人较马来人和华人而言相对较少，因此泰米尔语的使用范围也远不及马来西亚语和华语。

一、马来西亚语

（一）马来西亚语简况

马来西亚语即在马来西亚所使用的马来语，属于马来—波利尼西亚语系印度尼西亚语族。马来—波利尼西亚语系也称南岛语系。1706年荷兰人H. 莱兰特发现了南岛诸语言的亲属关系。1836年德国人W. 洪堡特使用马来—波利尼西亚语这个术语来称说这个语言。19世纪末，德国人W. 施密特把它们命名为南岛语。南岛语一般按地域分成印度尼西亚、波利尼西亚、美拉尼西亚、密克罗尼西亚4

个语族。需要说明的是，语言上的地域划分与现有国家的行政区划并不等同，也就是说我们所说的印度尼西亚语族并不仅仅指现今在印度尼西亚（简称印尼）这个国家使用的语言。

在此需要指出的是，马来语（Bahasa Melayu）和马来西亚语（Bahasa Malaysia）是两个不同的概念。马来语是苏门答腊附近各海岛及马来半岛、婆罗洲沿海地带普遍流行的语言。其历史可以追溯到公元7世纪，当时一种使用源于印度跋罗婆（Pallawa）文字的含有大量梵语词的古代马来语已在南苏门答腊地区产生。由于它是当时马来群岛多民族语言中比较通俗易懂的语言，因此，在历史上，它不仅成为该地区各族人民交往的通用语，也是当地广泛使用的商业语言。公元13、14世纪，随着伊斯兰教和阿拉伯文化的传入，马来语也随之改用阿拉伯字母拼写。这种用阿拉伯字母拼写的马来语被称为爪威文（Bahasa Jawi）。严格来说，爪威文是阿拉伯字母的变体。公元15—16世纪，马来半岛岛上正处于马六甲王朝的兴盛时期，马来语也获得了很大的提高和发展，它不仅被广泛运用于商业领域，而且也是当时宗教与学术界的通用语。在未正式分化为印度尼西亚语和马来西亚语之前的几个世纪，马来语事实上已经成为该地区各民族普遍使用的通用语。遗憾的是，自16世纪西方殖民主义者侵入马来群岛后，马来语的发展和使用由于受到殖民主义的压制而失去了原有的地位。19世纪末英国开始对马来半岛实行殖民统治，许多西方学者也纷纷开始研究和推行用拉丁字母拼写的马来语。1904年后，用拉丁字母拼写的马来语在马来亚推广，由于用拉丁字母拼写的马来语比爪威文更便于书写，因此拉丁字母逐步取代了爪威文。

第二次世界大战后，马来群岛上的国家纷纷独立，马来语先后在印度尼西亚、马来西亚、新加坡及文莱达鲁萨兰国被确定为国语。尽管该地区各国独立后使用的仍然是马来语，但是出于各自国家的政治需要，各国对自己的国语命名时使用不同的名称。印度尼西亚在1928年召开"青年大会"后将该国所使用的马来语改称为印度尼西亚语，并于1945年独立时在宪法中明文规定"国家统一的语言是印度尼西亚语（Bahasa Indonesia）"，以此来维护国家的统一和各民族的团结。马来西亚独立后，也将马来语定为该国的国语，但后期几番更改国语名称，最终于2007年明确为"马来西亚语"。在新加坡，虽然华人在人口中的比例高于75%，马来人只占约14%，但由于历史的原因，独立后仍规定国语为马来语，其国歌的歌词也使用马来语。文莱在独立后也称国语为马来语。

由此，马来语被赋予政治意义。在马来西亚从"马来语"改称为"马来西亚语"，在印度尼西亚被称为"印度尼西亚语"（简称印尼语），在新加坡和文莱则仍旧被称为"马来语"。尽管，在马来群岛上的不同国家对其所使用的马来语赋予了不同的称谓，但是可以看到印度尼西亚、马来西亚、新加坡、文莱等国家的国语其实都是由同一种语言——"马来语"发展而来，它们是同根同源的。

因而，马来语本是泛指在马来西亚、印度尼西亚、新加坡、文莱及周边国家的部分地区被广泛使用的马来语、马来西亚语和印度尼西亚语的总称，而不是特指马来西亚境内使用的马来西亚语。换句话说，马来西亚语才是特指在马来西亚所使用的马来语。之所以出现"马来语"和"马来西亚语"的混淆，主要是因为政治的原因，马来西亚在不同时期反复使用过"马来西亚语"和"马来语"作为自己国语的名称，而每次更名都与敏感的种族问题有关。1957年在马来亚独立后不久，首任总理东姑·拉赫曼曾规定国语的名称为"马来语"，但之后为缓和国内的种族矛盾，促进马来西亚国家认同的实现，马来西亚于1967年将国语改名为"马来西亚语"。"马来西亚语"这个名称自此便广泛地使用，直至1986年时任教育部长的安瓦尔提出将国语的名称改回"马来语"，该提案获得了通过，这与联邦宪法第152条中规定"马来语"为该国国语一致。2007年6月4日，马来西亚内阁通过决议恢复使用"马来西亚语"替换"马来语"作为马来西亚国语的正式名称，并提到，所有的政府部门、大学、地方高校及其相关的部门和机构应立即开始在信函、公告和文件中使用"马来西亚语"这个术语，目的是为了促进马来西亚各族民众的团结。2007年11月5日，时任马来西亚宣传部长的萨奴丁·麦丁再次明确"马来西亚语"为马来西亚国语的最终名称。

根据马来西亚、印度尼西亚和文莱共同达成的默契，马来语以苏门达腊廖内省（Riau）的口音为标准音，这是因为长久以来，现属印度尼西亚的廖内省一直被视为是马来语的诞生地。马来语中有6个单元音，3个双元音以及26个辅音，其词汇没有性、数、格等变化。从构词的角度分析，马来语具有黏着型语言的特点，词缀是改变基词词性以及表达语法意义的重要方式，也是其构词的主要方法之一。而从句法的角度来看，马来语同时也具有分析型语言的特点，功能词和词汇在句子中的顺序是表达句法关系的主要方式。马来语语句的基本结构为：主语—谓语—宾语，并遵循定语后置的规则。

虽然马来群岛上各个国家所使用的马来语的相同程度可以达到将近90%，相互之间的交流也基本没有什么障碍，但是就语言本身而言，由于各个国家非马来族的影响差异以及前殖民宗主国的不同，使得马来语在不同国家间又展现出不同的特点。马来西亚语与印度尼西亚语之间的区别相对更为典型，其中语法上的区别很细微，主要集中在书写系统和词汇上。但在1972年马来西亚和印度尼西亚两国达成拼音统一方案之后，马来西亚语和印度尼西亚语在书写系统上的差异开始逐步消失。如马来语中的辅音"c"，此前在马来西亚语中是用"ch"来表示，但是在印度尼西亚语中，则是遵循荷兰语的习惯而书写成"tj"，例如"孙子"在马来西亚语中的拼写是"chuchu"，但在印度尼西亚语中的写法却是"tjoetjoe"，虽然二者的拼写方式不同，但它们的读音是相同的。在两国达成拼音统一方案后，马来西亚语的"ch"和印度尼西亚语的"tj"，都一律改成"c"，因此"孙子"的拼写都变为"cucu"。此外，印度尼西亚语也不再使用"dj"，而是使用马来西亚语中已经采用的"j"，因此，印度尼西亚语"雅加达"的拼法，就从"Djakarta"变成了"Jakarta"；原本在印度尼西亚语中被保留来发半元音的"j"，也由马来西亚语中的"y"所取代，等等。但是，在英语借词的拼写上马来西亚语和印度尼西亚语仍存在较为明显的差异。由于历史上受英国殖民的影响，马来西亚语更侧重于发音上与原英文借词趋同，而印度尼西亚并未受到过英语国家的长期殖民，因此印度尼西亚语更侧重于遵循马来语的发音习惯，例如来源于英文的"大学"一词"university"，马来西亚语中使用的是"universiti"，而印度尼西亚语中使用的是"universitas"；英文的"六月"一词"June"，马来西亚语中使用的拼写是"Jun"，而印度尼西亚语中使用的拼写是"Juni"。

虽然马来西亚语和印度尼西亚语在书写系统上基本达成了统一，然而这两种语言的某些词汇在使用习惯上还是有非常明显的差异。有的词在马来西亚语中依然延续使用马来语本身的词汇，而印度尼西亚语则从爪哇语或荷兰语中借用。例如，马来西亚语中的"邮局"是"pejabat pos"，而印度尼西亚语中的"邮局"则是"kantor pos"，这是借用了荷兰语中的"kantoor"（办公室）而产生的词汇。此外，在一些介词的使用习惯上，马来西亚语和印度尼西亚语也存在差异，例如，在表达"为了……"的含义时，印度尼西亚语更多使用"untuk…"或者"bagi…"，而马来西亚语则惯常使用"buat…"。

（二）马来西亚语的推广和发展

马来西亚独立以前，英语是其官方语言。1957年独立后至1967年这十年间，马来语为其国语和官方语言，但英语也仍然保持着官方语言的地位。马来西亚政府在1967年制定了"国语法案"，其中规定"马来西亚语"为国语并且是唯一的官方语言。之后，马来西亚在官方语言的使用方面做了一系列具体的规定。例如，在政府机关、联邦及州一级的各级会议、涉及政府机关的正式场合、各学校的教学媒介语言等都应使用马来西亚语。此外，道路、公共设施、公共建筑物等的名称也应使用马来西亚语。为了突出国语的地位，马来西亚规定在招牌、匾额、广告等物品上使用的其他语言文字在尺寸上不得大于马来西亚语。相关机构还规定国家电视台、电台、广播的节目中若涉及马来当地的地名和人名时必须使用马来西亚语的读法。

教育方面，在国语的地位确立之后，马来西亚政府就规定了各学校的教学媒介语都应使用国语，其中政府中学媒介语是马来西亚语；小学媒介语根据小学的类型来确定：国小媒介语是马来西亚语，华小是华语，印度族小学是泰米尔语，同时马来西亚语是中小学的必修课。该政策实施以后，到1975年所有的英语小学都改成了马来西亚语学校，到1982年政府中学除了语言科目外都实现了用马来西亚语作为教学媒介语。同时，马来西亚本地大学开始使用马来西亚语授课。这些措施对推广马来西亚国语的使用起到了很好的作用。然而，2003年关于教学媒介语发生了一些变化。当时的总理马哈蒂尔为提高毕业生英语水平及就业时的国际竞争力，决定改用英语作为科学和数学两个科目的教学媒介语并开始实施6年制英语必修课的政策。这一政策虽然受到了学生及家长的普遍欢迎，但是也受到一些专家的质疑。一些政界人士和语言学家认为使用英语教学不利于国语的发展和现代化，因而一直试图说服政府取消这一语言政策。终于2009年7月8日，马来西亚政府宣布，马来西亚公立学校的数学和科学课自2012年起停止用英语教学，恢复使用马来西亚语授课，以推广国语。

同时，马来西亚政府还通过各种措施来深入推行上述政策。马来西亚教育部下属的专门机构"国家语文出版局"的职能之一就是制定语言政策、开展语言活动以推广马来西亚语的使用。此外，该机构还负责马来西亚语字典的编纂出版、术语的规范化和标准化、单词的拼写规范化等工作以促进马来西亚语的标准化。马来西亚教育部在1996年4月还专门成立了一个"国语协调委员会"，以督促政府官员、企业界和大众使用国语。

马来西亚于1987年至1995年期间曾推行一项以"热爱我们的语文"为口号的

国语行动，国家语文出版局也于1996年8月开展"民间国语运动"以推动民众使用规范的马来西亚语。2005年年底，马来西亚文化、艺术和遗产部发起了"语言文明运动"和"读书运动"，号召民众通过阅读优秀图书取代普通的报纸和杂志来提高国民正确和规范使用语言的能力。2009年10月，马来西亚举办了"马来西亚国语日"活动，以推广马来西亚语在全国范围的使用。

大众传媒毫无疑问对人们的语言使用偏好具有强烈的示范效应，近些年马来西亚政府针对大众传媒不规范使用国语的情况采取了一系列措施。2006年3月，马来西亚新闻部发起了一项针对大众传媒的为期60天的"语言清洗运动"，其目的是使各电台和电视台能够正确使用国语。同时政府还成立了针对广播电视语言使用情况的监督委员会，一旦发现媒体使用不正确的马来西亚语，将对其发出警告函。2006年底，政府又宣布将对被判定错误使用马来西亚语的大众传媒要处以罚款。这些措施无疑将促进马来西亚国语的规范使用。

虽然存在着长期被殖民的历史、多语现象普遍、种族关系敏感等问题，致使马来西亚语作为国语还没有完全覆盖到社会生活的全领域，但是可以看到，通过马来西亚政府的不断努力，马来西亚语作为马来西亚国语的地位不断得到加强，其推广和规范也得到了深入发展。马来西亚政府将继续为实现马来西亚多元文化背景下"同一种语言、同一个民族、同一个国家"的目标而努力。

二、华语

（一）马来西亚华语的发展现状

马来西亚是海外除新加坡以外华人人口比例最高的国家，同时马来西亚也是东南亚各国中在华人离开了祖国以后依然把中华传统文化保留得比较完整的国家，其中就包括汉语与汉字的使用。为了突显中国移民后裔身份的族群标志，汉语在马来西亚被称为"华语"，即"华人的母语"。从华侨到土生土长的华人社会，一直都通过华文教育让华人子弟学习和掌握华语。

第二次世界大战前，大部分东南亚国家都有为数不少的华文学校，但战后的几十年中，各国华文教育严重衰落，包括华人占人口比例70%以上的新加坡。惟有马来西亚是个例外，截至2014年全马来西亚有以华语为教育媒介语的国民型华文小学1295所，华文独立中学60所，华文大专3所，建立起完整的华文教育体系。马来西亚华文教育体系能够得以保持和发展是在马来西亚华人不断的坚持和抗争中得来的，马来西亚董教总在其中发挥了重要作用。

马来西亚董教总是马来西亚华校董事联合会总会（董总）和马来西亚华校教师会总会（教总）的联合总称，是推动马来西亚华文教育工作的最重要的组织。马来西亚华校董事联合会总会成立于1954年8月22日，由马来西亚各州属华校董事联合会或董教联所组成；马来西亚华校教师会总会成立于1951年12月25日，是一个由全马各地区华校教师公会以及州级华校教师公会联合会组成的教师组织。数十年来，马来西亚各州董联会和教师会在董总和教总的领导下，广泛地结合华人社会的各政党、团体和各阶层人士，共同奋斗，积极争取华人教育的生存和发展空间。董总和教总自成立以来，即紧密配合，并肩作战，联手争取华人权益，是马来西亚华人教育运动的领导机构。经过半个世纪的艰苦奋斗与严峻考验，董教总已树立起其作为马来西亚华文教育发言人和华社民办教育领导机构的鲜明形象。

近些年来，随着中国经济的迅速腾飞，马来西亚的华语教育也开始展现出新的活力。根据《2013—2025年马来西亚教育发展蓝图》，2000年进入华小就读的华裔学生比例为92%，到2011年上升到96%。与此同时，更多的非华裔学生开始学习华语，根据马来西亚教育部2014年的统计数据，在华小求学的非华裔学生占了学生总人数的15.31%，即87,463名学生。而在2010年，华小的非华裔学生共有72,443人，占11.84%。从2010年至2014年，华小的非华裔学生增加了15,020人，将近4个百分点。随着华语的走热，马来西亚政府也在政经文教等领域作出相应的调整，在国小开办华语班，以鼓励非华裔子弟学习华语。

尽管马来西亚政府一直通过各种措施在华人群体、华人教育领域推行作为国语的马来西亚语，以达成"同一种语言、同一个民族、同一个国家"的单元化目标，但是通过华语在马来西亚的发展历史可以预见，在马来西亚华社的锲而不舍、坚持不渝的捍卫下，以及"汉语热"的背景下，华语将继续在马来西亚得到维持和发展。

（二）马来西亚华语的特点

马来西亚的早期华人私塾是以各自籍贯方言为教学用语。1919年五四运动后，当地私塾纷纷跟随中国维新派的教育改革，开始把教学语言由闽粤方言改为中国的国语（即现代标准汉语）。从20世纪50到70年代，马来西亚的中文娱乐节目及文学读物主要来自台湾地区或香港地区，因此华语受到了台湾地区汉语一定程度的影响。1980年中国大陆改革开放之后，随着马来西亚与中国大陆文化交流的不断深入，马来西亚华语逐渐采用了中国大陆的汉语拼音，并从用繁体字转为改用简化字。现在，基于马来西亚完善的华文教育，大部分的华裔子弟都会说华语，也同时通晓华人方言（以闽南语、客语及粤语为主）。同时，华语也成为了本地华文媒体的主要媒介语。

　　闽南人（有的人认为包括潮州人）是马来西亚华人里的最大族群，广东人次之。闽南语在半岛北部（槟城、吉打等）、半岛南部（马六甲、柔佛、彭亨南部、巴生河流域等）、沙砂一带颇为普遍。而粤语在马来西亚的吉隆坡、雪兰莪州及霹雳州是主要的华人方言。因此，闽粤语对华语具有较大的影响，尤其在语法方面。例如"先"字在修饰谓语时，标准华语的语法里只作为状语使用（置于谓语前面），但闽粤语中"先"也可充当补语（置于谓语后面），标准华语中表示"我先去喝水"，在闽南语的表达是"我去饮水先"。在日常生活中，马来西亚各地华人所说的华语都带有很浓厚的当地口音，但在本地华文媒体或正式的场合上则会说标准华语。

　　除了方言对马来西亚华语的影响以外，马来西亚华语在口语上也吸收了一些来自马来西亚语及英语的音译外来词，例如"巴刹"（pasar，市集、菜市场）、"甘榜"（kampung，乡村）、五脚基（kakilima，骑楼下的走廊）等来源于马来西亚语的词汇，以及"的士/德士"（taxi，出租车）、"巴士"（bus，公共汽车）、"乾酪/起司"（cheese，奶酪）等来源于英文的词汇。

　　在华语的标准化方面，在马来西亚华人范围内推行的是中国的简化汉字和《汉语拼音方案》，强调以中国的语言文字规范标准为依据。2004年2月12日，马来西亚华语规范理事会成立，隶属于马来西亚新闻部，其主要目标是逐步推行马来西亚华语文字规范化工作，鼓励华人社会与传媒使用规范的华语（普通话），包括译名、语音、语法、词语与文字，并使华语能与世界汉语接轨。同时，在华人社团的建议下，马来西亚教育部规定华文教育必须使用简化汉字和《汉语拼音方案》。华文报纸绝大多数使用简化汉字，华人店铺的招牌和商标可以在马来文之下同时使用华文。华人集会时的会标有时出现繁体汉字，而演讲稿和说明书等印刷品则一定使用简化汉字。但是华语在马来西亚的实际使用中，繁体字在民间或媒体中依然存在，例如华人商店的招牌、旧告示、许多非学术类中文书籍也都沿用了繁体中文。虽然教育界都已全面采用简体中文授课，但本地华文报章（印刷版《光华日报》、《东方日报》、《联合日报》和《南洋商报》除外）都会使用"标题繁体字，内容简化字"的方式让简繁汉字并存。

第二节 文学

马来西亚多元语言文化共存的社会现实孕育了该国色彩缤纷的文学艺术，马来文学、华文文学及泰米尔语文学等多种语言文学艺术百花齐放，百家争鸣。

一、马来文学

根据马来文学发展的特点，可将其划分为古典马来文学和近现代马来文学。古典马来文学指西方文化深刻影响马来社会及其语言文学之前的文学发展和成就，即公元20世纪初以前的马来文学。需要指出的是，尽管西方文化早在1511年马六甲王国沦陷之时，就已经随着大批西方殖民者登陆马来半岛，但殖民者大多专注于经济利益的攫取和对财富的强取豪夺，而对于文化的输入有所忽略，因此对本土文学的影响甚微。19世纪中叶，英国殖民者在马来半岛的全面统治，才开始将西方资本主义的思想及统治方式有计划有步骤地引入殖民地，本土的一些精英分子开始受到西方思想的影响。但文学领域作为一个整体表现出摆脱传统封建思想的活力和行动始于20世纪20年代，这标志着近现代马来文学开始萌生。

（一）古典马来文学

古典马来文学覆盖了马来语言文学相当长的历史发展时期，涉及古马来语言文学、古典马来语言文学以及近代马来语言文学等。古马来文学受到梵文语言文学的影响，其文学作品多是对印度著名史诗《罗摩衍那》故事的改编，并以巴利文记录下来。由于以巴利文拼写的古马来文在书写和识别上都比较难，流传下来的文学作品并不多。以改良的阿拉伯字母书写的爪威马来文开启了古典马来文学发展的鼎盛时期。流传至今的古典马来文学作品大多数是以爪威文撰写和记录下来的。根据传播的方式和创作特点，又可将古典马来文学划分为宫廷文学和民间文学。

1. 宫廷文学

宫廷文学指宫廷文人雅士的作品，属于笔头文学，因其更容易保存而成为今天古典马来文学的核心构成部分。在西方殖民者到来之前，宫殿是马来社会的中心，其中聚集着一批专门为统治者服务的宫廷文人，他们根据统治者的旨意著书立说，其作品即成为古典马来文学宝库中的重要组成部分。根据作品的表现形式和体裁特征，可将宫廷文学划分为以下几种类别：希卡亚特（Hikayat）、历史性文学（Sastera Sejarah）、伊斯兰文学（Sastera Islam）、法制文学（Sastera Undang-undang）、罗曼（Roman）和古典诗歌（Puisi Klasik）。

（1）希卡亚特

希卡亚特意为"传奇"，常常描写一位英雄人物一生的传奇故事，以夸张的文笔描绘主人公的英勇和忠诚来炫耀马来封建王朝的显赫和伟大。希卡亚特这种古典文学的表现形式体现了印度古代史诗的影响，如《斯里·拉玛传奇》（Hikayat Seri Rama）便是古典马来文学中改编自印度古代史诗《罗摩衍那》的最为古老的马来英雄传奇故事。此外，人们还可以从《班达华·贾亚传奇》（Hikayat Pandawa Jaya）、《班达华·利马传奇》（Hikayat Pandawa Lima）和《山·沙姆巴传奇》（Hikayat Sang Samba）等在马来社会中广为流传的马来英雄传奇中看到其他印度史诗的影响。

最负盛名的传奇小说当属《杭·都亚传奇》（Hikayat Hang Tuah）。这是一部马来本土作品，讲述了主人公杭·都亚无条件忠于君主、与敌奋战、捍卫国土的英雄故事，受到历届封建马来君主的推崇，其所宣扬的道德观念影响了马来民族几个世纪。杭·都亚被认为是马来族历史上最伟大的英雄，他的名字在当今的马来社会中也是家喻户晓。杭·都亚不畏牺牲、忠君报国的精神鼓舞了一代又一代的马来民族精英。然而，也有人认为，在《杭·都亚传奇》中也存在许多封建思想糟粕，杭·都亚不徇私情、大义灭亲的行为在当代一些马来学者看来，是对封建统治者的愚忠，其中的封建等级观念和奴性思想是阻碍马来民族进步的消极因素，当代马来文化界也曾因此引发争论。但这并不影响该作品的文学价值，这部作品甚至被普遍认为可以与古希腊的《奥德赛》和古印度的《罗摩衍那》这两部著名史诗相媲美。

印度史诗对马来文学的影响在伊斯兰文化传入到马来半岛之后并未完全消逝，人们在刻画伊斯兰教的英雄人物的同时，也将古印度文化融入到其中，如在《伊斯干达·朱卡尔奈因传奇》（Hikayat Iskandar Zulkarnain）这部著名的伊斯兰传奇小说中，其主人公并非真正的伊斯兰教中的英雄人物，印度史诗中的亚历山大大帝为作者笔下人物的原型，只不过作者在作品中宣扬的是伊斯兰教的伦理道德观念。

（2）历史性文学

历史性文学与一般的史书存在较大的差异，大致相当于历史小说，虽具有一定的历史背景，但其内容大多是作者杜撰的。历史性文学是在伊斯兰教传入之后方才出现的文学表现形式，讲述的大多是国王与王国的成长史，目的在于为国王的统治提供神性，创造及厚实其政治合法性基础。《巴赛列王传》(Hikayat Raja-raja Pasai)是古典马来文学中最早的历史性文学作品，描述了从14世纪初至14世纪中叶巴赛诸王的历史故事。历史性文学中文学价值最高、流传最广泛且影响最为深远的是《马来纪年》(Sejarah Melayu，或称为《马来由史话》，原名为《诸王起源》，Sulalatus Salatin)。这部作品诞生于1615年，讲述的是马六甲王朝从建国到兴盛直至最后衰亡的全过程，不过王朝的兴盛史是其着墨重点。据作者敦·斯里·拉囊(Tun Sri Ranang)称，他是奉国王的圣旨创作此书的。书中记述了马六甲王国的历史发展和各种治国政策以及规章制度，并将各种神话传说、民间故事以及宗教经典，都当史实情况来记述，以美化马六甲王国及其统治者，将马六甲的国王描写成所向无敌的大英雄，神化他们的光辉业绩，这使得《马来纪年》的文学性远远大于纪实性。这也是大部分历史性文学的共性。

此外，由宫廷文人撰写的历史性文学作品还有一个突出的特点，即宣扬封建伦理道德观念，强调忠君思想，赋予统治者至高无上的权威。除了《马来纪年》以外，还有《马来由圣灵》(Misa Melayu)、《梅龙·马哈旺萨传》(Hikayat Merong Mahawangsa)等历史性文学作品，内容大多为描述15至17世纪马来王朝各统治者的身世传奇及王朝的兴衰史，由于杜撰成分居多，致使这些作品也只能被作为历史性文学来欣赏，而不能被看作是对史实的记载，但不可否认的是，作为我们了解古代马来社会的窗口，这些作品也具有一定的参考价值。

（3）伊斯兰文学

伊斯兰文学是以伊斯兰教历史及其教义为核心题材的文学表现形式，大多数讲述的是伊斯兰教先知们的故事，其中又以先知穆罕默德的生平传奇流传最广，如《先知穆罕默德传奇》、《先知理发的故事》、《先知归天的故事》等都为马来民众所熟知。这些故事有可能是宫廷中的一些教士们专为苏丹讲经而作，也有可能是民间的伊斯兰教士想吸引民众，以更加容易接受的方式传播教义而作，同时也有可能是宗教学堂的学生们抄自他国的伊斯兰教圣典。但不管出自谁人之手，目前，伊斯兰文学俨然已经成为古典马来文学的重中之重。17世纪著名的宗教学者谢赫·努鲁汀·阿·拉尼里(Syeikh Nuruddin Al-Raniri)的两部作品《御园》(*Taman Raja-raja*)和《诸王之冠》(*Mahkota Raja-raja*)便是伊斯兰文学的顶峰之作。《御园》创作于1638年,细数了与伊斯兰教的伦理道德相关的种种问题,其目的在于劝谏统治者,希望他们都能做英明的君主。《诸王之冠》则是作者参考相关的波斯小说创作而成。

(4)法典文学

法典文学实则为马来历代王朝的一些法律和规章制度。为了巩固自我的统治,古代马来君王往往会制定各种规则以规范官员及民众的行为,于是古代的宫廷文人自觉或者受于王命,将这些规则编成法典。在编撰的过程中,他们又常常会堆砌华丽的辞藻来修饰,体现出他们惯常进行文学创作的特点。虽然法典文学也如其他古典马来文学形式一样,或多或少有作者的想象力参与其中,但也一定要切合现实情况方能服众。因此,法典文学比其他任何一种形式的古典马来文学作品都能更加真实地反映当时的社会百态。《马六甲法典》(*Hukum Kanun Melaka*)是历代马来封建王朝中最重要的法典,也是法典文学中最为重要的作品之一,主要记述了国家的礼仪和习俗、刑法和刑事案例以及民法细则等。其后诞生的《彭亨法典》(*Undang-undang Pahang*)以及《柔佛法典》(*Undang-undang Johor*)都以《马六甲法典》为蓝本制定而成。

此外,还有《马六甲海事法》(*Undang-undang Laut Melaka*)、《吉打港口法》(*Undang-undang Pelabuhan Kedah*)等法典,从法典内容中我们可以了解当时社会的贸易情况,也是了解马来王朝生产水平的重要参考。从上述马来王朝的各个法典中,还可以看到伊斯兰教对马来历代王朝统治者的深刻影响。法典中有不少条文都是依照《古兰经》中的内容而写,尤其是其中关于各种禁忌或习俗的条款,多数直接取自伊斯兰教教规。

(5)罗曼

罗曼是一种类似于小说的文学表现形式,或可称为"罗曼蒂克传奇"(hikayat romantik),其历史可追溯到14世纪流行于马来半岛的"班基"(Panji)故事。在马来现代小说出现之前,小说这种文学形式即被称为罗曼,是印度文化影响马来文化的结果。罗曼的选材相当广泛,开始时大多用于歌颂统治者们的丰功伟绩,后来题材逐步演变,既可以是王子公主的浪漫史,也可以是商贾海员的传奇故事;既可以是古印度文学中英雄人物的化身,也可以是来自波斯或者阿拉伯的宗教伟人。但相同的是，这类作品往往都是虚构出来的。在马来群岛地区流传最为广泛的罗曼故事当数《古里邦王传奇》(Hikayat Raja Kuripan)。书中描写了古里邦王子和达哈国公主忠贞不渝的爱情故事，小说情节离奇曲折引人入胜，在马来社会中广为流传。也正因如此，这部罗曼故事被不断重复改写成不同版本，如《哲克尔·哇宁·巴迪传奇》(Hikayat Cekel Waneng Pati)、《扎朗·古力娜传奇》(Hikayat Carang Kulina)等。在各种罗曼故事中，作者通过描写两个阵营的激烈斗争，表达自己对美和善的颂扬，对丑和恶的鄙视，将自己乃至整个马来社会的世界观和价值判断融入其中。可以说，罗曼是古典马来文学中受众最为广泛的文学体裁之一，也是马来民族的道德体系最好的总结和传承的工具之一。

（6）古典诗歌

古典诗歌形式多样，包括班顿(Pantun)、沙依尔(Syair)、古玲达姆(Gurindam)和斯罗卡(Seloka)等。班顿是马来民族历史最悠久的一种文学表现形式，也是古典马来文学中的一朵奇葩。班顿起源于民歌，是一种结构相对特殊的韵律诗，多由4行组成，但也有的由2行、6行甚至8行组成，每行含有8～12个音节，可每行同压一个尾韵，也可隔行同压一个尾韵。班顿的表现手法与中国《诗经》中的诗歌有不少相似之处，4行中的前2行多为"起兴"，后2行才是其真正想要表达的内容，是全诗的精髓所在。班顿可俗可雅，能表现各种题材内容，如男女之情、长者对晚辈的谆谆教诲、孩童之间的淘气和戏谑等，因而也成为马来社会喜闻乐见的文学表现形式。有时人们还会在乐器的伴奏下，大声朗诵甚至演唱班顿作品，成为马来民众情感表达的一种方式。

沙依尔起源于阿拉伯国家，其传入时间与伊斯兰教的传入时间相近，是一种韵律严谨的诗歌形式，每首至少由四行组成，每行含有8～12个音节，每行尾韵相同，内容彼此关联，这也是沙依尔和班顿的主要区别。有的沙依尔较短，由4～8行组成，多包含训诫的内容。而多数沙依尔都较长，甚至可达上万行，古代宫廷文人就喜用这种叙事诗体裁来描述一些历史事件或讲述神话传说，这种诗歌形式至今仍深受众多马来族的文人墨客所推崇。

古玲达姆起源于古印度的梵语诗歌，一般由两行构成，每行没有字数和韵律的严格限制，一般情况下上下两行之间尾韵相同。其内容则是两行之间多为"前因后果"，即第一句为因，第二句为果，创作的目的多为警世和教育他人。老年人也常用这种诗歌的内容来教育晚辈，正因如此许多古玲达姆的内容被后世广为流传。

斯罗卡是在泰米尔文学的影响下形成的一种马来诗歌形式,格律要求与古玲达姆大致相同,目的是训诫忠告他人。不同的是,斯罗卡的语言更加轻松幽默,以揶揄和反讽的方式劝诫他人,也逐渐演变为体现马来族幽默感的诗歌形式。

2. 民间文学

民间文学是劳动人民的语言文化艺术。在马来民众口耳相传的过程中,马来民间文学记录着他们的民族记忆,沉淀和传承着他们的生活意识。在长达一千多年的历史发展中,马来民间文学俨然已经形成了一个庞大的艺术宝库,包含了多种文学表现形式,如:神话传说、谐谑故事、成语和谚语、民歌民谣、说书和戏曲等。随着文字的出现,有部分民间口头文学也被记录下来成为了笔头文学,宫廷文人也会从民间文学中汲取创作养分。民间文学与宫廷文学可以说是互相影响,相互渗透。

(1)神话传说

神话传说的主角多是一些与山、川、雷、电等自然相关的神仙和幽灵,他们往往具有超自然的能力,能呼风唤雨,主宰世间命运。神话传说是古马来社会"万物有灵"的原始宗教信仰在文学中的体现,也是人们对自然万物最朴素的理解和认识。随着印度文化和伊斯兰文化的传入以及历代马来王朝的兴起和衰落,神话传说的内容也逐渐与一些宗教圣人和王公贵族的英雄故事相互联系起来,这类传说中的主人公有的为历史上的真实人物,也有的只是人们心中想象出来的英雄。相同的是他们往往都具有超凡的神奇力量,英勇无敌。伊斯兰教的传入使得伊斯兰教先知们的故事也融入于民间神话传说故事中,出现具有马来本土特色的伊斯兰教神话故事。

此外,神话传说中还包含了一些有趣的动物故事,马来民间艺人赋予各种动物以人的性格特点,他们能说话,能与人交流,有的善良,有的邪恶。一系列的动物故事不仅反映了马来人对动物世界一些自然现象的想象和理解,也是当时社会百态的写照。如有一类动物故事反映的是劳动人民对恃强凌弱的社会现象的痛恨,他们借助动物故事来表达惩恶除暴的愿望。在这类故事中,小鼷鹿、小山羊等弱小的动物均被塑造成勇敢善良、聪明机智的正面形象,而老虎、鳄鱼等猛兽则是凶恶残暴的人物的化身,最终都要被代表正能量的动物群体所打败。被广为流传的动物故事中,《聪明的鼷鹿》(*Sang Kancil yang Cerdik*)最受人民喜爱,是马来社会中家喻户晓的故事,"小鼷鹿"在马来语词汇中也成为"聪明机智"的代名词。

(2)谐谑故事

谐谑故事讲述的是小丑趣事,作者往往通过描写小丑们啼笑皆非的事情来讽刺一些丑恶的社会现象。在马来社会流传的谐谑故事主要可以分为两种类型,一是当地劳动人民在生产生活过程中,以自己的智慧及对人性的认知和感悟,编造出的小丑趣事,如班迪尔大叔(Pak Pandir)、大肚佬(Si Luncai)等都是马来社会人尽皆知的丑角;二是由外国笑话或故事改编而成的滑稽故事,如《杰宁将军》(*Mat Jenin*)、《有胡须的狸猫》(*Musang Berjanggut*)等。谐谑故事的内容有的是讽刺昏庸无能的统治者,有的是挖苦贪得无厌的剥削者,或有的为取笑人的某些行为举止,共同点是对人物的刻画都较为生动典型。由于谐谑故事的广为流传,久而久之故事中的人物也成为社会上同类型人物的代名词,如那些看似傻傻憨憨而实质上却忠厚老实乐于助人的人,在社会中就会被人称为"Pak Pandir"(班迪尔大叔,或译为愚公),对于昏庸无能的君王,群众则将之称为"Si Luncai",等等。

(3)习语和谚语

习语和谚语是马来民族生活智慧的最言简意赅的表达,简单的一句话,看似对自然现象的平铺直述,实则隐藏了深刻的意义。习语和谚语是劳动人民从生产生活的体验中总结出来的具有特殊含义的固定词组或句式,有的用象征性的语言来表达意思,有的用比喻、隐喻或谐音词来表达意思。习语和谚语都具有深刻内涵,或关于人生哲理,或关于道德观念,或关于自然规律,或关于教诲劝诫,通常被马来学者划归为民间文学的范畴。

(4)民歌民谣

民歌民谣是人类在生产生活过程中产生的思想情感的表达。人们希望将自己的情感抒发、传递给身边的人,与他人交流共享,于是就产生了诗歌这样一种抒发情感的最简练的文学形式。"班顿"是马来民谣中的精品,是一种韵律诗,在上文中已有详细介绍,据学者考证在中古时代就已经产生,是最具生命力、最经得起时间考验的民间文学形式,广泛流传于马来群岛地区的马来族社会中,深受马来西亚人民的喜爱。时至今日,马来社会中的男女老少都能咏诵几首,是人们研究马来民俗的重要的参考资料。

(5) 说书

说书是古马来社会人民大众最重要的娱乐方式之一，走街串巷的说书艺人是说书艺术的创造者、表演者和传承者。说书故事往往改编自古印度文化中某个家喻户晓的人物故事，或者是马来封建王朝的王子公主的故事，常常以悲剧开始，又以喜剧收尾。

(6) 民间戏曲

马来民间戏曲起源于古马来社会的宗教仪式，因此，最原始的民间戏曲与祭祀相关，如流传于吉兰丹地区的"特里"（Teri）。随着外来文化的影响，戏曲的内容以及直接目的发生了改变，印度文化以及伊斯兰文化中的事件和人物开始登上舞台，戏曲表演也由简单的宗教祭祀转向大众娱乐。

（二）近现代马来文学

根据近现代马来文学发展的特点，结合马来西亚的历史和社会政治实践，可将近现代马来文学划分为三个阶段：战前时期、战后时期以及独立后时期。

1. 战前时期

19世纪中期，阿卜杜拉·门希以现代文学的笔触撰写的传记和游记等作品相继问世，标志着近现代马来文学开始萌芽。阿卜杜拉·门希出生在一个知识分子家庭，从出生到成年，阿卜杜拉·门希先后经历过荷兰东印度公司和英国的殖民统治时期，特殊的家庭成长背景和生活经历使他受到东方文化教养和西方思想文化的双重影响，并促使其形成了独树一帜的写作风格。在阿卜杜拉生活的时代，殖民主义者注重的是如何从殖民地攫取最大的经济利益，而对意识形态方面还没有引起足够的重视，因此腐朽的封建文化依然是整个马来社会的主流文化，为封建统治阶层歌功颂德及宣扬宗教神话等仍是当时马来文学的主要内容，而阿卜杜拉·门希却对现实生活有着与常人不同的思考，并敢于针砭时弊，大胆突破古典马来文学的框架，通过现实主义的写作手法，揭露批判马来封建统治阶层的专制腐败与马来社会的陈规陋习。阿卜杜拉·门希最具有代表性的作品为1849年出版的《阿卜杜拉传》（*Hikayat Abudullah*），该作品采用写实的手法叙述了作者的生活经历以及其所看到的各种社会现象，深入剖析了当时马来社会的种种落后现象，其激进的思想对当时还处于沉睡状态的马来族民众来说无疑是一剂清醒良药。阿卜杜拉也因此被马来西亚文学界冠以"马来现代文学先驱"的美誉。然而，阿卜杜拉的认识也具有局限性，在他的作品里缺乏对殖民主义的批判，正因如此马来西亚学术界对阿卜杜拉的评价也并不一致。不可否认的是阿卜杜拉对发展近现代马来文学做出了不可磨灭的贡献。

遗憾的是，阿卜杜拉·门希之后，在殖民者的统治之下，由于马来文学与外界的交流甚少，马来文坛沉寂了半个世纪。直到20世纪20年代左右，在中东伊斯兰教现代化运动的影响下，马来文学方才徐徐跨入近现代化阶段，一批以抨击宗教保守势力、反映民族觉醒和要求社会进步的作品如雨后春笋破土而出。赛义德·谢赫·阿尔哈迪（Syed Sheik Al-Hadi）以及阿默德·拉希德·达鲁（Ahmad Rasid Talu）是这个时期马来新文学的代表人物。1925年，阿尔哈迪发表了一篇名为《法丽达·哈努姆》（*Hikayat Faridah Hanum*）的长篇小说，塑造了一个争取个性的妇女形象，大胆表现了主人公反对封建禁锢思想以及对自由解放的向往，不管从题材选择、内容描写或表现手段上，都与以往的古典马来文学大相径庭，基本上脱离了传统小说的架构。《法丽达·哈努姆》的发表引起了马来文坛的强烈震动，迅速在全国范围内掀起了一股改革大潮，一批年轻的本土作家开始仿效阿尔哈迪，采用一种现实主义的表现手段在社会中寻找题材。阿默德便是在这样的影响下开始创作并以批判现实主义小说《她是莎尔玛吗？》（*Iakah Salmah?*）一举成名。这部小说以马来社会为背景，描写了一个敢于摆脱封建势力的新时代女性，通过展现社会冲突，表现了主人公渴望自由、争取解放的性格特点，同时也借此展开了对传统马来社会愚昧习俗的批判，深刻地剖析了造成马来社会贫穷落后的根本原因。与此同时，以报纸为主要传播载体的短篇小说也表现出了反封建主义的特点。各类长篇小说，如《吉隆坡的茉莉花》（*Melur Kuala Lumpur*）、《幸福的相会》（*Pertemuan yang Bahagia*）都是这次思想改革风潮下的优秀作品。值得一提的是，20世纪30年代末40年代初，马来文坛中的部分小说开始显露出明显的反殖民主义色彩，如伊萨·哈吉·穆罕默德（Isyak Haji Muhammad）创作的长篇小说《大汉山之子》（*Putera Gunung Tahan*），小说勾勒了两个英国殖民者贪婪的丑恶嘴脸，淋漓尽致地表达了马来人民对殖民者的憎恶。此外，穆罕默德的另一部作品《疯子马特·勒拉之子》（*Anak Mat Lela Gila*）则明确指出殖民主义是造成马来亚社会贫寒苦难的根本原因。

在小说界现代思潮的影响下，传统封建思想对诗歌的禁锢开始解冻。1934年，五首署名"猫头鹰"（Pungguk）的新诗发表在当年3月出版的《教师月刊》上，引起了马来文坛的关注。这五首诗歌虽在韵律形式上留有马来古典诗歌的痕迹，但其内容却已然摆脱了传统框架，包含了作者对社会不公的哀叹、对独立自由的向往以及对祖国母亲的热烈情感，马来民族主义已隐约可见。要求改变现状、摆脱愚昧以拯救祖国和人民于水火，反对封建思想和殖民主义以及对自由解放的向往成为战前马来文学的主旨。

2. 战后时期

第二次世界大战后初期，马来亚国内掀起了一场轰轰烈烈的反殖民主义、争取国家独立的政治运动。为配合当时的政治斗争，马来文化界积极创办报刊杂志以配合开展政治宣传工作。当时最具影响力的出版社是马来前锋报社，其出版的日报《马来前锋报》（*Utusan Melayu*）、周刊《时代前锋》（*Utusan Zaman*）和文艺月刊《宝石》（*Mastika*）等都拥有广泛的读者。①

第二次世界大战的胜利以及民族解放运动的风起云涌，将近现代马来文学引入一个百家争鸣的大好时期。各类报刊杂志如雨后春笋般涌现，为马来亚文学爱好者提供了广阔的创作园地。从第二次世界大战结束至马来亚独立（1945.8—1957.8）的这十余年，是近现代马来文学快速发展的时期。这一时期马来文坛的主要特点是出现了以"五十年代作家行列"（Angkatan Sasterawan，简称"ASAS50"）为代表的现实主义文学创作队伍，成就了一批才华横溢的新一代作家，为近现代马来文学宝库增添了宝贵的文学财富。

战争的胜利以及马来民族在国家政治经济领域的崛起，在马来文坛中引发了一场围绕文学创作目的为中心的大讨论。1950年8月，在哈姆扎（Hamzah）、克里斯·马斯（Keris Mas）、阿斯拉夫（Asraf）、吉米·阿斯马拉（Jymy Asmara）等作家的倡导和组织下成立了著名的"五十年代作家行列"。"ASAS50"在成立之初非常重视以文学反映社会现实。但随着英国殖民者的退出以及马来社会的新发展，在讨论新时期文学的主要功能以及文学创造的核心目的时，"ASAS50"内部出现了两种截然不同的观点。以阿斯拉夫为代表的一派提出了文学创作"为社会而艺术"的口号，强调充分发挥文学的社会服务功能。而以哈姆扎为代表的另一派则认为文学的社会功能导向将会导致文学沦为政治的宣传工具而弱化其艺术性，因此提出"为艺术而艺术"的口号。分属两派的作家在各自信念的指引下创造了大量文学作品和评论，其中又以短篇小说和诗歌居多，如克里斯·马斯的短篇小说《前仆后继》（*Patah Tumbuh*）、乌斯曼·阿旺的诗歌集《浪潮集》（*Gelombang*）等。在

---

① 王青：《马来文学》，北京：外语教学与研究出版社，2004年版，第99页。

两派之间的争辩中，哈姆扎"为艺术而艺术"的主张因其过于偏重艺术技巧，倾向于唯美主义，逐渐与社会的发展相脱节而未发展成为主流。"为社会而艺术"逐渐为马来文坛及社会民众所拥戴，成为近现代马来文学创造的主旨。战后至独立之前，马来文坛的这场大讨论也为独立后马来文学的发展指明了方向。

3. 独立后时期

1957年马来亚取得独立，为现代马来文学的发展创造了新的条件和环境。新生的马来亚规定马来语为其国语，并发起了第一届马来文化大会，讨论新形势下马来文化的发展方向，为马来文学的发展提供了制度和政策保障。1962年，"全国作家协会"（PENA）取代"五十年代作家行列"成为引领现代马来文学继续发展的重要组织。此外，马来亚促进马来语言文化发展的官方机构国家语文局为促进国内马来文学的继续繁荣，在全国范围内举办各种文学比赛。政府还设立各种头衔和称号，成为推动现代马来文学发展的强劲动力。

独立初期的马来文学作品大多描写社会底层的贫穷落后、人们对帝国主义、殖民主义的憎恶之情以及民众对国家现代化建设的憧憬和渴望。沙默德·赛义德（Samad Said）的作品《莎莉娜》（*Salina*）创作于1958年并于1961年出版，是当代马来文学走向繁荣的标志。小说描写了一位少女被帝国主义者侮辱最终沦为妓女的悲惨遭遇，深刻地揭露了帝国主义的丑恶嘴脸及其残酷的侵害给当地人们乃至整个社会带来的巨大影响。沙默德也因此而获得了"文学战士"的称号。夏嫩·阿哈马德（Shanon Ahmad）的小说《满途荆棘》（*Ranjau Sepanjang Jalan*）也是这一时期颇为优秀的作品之一。小说描写了一个平凡的家庭遭遇天灾的痛苦经历，展现了马来农民贫苦无奈的生活现实。小说发表之后，在马来社会乃至整个马来亚社会引起了广泛反响，作者夏嫩也因此被公认为马来文坛的优秀作家，而获得了"文学战士"的称号。此外，还有很多作品，如哈桑·易卜拉欣（Hassan Ibrahim）的小说《幸运的老鼠》（*Tikus Rahmat*）、夏嫩·阿哈马德的《灰烬》（*Rentong*）、阿默德·伯斯塔曼（Ahmad Bostaman）的《夜幕掩盖下》（*Merangkaklah Senja Menutup Pandangan*）等，马来文学呈现出百花齐放的繁荣景象。

1970年10月，马来西亚政府通过学术界人士组建了一个马来西亚文化界最具权威的文化团体组织"全国作家社团联合会"（Gabungan Persatuan Penulis Nasional Malaysia，简称"GAPENA"）。自成立之日起，"全国作家社团联合会"就采取与政府密切合作的态度，并成为领导和协调全国各文学团体的总机构。此外,在马来西亚时任总理拉扎克的指导下,1971年马来西亚设立了"文学顾问委员会"(Panel Penasihat Sastera)和"文学评奖委员会"(Penel Hadiah Sastera),加强了官方对文学发展方向的指导。随着国家经济的腾飞及现代化进程的推进,文化领域也出现了较为自由宽松的环境,马来文学的主题开始逐渐转向民族融合,并饱含了文人墨客对现代化过程以及现代化给社会带来的影响所作的思考。1981年,马来西亚政府设立"国家文学奖"以奖励那些对发展马来文学作出卓越贡献的作家。

二、华文文学

(一)华文文学概况

19世纪前后,大批华人涌入马来半岛,文学成为华人寄予思想情愫的圣地,也是记录和反映华人艰苦历程的重要方式。华文文学主要指这一时期以及之后出现的华文文学作品,是马来西亚国家文学的主体构成之一,也是世界华文文学的重要组成部分。根据马来半岛华文文学呈现出的特点,可将其大致划分为两个大的类别:传统华文文学以及华语新文学。传统华文文学指的19世纪前后至20世纪初期的华文文学,大多数描写初到马来半岛的华人生活的艰辛和曲折,在反映当地风土人情的同时,也表现出浓厚的思乡情愫和侨民意识。20世纪初期马来半岛的华人文学在题材选择和主体思想上都发生了较大变化,出现了华语新文学。著名的华人文学史家方修曾这样定义马来西亚华语新文学:"马华新文学,简要说来,就是接受中国'五·四'文化运动影响,在马来亚(包括新加坡、婆罗洲)地区出现,以马来亚地区为主体,具有新思想、新精神的华语白话文学。"

华语新文学的发展大致可分为两个历史阶段:独立之前的华文文学以及独立后至今的华文文学。由于受到中国国内民族主义运动的影响,独立前马来亚的华文文学大多数以反殖、反封、反帝为主题。革命诗人铁戈因其作品体现出强烈的反殖色彩和斗争情绪,对广大人民具有强大的鼓舞作用而被誉为"马来亚的马雅可夫斯基"。在牢狱中被迫害致死的革命作家宋千金,为新马的独立泣血呐喊,他的作品犹如向殖民者投掷的利器。独立后,马来西亚华人文学作品所表现的主题也悄然变化,民族融合和国家建设逐渐为华人作家所重视。马来西亚的文化环境是较为宽容、开放的,多元文化并存、交融,给马华作家提供了宽松的创作环境。观察近期大量出现的华人作品,不难发现不少土生土长的华人作家,开始逐渐挥别祖辈们根深蒂固的母国情怀和侨民意识,慢慢形成了本土意识颇为浓厚的创作风格，描写和刻画社会的变革和民主化、现代化进程中的人际关系和道德观以及世界观的变迁。在马华文学界较有名气的作家有：方修、铁戈、温任平、潘雨桐、张贵兴、商晚筠、韦晕、方北方、李永平、黄锦树、陈大为、钟怡雯、黎紫书、方路、吴岸、驼铃、伍良之、梁放等。

海外华文文学的前途和价值在于"落地生根"而非"叶落归根"。海外华文文学遍布世界70余个国家，但盛衰起伏，花果飘零，不少国家的华文文学，或靠新移民浪潮形成一时的创作高潮，但到了第二、第三代就难以为继；或返回中国大陆、台湾、港澳发展，难以在移居国落地生根；或随着居住国政治、经济形势变化而阴晴交替，华文文学历史时有断裂之时。相比较之下，马来西亚华文文学已深深扎根于马来西亚土地，无空白之时、断裂之处，始终提出自身发展的新课题。马华文学的"中国性"、"本土性"、"现代性"都在"落地生根"中得以统一，其不同于中国文学的"中国性"和不同于马来文学的"本土化"都在马华文学的现代性进程中逐步深化，这是马华文学最独异也最有价值的地方，[①]也是马华文学发展道路上虽有曲折但始终保持生机勃勃的根本原因。

（二）华文文学传播媒介

关于华文文学的传播媒介，主要可分为纸质传媒和网络传播两种。若将依赖纸质传媒（报纸副刊、文学杂志等为主）的马华文学称为传统马华文学，网络马华文学就是一种能与之对话的新的文学形态。

1. 纸质传媒

在马来西亚，华文文学的发展与华文报纸副刊、文学杂志等纸质传媒紧密相联。在某种意义上，马华文坛即报坛，尤其华文报纸文艺副刊对马华文学的发展影响深远。华人聚居地凡有华文媒体的地方，当华文新文学萌芽时，其主要的，甚至是唯一的园地与载体，就是当地的华文报刊。直到现在，许多海外华文文学作品，最初仍是在华文报刊的副刊或专栏上发稿的。换言之，无论是在海外华文文学滥觞时期，还是在其发展、成熟的过程中，全球各地华文报刊对于海外华文文学的扶植、培养，均成为其生存、发展的基本条件与主要依托之一。[②]

《星洲日报》、《南洋商报》是20世纪90年代马来西亚影响力最大的两家华文报纸，其文艺副刊大量刊登新生代作家的作品，并积极推动文学批评的开展，是

---

① 岳玉杰：《马华文学何以成就百年》，《中国现代文学研究丛刊》，2012年第10期，第90页。
② 李志：《海外华文报刊对滥觞期海外华文文学建设的贡献》，《学术研究》，2002年第10期，第105页。

自20世纪90年代以来马华文坛最重要的文学园地。《南洋商报》和《星洲日报》的文艺副刊《南洋文艺》、《文艺春秋》，其影响力可能已经超越了马华文学杂志或任何文艺刊物的地位，甚至已经取代了马华文艺团体、出版界和文学杂志的功能，成功整合了马华个别重要作家、文坛、文艺编辑和广大的（文学）读者群。

此外，文学杂志也是马华文学传播发展的重要载体。其中最具影响力的马华文学杂志当数《蕉风》。《蕉风》由文化机构友联文化事业有限公司于1955年12月在新加坡创办。1958年8月，出版社迁至吉隆坡。《蕉风》之名，标志着南国椰风蕉雨的本土特质，其"创刊词"说明其宗旨："星马两地，我们华族后裔占了全部人口的半数以上，在今后悠长的岁月里，我们还要与其他马来亚民族协调生活在一起。那么，对于我们生于斯、长于斯的马来亚，如果不够了解，岂不被人引为笑谈？如何去了解一个地方，如何去了解一个民族，绝不是翻阅几本史地书籍，或诵读几篇宣传的文字所能济事的，必须深入到社会的内层，浸润在实际生活之中，才能够慢慢地体会出来……在今日的星马，创办一份纯马来亚化的文艺刊物，实在太需要了。"《蕉风》从创办至今已超过半个世纪，是全世界存在时间最长的中文文学刊物之一，也可以说是新马两地华文文坛中最重要的一本文学杂志。

2. 网络传媒

20世纪90年代后，随着网络的兴起，一些有着强烈责任感又熟悉新媒体技术的马来西亚华文作家与研究者开始在网络空间寻找持续发展的动力。马华文学网络化既能实现整理史料、保存传统的目的，又能为华人作家提供更多的创作展示空间。网络时代"媒介不再是讯息，它是讯息的化身"，对文学而言，网络是一种新的传播方式，也是新的生存空间。对于有一定名气的中年作家而言，他们一般会首选在纸质传媒上刊载作品，之后再上传到网络空间；而对尚未被认可的新一代马华写作者而言，传统纸媒既难以给他们提供足够的机会，也无法满足他们率性随意的上传需要，所以网络就成为了他们刊发作品的首要选择。从作品的形式来看，依赖纸质传媒的马华文学，容易受到定期出版、版面容量等因素的限制，不能自由发挥，而网络的海量空间，却给马华作家提供了试验各种体裁和表达方式的足够空间。如2012年9月创办的"书香居原创小说网站"，该文学网站既不限制更新速度，也不限制体裁和长度，甚至也没有审读者，写手们完全可以根据自己的意愿进行各种试验。网站上既有短至几百字的随笔，也有长达10万字以上的长篇小说，既有海阔天空的穿越类幻想小说，也有逼真再现的现实主义小说。①然而，网络马华文学推崇的是一种个人化和非专业化，在这种写作模式中，自由性有可能超越文学性，导致有学者质疑网络马华文学存在偏离原有的纯文学发展轨道、走向泛文学的通俗表达的风险。

（三）现存华文文学组织

马来西亚现存的华文文学组织为马来西亚华文作家协会。马来西亚写作人（华文）协会于1978年5月23日获准注册，同年7月29日在吉隆坡举行成立典礼。1985年，其名称改为马来西亚华文作家协会。

马来西亚华文作家协会成立后，即积极联络散居各处的马来西亚华文写作者，先后组成作协柔佛州联委会、作协马六甲州联委会、作协霹雳州联委会、作协北马联委会等。除自身积极推动文学活动之外，马来西亚华文作家协会亦协助华文报社和热心文艺的华人社团举办各类文体创作比赛，由理事或会员担任评审等工作，或联办戏剧节、讲座会、研讨会、文艺写作营、作家会议等。1989年，马来西亚华文作家协会催生了第一届马华文学节，并由吉隆坡暨雪兰莪中华工商总会颁发第一届马来西亚马华文学奖。此后，每两年举办一次马华文学节，联办团体逐年增加，奖项也有所增添。马来西亚华文作家协会积极组团多次前往新加坡、中国香港、中国台湾、泰国、菲律宾、中国大陆、印度尼西亚等国和地区参加文学交流活动。1997年，马来西亚华文作家协会和马来西亚文化协会与中国作协达成协议，每隔一年以1对2的方式进行两地作家互访计划，以促进文学交流。

作为一个全国性的作家团体，马来西亚华文作家协会自成立以来，自行或协助出版了多种书刊和文学副刊，其中包括：（1）《写作人》于1979年创刊，创办初期为季刊，1995年改为《马华作家》，至1999年以后这份刊物又更名为《马华文学》；（2）1980年出版《作协短篇小说选》，收入15位老中青作者的短篇小说；（3）1988年出版《高林风响》，共收入11篇短篇小说；（4）1989年出版《候鸟高飞时》（第一届乡青小说奖优胜作品专辑），共录11篇得奖佳作；（5）1991年出版第一届马华文学节研讨会论文集《马华文学70年的回顾与前瞻》；（6）1991年开始至1995年出版多册《90年代马华文学丛书》；（7）1995年，福建鹭江出版社为作协理事出版《东南亚华文文学大系·马来西亚卷》共10册；（8）2004年12月，协助山东文艺出版社出版第2届马华文学国际学术研讨会论文集《全球语境·多元对话·马华文学》；（9）2006年11月17日出版《当代马华作家百人传》。

---

① 颜敏：《马来西亚华文文学网络传播现象略析》，《世界华文文学论坛》，2014年第3期，第61页。

三、泰米尔文学

泰米尔语是马来西亚第三大民族印度人的母语，原为印度南方历史颇为悠久的语文之一。泰米尔文学发展史也可追溯到公元前后。马来西亚泰米尔文学受其母国的影响颇深，目前在马来西亚印度人当中家喻户晓的文学经典也多引自古泰米尔文学作品，如目前已经被翻译成马来文和华文的《地鲁克拉尔》。19世纪前后，马来半岛的泰米尔文学有了较大发展，一些本土的泰米尔语作家开始在写作技巧上模仿印度作家，以描述现实生活为题材，反映印度人乃至整个马来半岛的社会问题。20世纪初期，报纸、杂志等现代媒体的出现，也为泰米尔文学的继续发展创造了条件，小说、戏剧、诗歌和长篇小说迅速发展起来。国家独立之后，随着马来西亚社会环境趋向融合，语言以及文学发展的空间越来越大，泰米尔文学也在稳步发展当中。但由于马来西亚泰米尔文的读者群较小，泰米尔文出版业也在马来西亚多语言的环境中或多或少受到挤压，泰米尔文学的繁荣壮大也因此遭遇了一定的阻力。

此外，除了马来文学、华文文学和泰米尔文学之外，英语文学也随着全球化的影响而在马来西亚悄然发展起来。一些受西方教育的马来人、华人和印度人开始以英语为媒介进行文学创作，成为马来西亚当代文坛不可忽视的新星。

第三节　音乐和舞蹈

马来西亚各个民族都能歌善舞。传统的农业社会培养了他们简单而朴素的民族性格，也孕育了各种各样的音乐、戏剧和舞蹈艺术。他们的乐器相对简单，舞蹈节奏感强，易跳易学。田间地头，一个随意的场合便会有悠扬的乐声响起；街头闹市，一个简单的舞台，也可能就有优美的舞姿缓缓起落。音乐和舞蹈已经与人们的生活紧紧结合在一起。

一、音乐

根据马来西亚音乐发展的特点，我们将未受西方流行乐影响的音乐归为传统马来音乐，而将受西方流行音乐影响而渐成的音乐称为流行音乐。

(一) 传统马来音乐

传统音乐是马来西亚文化遗产中的重要组成部分，目前流行于马来西亚的传统音乐大都滥觞于马六甲王国时期。半岛的吉兰丹、吉打以及登嘉楼等地，是传统马来音乐流传和保留最完好的地区。鼓、竹笛、木笛、弦乐器和铜锣是传统马来音乐常用的几种乐器，而传统马来音乐常常与舞蹈、说唱艺术等结合在一起表演。

根据音乐的起源和表演场地的不同，可将马来传统音乐划分为民间音乐和宫廷音乐。随着音乐的传播和普及，民间音乐和宫廷音乐也时而出现交叠与融合，一些宫廷艺术逐渐传入民间，为民众所接受、发展与再创造。目前依然保存较好的宫廷音乐大多为舞曲，将在舞蹈部分详细介绍。下面主要介绍几种流行于马来西亚的民间音乐。

1. 加萨（Ghazal）

加萨是一种用于表达爱情的马来传统音乐，1870年之前由廖内—林加群岛传入柔佛地区。加萨最初是用印地语唱的，再配以传统的印度弦乐做伴奏。目前在马来西亚一些传统的印度人社区，仍然能够听见印度人表演的最原始的加萨。目前流行于马来西亚的加萨已经被当地化、现代化了，传统的印度乐器被现代乐器如吉他、鼓、曼陀铃等所取代，而以马来西亚语演唱的加萨也越来越受青睐。

2. 东当沙央（Dondang Sayang）

东当沙央是一种流行非常广泛的马来传统民谣，常以对歌的形式进行。人们在乐器的伴奏下，将马来传统诗歌班顿配以特殊的音调唱出来，常常用来表达爱意。东当沙央的伴奏一般由4人完成，一人演奏小提琴，两人敲打传统马来手鼓，另一人则负责敲小铜锣。其中小提琴的演奏最为重要，控制着歌者演唱的节奏。东当沙央的节奏很缓慢，一般由32个小节组成。最先由小提琴开启，紧接着其他乐器响起，歌者一般从第5小节开始演唱。

3. 哈得拉（Hadrah）

哈得拉是一种宗教赞美歌，起源于阿拉伯世界，并经由印度传入马来西亚。不同型号的鼓是哈得拉最主要的伴奏器具。

4. 罗达特（Rodat）

罗达特也是一种主要以鼓伴奏的伊斯兰宗教赞美歌，与哈得拉相似。罗达特的歌者，同时也是舞者。目前，为了吸引年轻听众，罗达特这种音乐的主题也有所拓展，除了宗教赞美歌，他们也相应的吸纳一些表达爱情的曲目。

马来西亚传统民乐种类很多，除了上述几种，还有歌龙重（Kerencong）、子吉尔（Zikir）等。这些民间音乐深受大众喜爱，它们来源于生活，又成为人们生活中不可或缺的一部分，是马来人情感表达的一种方式，更是马来人展示传统文化的一扇窗口。需要指出的是，在沙巴和砂拉越地区居住着较多土著少数民族，他们的信仰文化依然保留着比较浓厚的原始宗教色彩，他们的音乐往往带有较强的宗教意味或祭祀目的。他们常常使用鼻笛和口簧进行演奏，风格清新自然。自1998年开始，砂拉越每年于7月的第二个周末开始举行为期3天的"雨林世界音乐节"，向来自世界各地的音乐爱好者和旅游者展现马来传统音乐的魅力。

（二）流行音乐

20世纪50年代，在西方流行音乐的影响下，一些嗅觉敏锐的马来音乐人将西方管弦乐与传统马来音乐相融合，开启了马来西亚流行音乐的发展历程。相对于马来传统音乐强烈的节奏感，新生的流行音乐风格比较柔和，音乐的宗教和仪式色彩逐渐淡化，讲述的内容更贴近人们的日常生活和社会现实。音乐也开始脱离舞蹈或者对某种仪式的依附，成为人们可随口哼唱、表达情感和思绪的方式。拉姆利（P·Ramlee）是这一时期流行音乐的代表人物。他将一些西方流行音乐的元素融入到"东当沙央"当中，使其音乐风格既不失传统马来音乐的节奏感，也带有西方音乐的柔美特色，易于大众哼唱，在马来半岛地区迅速传播开来。

20世纪60年代，以"披头士"（Beatles）为代表的摇滚音乐对马来西亚的流行音乐产生了较大的影响，一批以反传统文化而自居的青年音乐人开始模仿并创作摇滚乐，一时间各类带有尖叫或者哭腔的歌曲空前流行起来，这一时期的流行音乐也因此被称为"耶耶音乐"（Pop Yeah Yeah）。歌手的长发、牛仔裤以及颓废的态度和表情、拍打和呼喊以及无所顾忌的演唱风格成为20世纪60年代马来西亚流行乐坛的符号特征。可以说这一时期是马来西亚流行音乐发展最为自由和繁荣的时期，很多有才华的音乐人不管在创作还是演唱方面都取得了不错的成就，如哈林（A.Halim）、阿德南·奥斯曼（Adnan Othman）等。20世纪60年代是马来西亚流行音乐发展史上的重要时期，它开始走出完全模仿和复制的阶段，逐渐将西方流行音乐的元素不断加工和重新创作以内化为自我的性格内容。这一时期的音乐人也常被称为"60年代音乐人"（Seangkatan 60-an），他们的音乐在今天的马来西亚依然备受欢迎和赞赏。

非马来人音乐的异军突起是20世纪70年代至80年代中期马来西亚流行乐坛的显著特色,为马来西亚流行音乐的进一步发展提供了动力。比较有名的乐队如"巷子猫"乐队(Kumpulan Alleycats)、"发现"乐队(Kumpulan Discovery)等。70年代末期,朋克音乐登陆马来半岛是这一时期马来西亚流行乐坛的又一特征。1986年朋克杂志"*Huru Hara*"的出版标志着这种节奏简洁、随意性较强的音乐风格为该国流行音乐所吸收。

20世纪90年代,随着蓝调的流行,流行音乐开始步入商业化和唱片时代,马来西亚的流行音乐也逐渐成熟起来。被冠以天后称号的希拉·玛吉(Sheila Majid)和西蒂·诺哈丽莎(Siti Nurhaliza)是这一时期的代表人物。此外,说唱(Rap)和嘻哈音乐(Hip-Pop)也在此时进驻马来西亚流行乐坛。值得一提的是,20世纪80年代至90年代,随着伊斯兰复兴运动在马来西亚步入高潮,具有伊斯兰风格的音乐也逐渐兴起,这类以讲述和传播宗教教义为核心内容的宗教圣歌受到了马来西亚各界的欢迎,成为马来西亚现代流行乐坛当中的一股新生力量。

步入21世纪以来,马来西亚的流行音乐呈现出自由发展的态势,同时随着全球化的影响,马来西亚的流行音乐与世界各国之间的联系也越发紧密。在各国选秀活动进行得如火如荼之际,马来西亚也仿效"美国偶像"推出了自己的选秀节目"马来西亚偶像"(Malaysian Idol),打破了歌手与听众之间的传统交流模式,为民众的创作才艺提供了舞台,同时也开启了全民创造的时代。

基于马来西亚特殊的社会和历史背景,其流行音乐的发展也呈现出与众不同的特色。因为英国对马来半岛的殖民,以英国文化为核心的西方流行音乐对传统马来音乐向流行音乐的转变和过渡发挥了引导和激励作用,而伊斯兰教文化的存在和多元民族共存的社会现实又使得其流行音乐呈现出浓厚的宗教色彩和五彩缤纷的特征。

二、舞蹈

舞蹈是马来西亚各个民族最具普遍性的娱乐方式之一,具有很强的故事性,常常与戏剧密不可分。因马来西亚民族众多,传统舞蹈的种类也多达数十种,他们用舞蹈来表达幸福,也用舞蹈来祭拜神灵。可以说,舞蹈是许多马来西亚土著民族文化的核心表现,也是他们情感表达的一种方式,在民族文化中占据着非常重要的地位。

(一)宫廷舞蹈

1. 烛光舞(Tarian Lilin)

烛光舞在其顶盛时期流行于马来王宫。相传烛光舞起源于一个美丽而忧伤的传说。在很久以前的苏门答腊岛上,一对男女已经订婚,但男子为了寻求财富,远走他乡弃少女而去。少女伤心之时,又不幸遗失了订婚戒指。她四处找寻,不料天色已晚,暮色瞬间铺陈。于是她便点了蜡烛,并将烛火放置在小碟之中,或弯腰,或扭身,或祈祷。因其动作优美,同村的少女纷纷效仿,最终成为烛光舞而流传至今。一名名训练有素的舞者,双手托着立有蜡烛的小碟,碟子在她们的手中平稳地旋转,烛光点点穿梭于裙袖之间,美不胜收。

2. 恋舞(Tarian Asyik)

恋舞是一种经典的宫廷舞,在其顶盛时期流行于马来半岛北部的吉兰丹和北大年。恋舞的节奏相对舒缓,舞步轻盈。在舞蹈开场之时,10名舞者鱼贯而入,依次跪坐在舞台中间。之后,领舞出场,也就意味着所有舞者便可开始舞蹈了。文化艺术是人们对现实生活和周遭环境的反映,恋舞也表达了马来人对世俗的认知和理解。舞者模仿动物以及他们生活环境中的现象是恋舞的重要构成部分,如他们会用起伏的身体来表达波涛汹涌,张开双臂比喻小鸟飞翔,扭动身躯好比游泳的小鱼等。在古代宫廷中,跳恋舞的一般是年轻的宫女。恋舞的配乐也较舒缓,乐器主要使用的是鼓、弦、琴等。

3. 加美兰舞(Tarian Gamelan)

加美兰舞是一种经典马来舞蹈。公元17世纪,有史书记载曾经在廖内林加王国的宫廷中出现过加美兰舞蹈表演。1811年林加统治者苏丹·阿布杜拉·拉赫曼的王子东姑·侯赛因与彭亨宰相的妹妹万·爱沙在彭亨的北干(Pekan)大婚,邀请了舞者在婚礼上表演加美兰舞,这是加美兰舞在宫廷之外的首次亮相。之后,彭亨公主东姑·玛丽亚与登嘉楼王子东姑·苏莱曼结婚时,加美兰舞又被引入登嘉楼。最初,加美兰舞由77种不同的舞蹈类型构成,整个场面看起来非常壮观。可以说加美兰舞是马来传统舞蹈中舞蹈动作最为丰富多变的一种,具有很高的美学价值。但随着时间的流逝,加上外来文化的冲击,加美兰舞中的一部分在传承上出现了断代现象,甚至有些濒临失传。目前在流行于马来半岛的加美兰舞中,仍然存在的舞蹈类型只剩下33种,其中包括蜘蛛舞、托燕舞等。加美兰对表演环境的要求不高,在室内、室外均可表演,舞者都为女性。

4. 宫女舞（Tarian Mak Inang）

宫女舞成型于马六甲王国时期，深受当时王宫贵族的喜爱。苏丹马哈穆德·沙非常热衷于宫女舞，传言宫女舞的伴奏曲目便出自他手。他曾经命负责管理宫女的尚宫教宫女们跳宫女舞，以便在盛大集会时表演。目前，宫女舞在马来西亚各地都有相应的表演团体，在重大集会或者结婚仪式上，偶尔会有宫女舞舞蹈表演。

5. 依南舞（Tarian Inang）

依南舞实际上是宫女舞的一种现代变体。通常，人们会在一些社交宴会中跳依南舞，他们踏着小提琴和鼓声的节奏，挥动着手中五颜六色的手绢，翩翩起舞。

6. 希拉（Pencak Silat）

希拉实为一种传统的马来武术。古代的马来半岛是械斗频发之地，人们常常会学习武术以自卫。精通武术的马来武士深受人们的爱戴，被认为是政治和社会地位的表达和象征。马来武术的动作体系很复杂，其不仅包含防御性动作，如踢、打、擒抱等，也暗含一系列进攻性技术，如步法、摔、投及相关武器的使用，非常注重动作的精准和连贯。突然袭击是马来武术的一个重要环节，也是取胜的关键之一。在现代马来社会，马来武术也被作为一种舞蹈而被继承下来，它的防御性和攻击性被柔和化，表演性被强化。目前人们学习马来武术，相比之前的防御目的，更在意的是修身养性，领略一种文化之美。目前在马来西亚还有一些专业的表演团队表演马来武术，在重大的国家庆典、结婚仪式或者武术比赛中，人们还能一睹马来武术的风采。

7. 凤仙花舞（Tarian Inai）

凤仙花舞是一种马来传统舞蹈，最先来自于宫廷，是王宫贵族在进行重大仪式时所表演的一种舞蹈，如为孩子举行割礼仪式、结婚庆典以及苏丹登基等。凤仙花舞的舞者大多为男性，对舞者的身体柔韧性要求非常高，在舞蹈当中掺有一些非常难的杂技动作，如舞者身体向后弯曲，直至双眼能直视地板。此外，凤仙花舞中还有相当复杂而细腻的手部动作。目前，这种舞蹈流行于半岛北部的玻璃市、吉打以及吉兰丹东北部等地区。

8. 竹板舞（Tarian Ceracap Inai）

竹板舞是一种传统的马来舞蹈，据说最初来自马六甲王国宫廷。在苏丹马哈穆德·沙统治时期，竹板舞是苏丹和贵族们在盛大的节日庆祝时的一种娱乐消遣节目,因此被认为带有"面圣"之意。在马来传统的婚俗中,新娘新郎常常被称为"一日之王"(Raja Sehari)。因此,在现在,也会有人邀请舞者在婚礼仪式上大跳竹板舞。在表演竹板舞时,周边会用美丽的金花进行装饰,同时还会点亮蜡烛,寓意"幸福之光"的降临。竹板舞是一种集体舞,舞者人数一般为5到8个人,可以是男女混合,也可皆由女孩来跳。目前,竹板舞流行于半岛南部的柔佛地区。

竹板舞

图片来源:http://www.tour110.com/malaysia/info11140.html

(二)民间舞蹈

1. 浪迎舞(Tarian Joget)

目前流行于马来西亚的浪迎舞其实深受葡萄牙文化的影响,在舞步和配乐上和"恰恰舞"相似,活泼而富有娱乐性,已经成为一种社交手段而为马来西亚各民族所接受。在一些比较随意的社交场合,都会有浪迎舞的表演。

2. 原住民舞蹈(Tarian Asli)

马来原住民舞蹈是人们在原住民音乐的音律熏陶之下形成的一种舞蹈,流行于马来西亚各个州属。

3. 斗鸡舞(Tarian Ayam Didik)

斗鸡舞起源于深受古代马来人喜爱的一种娱乐活动——斗鸡,成形于马来半岛的玻璃市州,流行于半岛北部的玻璃市、吉打、槟城和霹雳州的北部。

4. 稻田舞(Tarian Balai)

稻田舞起源于登嘉楼,是一种少女集体舞,主要表现人们在田间劳作时的景象，是人们对稻神表达敬意的一种方式。

5. 查罗舞（Tarian Calok）

在古代，查罗舞是在订婚仪式、新娘修饰之夜以及沐浴礼仪式上跳的一种舞蹈，目的在于逗得新娘新郎开心快乐。在欣赏这种舞蹈的时候，人们常常会四处张望，因为没有人知道舞者会从哪个方向、哪个地方出来。有时候舞者会从厨房"灰头土脸"的出场，有时候他们却会不经意地从窗户中奔越出来，让在场的观众惊叹不已。

6. 兽面舞（Tarian Barongan）

兽面舞讲述了先知苏莱曼时期的传奇故事。传说当时一只老虎巧遇一只美丽的孔雀开屏。这时，孔雀也发现了老虎，于是便跳上老虎背，骑在老虎的头上，老虎与孔雀开始跳起舞来。这个场景为公主的侍从加龙所见，于是便下马与老虎孔雀共舞，兽面舞由此而来。现在在半岛柔佛州的巴珠巴辖地区仍有马来人跳这种舞蹈。

7. 臧弓舞（Tarian Canggung）

臧弓舞是第二次世界大战之后才出现的一种马来舞蹈，据说是由一名来自加央的舞者所创。"臧弓"（Canggung）一词来自泰语，意为"舞蹈"。目前这种舞蹈在半岛北部的吉打、玻璃市和槟城广受欢迎。

8. 月形风筝舞（Tarian Cik Siti Wau Bulan）

月形风筝舞是一种传统的马来民间舞蹈，人们常常以跳月形风筝舞来庆祝风筝节的到来。为了表达愉悦的心情，他们也会在丰收的季节跳起月形风筝舞。目前，这种舞蹈流行于吉兰丹州。

9. 惜别舞（Tarian Cinta Sayang）

惜别舞主要表达的是渔民在下海捕鱼之前与家人的依依惜别之情。舞者通过动作和表情表达了家人和渔夫在离别之时的那种期望、不舍、担忧等复杂的情愫。

10. 英雄舞（Tarian Dabus）

英雄舞与伊斯兰教相关。这种舞蹈最先出现于马来半岛北部的霹雳州，目的在于赞美阿里的英雄气概。

11. 碟子舞（Tarian Piring）

目前流行于马来西亚的碟子舞来自于西苏门答腊岛的米南加保（Minangkabau）。这种舞蹈的节奏很快，动作主要是模仿人们在田间耕种时的场景，表达了人们丰收的喜悦以及对神灵赐予粮食的感恩之情。舞者在跳舞时手中托着一个小碟子，为了表达愉快的情绪，同时也为了营造气氛，舞者偶尔还会将碟子抛向空中，或者将碟子扔进田里，然后下田将其踩碎。在半岛森美兰州的一些地方，如芙蓉、瓜拉比拉等地，邀请舞蹈团跳10至20分钟的碟子舞是婚宴中的一出重头戏。

12. 吉可舞（Tarian Jikey）

吉可舞曾于20世纪60年代风靡于半岛北部的吉打、玻璃市以及泰国南部的沙敦（Satun）和普吉（Phuket）。实际上吉可舞是一种综合舞台艺术，其既包含舞蹈，也有笑话、歌唱和弹奏，甚至还有与歌唱内容相关的角色演出。

13. 假马舞（Tarian Kuda Kepang）

假马舞是一种传统马来民间舞蹈，是爪哇文化与伊斯兰文化相互融合的产物。假马舞所讲述的是先知穆罕默德与敌人之间的战争，表现战争的惨烈和赞美穆罕默德的英勇。据说假马舞最先开始是由伊斯兰教的传教士引入马来半岛的，为了引起当地人们的关注，伊斯兰教的传教士们在讲经前或者讲经后表演假马舞。由竹子或者动物皮编织而成的假马是表演假马舞必不可少的道具，值得注意的是假马是没有腿的，且马身会根据需要涂上颜色以吸引眼球。假马舞是一种集体舞蹈，通常由10~15人完成，早期的假马舞表演往往由一个宫女通过牵拉绳索控制每一匹假马的动作来完成。目前，假马舞依然流行于半岛南部的柔佛地区，尤其是在爪哇后裔聚集的地方，通常在重大的节日庆典时会有假马舞表演。

14. 甲鱼舞（Tarian Labi-labi）

甲鱼舞是一种马来传统舞蹈，因其动作酷似甲鱼而得名。传统的甲鱼舞由两名男子完成，他们的动作像是甲鱼探出头来企图去吃观众抛掷过来的香蕉。甲鱼舞的娱乐效果很好，深受马来民众欢迎，目前流行于北干地区。

15. 英东舞（Tarian Lagu Anak Indung）

英东舞起源于马来传统社会中的祭拜仪式，与农业生产密切相关，舞蹈动作主要表现了人们在田间劳作以及相互帮助的场景。

16. 鼠鹿舞（Tarian Pelanduk）

鼠鹿舞来源于彭亨州，再现了古代人们捕杀鼠鹿的情形。

传统的马来社会崇尚农业，土地是人们生存的基本资源，田间的劳作也是他们生活的主要内容。艺术源于生活，马来民族丰富多彩的音乐和舞蹈都反映了人们朴素而真实的生活。此外，华人和印度人的舞蹈也是马来西亚传统舞蹈艺术宝库中的构成部分,如华人舞狮。在重大场合或节日庆祝时,华人社区常常会有热闹非凡的舞狮表演。

第四节　戏剧艺术

传统马来戏剧和传统华人戏曲是马来西亚戏曲文化最重要的组成部分,都拥有悠久的历史,是马来西亚多元文化中不可或缺的组成部分。

一、传统马来戏剧

玛雍(Mak Yung)和皮影戏(Wayang Kulit)是传统马来戏剧文化中艺术成就最高的两种表演形式,可谓马来传统艺术中的瑰宝。

(一)玛雍

玛雍是一种集舞蹈、音乐、戏剧等因素于一身的舞台表演艺术,大约400年前流行于马来宫廷。关于玛雍的起源大致有三种观点。有人认为玛雍的诞生源于爪哇之神瑟玛尔(Semar)与其弟弟杜拉斯(Turas)模仿的自然之声,后来他们的优美之声又被人们所模仿并继承和发扬,乃至最终成型。也有学者从马来人原始宗教信仰的角度对玛雍的起源展开了剖析,认为玛雍的起源与马来人的"稻神"信仰有关。传统的农业社会,人们对自然环境的依赖催生了"万物有灵"的原始信仰,马来人相信一切自然之物都是有灵魂的,耕耘能否获得收获关键在于神灵对你眷顾与否。人们在祈求或者庆祝丰收时,对"稻神"的祭奠仪式产生了玛雍这种类似于歌舞剧的戏剧艺术。也有学者认为现在流行于马来西亚的玛雍从泰国南部的北大年传入。

玛雍表演要求很严,这从其表演的程序和规则以及对角色服装的要求可见一斑。首先是玛雍正式表演之前的鬼神祭祀和开场仪式。在鬼神祭祀环节,巫师以符咒祈求神灵给予庇佑,并邀请他们分享祭品。此外,巫师还负责开启乐器和舞台。在开启乐器时,巫师要先拿起乐器,对其熏烟,念咒语,祈求神灵的允许,最后将乐器递予乐手,乐器方可使用。紧接着,巫师从祭品中抓出一把米,放在嘴边,轻念咒语,之后将其撒在地上和自己的肩膀上,然后巫师手举烛台,脚踏舞台四角,舞台才被开启。此时,演员们随着慢慢响起的鼓声鱼贯而出,玛雍表演正式开始。

玛雍的剧本大多以印度史诗《罗摩衍那》和《摩诃婆罗多》以及班基故事为基础，通过艺术家的加工和融合本地文化最终形成，讲述的大多是王子、公主以及妖魔鬼怪的故事。但故事要表达的道理又往往很生活化，凝聚着马来人代代相传的民族经验和价值判断。因此，玛雍既是传统马来艺术文化的表现形式，也是传统马来价值观念和道德标准的凝练和总结、继承与传播的重要手段。

玛雍的角色表演相对比较固定，一本玛雍表演剧本中的角色大致可划分为以下六种：（1）老爷（Pak Yung），是玛雍表演的主干角色；（2）公子（Pak Yung Muda），是玛雍剧中的英雄，也是主要角色之一，自出生那一刻，要历经磨难方能长大成人，有所成就；（3）夫人（Mak Yung），也是主要角色之一，在有些剧本里是皇后；（4）小姐（Puteri Mak Yung），是剧中的女英雄；（5）小丑（Peran），一部玛雍剧本里通常有几个小丑，年纪大一点的小丑经常作为拉惹的侍从出现，相比其他的丑角更为重要；（6）舞者（Dayang-dayang），通常由一些美少女来担任，任务是作为夫人或者小姐的舞伴。此外，在某些特定的剧本里也会出现一些反面角色。

玛雍剧中人物的穿着非常考究，戏中的重要角色不仅有自己的特殊名称，同时也配有与众不同的行头。如主角的服饰通常是很精致的，带着皇冠或者由天鹅绒做成的头巾，镶嵌着闪闪发光的宝石，头巾上端还配有茉莉花做装饰。女主角身穿装饰着金子和宝石的丝绸衣服，纱笼用带有金属亮片的腰带系紧，左边肩膀披着一块镶有花边的布，垂掉至膝盖处。戏中的男女主角都带着金手镯、金脚环和拉惹赐予的戒指。其他的角色也身着丝制的衣服和纱笼，但没有腰带和披肩，常常会将头发挽成发髻并插上茉莉花。小丑的服饰很滑稽，他们穿着很短的上衣，下身穿非常肥大的裤子。

除了舞台表演之外，音乐也是玛雍艺术的重要组成部分，用以吸引观众，或者营造氛围，或者为剧中人物的舞蹈和歌唱伴奏。玛雍的演奏乐器主要有三弦或者二弦乐器、鼓、铜锣、木箫、小锣等。铜锣又分大铜锣和小铜锣，大铜锣的声音比小铜锣的声音更加低沉。鼓也分为大鼓和小鼓，大鼓的鼓面由牛皮制成，而小鼓的鼓面是用羊皮做的，两种鼓在音质上存在差异。小锣也有大小之分。弦乐器的外壳由芒果树或者一种青龙木制成，再以牛肚皮封口。以前这种弦乐器的拉线非常粗，现在已经被吉他线或者小提琴线代替。

现在流行于马来西亚的玛雍大致可分为四大类：北大年玛雍（Mak Yung

Pattani)、吉兰丹玛雍(Mak Yung Kelantan)、吉打玛雍(Mak Yung Kedah)和海洋玛雍(Mak Yung Laut)。2005年，联合国教科文组织宣布玛雍戏为人类非物质文化遗产。

玛雍戏

图片来源：http://mytomnet.com/2012/05/10/makyong/

(二) 皮影戏

马来西亚的皮影戏大致可分四种：一是吉兰丹皮影戏(Wayang Kelantan)，又称暹罗皮影戏(Wayang Siam)；二是马来皮影戏(Wayang Melayu)；三是古典皮影戏(Wayang Purwa)，也叫爪哇皮影戏(Wayang Jawa)；四是大皮影戏(Wayang Gedek)。第一种和第二种流行于吉兰丹和半岛东海岸各州。第三种曾流行于半岛南部西海岸，主要在柔佛州。而第四种曾流行于吉打州、玻璃市州和半岛北部西海岸几个州。目前，上述四种皮影戏中最流行的是吉兰丹皮影戏，而其他几种在马来西亚几乎已经被淡忘。

吉兰丹皮影戏(也叫暹罗皮影戏)和古典皮影戏(也称爪哇皮影戏)在形式上很相似，主要区别在于剧目、皮影人的外表和演奏的音乐。顾名思义，爪哇皮影戏受爪哇的皮影戏影响更大些。其证据之一就是，它和泰国、柬埔寨的小皮影戏有一个共同之处，即演戏的台子很像巴厘岛现在的皮影戏台：幕布用木框撑平，上部向观众倾斜。很可能，爪哇过去演皮影戏时使用的就是这样的台子。此外，马来西亚的爪哇皮影戏来源于爪哇的另一个证据是，所使用的皮影术语多是爪哇词汇，如wayang（影戏）、dalang（操纵皮影人的艺人）、panggung（戏台）和kelir（屏幕）等。马来西亚吉兰丹皮影戏和爪哇皮影戏的表演方式也相同：皮影艺人坐在幕后约一臂远的地方，在他的前上方，即幕布和艺人之间，挂着一盏灯。艺人操纵着皮影人在幕布和灯之间来回活动，灯光将影人的影像投射到幕布上。这样，在屏幕另一面的观众便可以欣赏到有声有色的皮影戏了。沿着屏幕放着两根相互平行的香蕉树干，当皮影人不动时把它的操纵主杆插在上面。皮影人的上端与屏幕接触，以获得比平行于屏幕时更为生动的效果。香蕉树干的两端插放着暂时不用的皮影人。艺人右边的树干上要插正面人物，而左面的则要放反面人物。艺人后面坐着伴奏的乐手，乐手9至12人，乐器主要是一种类似唢呐的木箫（Serunai）、各种鼓（Gendang, Geduk, Gedombak）和锣镲（Tawak-tawak, Kessi, Canang）三种。

吉兰丹是吉兰丹皮影戏的中心，其皮影戏传统保持得最好，演技最高，最流行，也最具典型性，在剧目、表演、故事情节上都有自己的特点。吉兰丹皮影戏的剧目主要来源于罗摩故事。罗摩故事在东南亚已经流行了数个世纪，深受人们的喜爱。它被改写、翻译，被用于诵读、表演、雕刻和绘画，从柬埔寨到巴厘岛一直没有停止过。伊斯兰教传入后，马来人依然在传诵这个神奇的故事，并有几个书面和口头故事文本保留下来。书面文本的读者只是研究这一课题的专家和学者。但吉兰丹皮影戏中的罗摩故事却依然保持着鲜活的生命力，罗摩、悉多、罗什曼那等人物的形象在马来人的心中总是那么亲切，那么生动。

吉兰丹皮影戏的表演文本是《摩柯罗阇·瓦那传》，其情节之间的关系可以用一棵树来比喻：最基本的部分是树根、树干和主干枝，如悉多被掳、罗摩寻妻等情节，大致和马来文本《罗摩圣传》相平行；而大量的插话被称为枝节故事。吉兰丹皮影戏中罗摩故事的口头文本五花八门。因为师父教徒弟的方式是口耳相传，没有固定的剧本。徒弟可以在理解和掌握戏中主要情节和人物性格特点的基础上，进行必要的发挥。通过对大量基础剧目文本的比较，可以看出：第一，虽然没有一个表演艺人的文本和其他文本是完全相同的，但所有的暹罗皮影戏文本的主干故事都是一样的。而各自的与众不同的特点主要表现在插话故事中。第二，剧中讲述的故事一直被地方化，即被马来化。皮影艺人很少有人意识到，他们表演的罗摩故事是来源于印度的。第三，吉兰丹皮影戏的史诗文本在马来文学和泰国文学中都很流行。有证据表明，今天的吉兰丹皮影戏的表演文本就是泰、马两国文学文本的混合，当然也是与之平行的口头文本的混合。值得注意的是，吉兰丹的观众对罗摩故事的插话兴趣要比主干故事大得多。这一方面由于主干故事早已被观众所熟知；另一方面，与主干故事相比，枝节故事，即插话，常常有很多变化，有各种各样在印度史诗中没有的主题。艺人们还经常把班基故事杂糅其中，但最多的还是艺人们改写了部分内容，甚至推出了自己的故事新编。一般来说，艺人们对罗摩故事很尊重，他们不但把罗摩故事看作是传说，而且认为是毋庸置疑的历史。他们把戏剧的主干故事看得很神圣，同时也承认那些插话故事在历史上并不流行。但传统的艺人不赞成这样独出心裁的艺术创作，他们认为这样做是不诚实的，是胡编乱造。近年来，吉兰丹皮影戏中编入大量的非罗摩故事，有的甚至是从电影中搬来的现代故事。但戏中主要人物还是身穿暹罗皮影戏式的服装。有趣的是，次要角色往往是现代打扮，如士兵穿现代军服，女人穿高跟鞋等。剧中人物，除了丑角外，也演出滑稽场面，同时在戏中还尝试表现一些现代社会的热点问题。

　　吉兰丹皮影戏的主人公是罗摩（Seri Rama）王子。他皮肤是玉绿色，是印度教毗湿奴大神的化身。剧中的罗摩除了具有英雄品格外，还有更多的普通人的情感。偶尔他也鲁莽、傲慢，甚至过分的严酷无情，有时也缺少智谋。罗什曼那（Laksamana）是罗摩的弟弟，脸是红色的，有智慧，有先见之明。他从未结婚，所以很多吉兰丹人说他是两性人。吉兰丹皮影戏中的反面人物摩柯罗阇·瓦那，相当于《罗摩衍那》中的罗波那，他不是长有10个头，而是12个。一个头在外，其余的头隐藏在王冠中。他是楞伽王国（Langkapuri）的国王，强娶罗摩的母亲（实为其替身）为妻，生下悉多（Siti Dewi），也就是说，在戏中，罗摩和悉多实际上是同母异父的兄妹。而哈奴曼竟是罗摩转世前与风神公主结合生的儿子。剧中的哈奴曼脸是白色的，而悉多的脸是黄色的。有趣的是，哈奴曼在海中抓获了帮助摩柯罗阇·瓦那破坏大堤的鱼公主之后，竟娶鱼公主为妻，生下一个长着鱼尾巴的猴子，起名"鱼尾哈奴曼"（Hanuman Ikan）。还有两个丑角值得一提。一个是多戈尔大叔（Pak Dogol），他是至高神（Sang Yang Tunggal）的化身。他故意把自己装扮成丑陋的老人，其任务是下凡视察人间。他用自己汗毛孔中的泥巴造出另一个贱民龙叔（Wak Long）作他的伙伴。这两位丑角神通广大，以"神丑"著称。他们性格各异，总是闹出令人捧腹的笑话，成了戏中不可缺少的、当地人十分喜爱的角色。

操控皮影人的艺人在皮影戏中起关键作用。他不但要代表剧中人物诵读、吟唱和道白，而且还要指挥乐队。他需要有准确的辨音能力，熟知剧中人物的性格，体会人物的情绪，掌握戏剧的情节。皮影戏没有固定的台词和脚本，因此皮影艺人只要能准确地把握故事情节和人物的性格特点，就会有相当大的空间进行再创作，同时戏剧的再创作也反映了皮影艺人的人生态度和社会观点。可见，皮影艺人需要有朗诵艺术、音乐艺术、表演艺术等多方面的才能。

罗摩故事的影戏表演由序幕和主剧组成。序幕的表演者通常是一位乐手和正在当学徒的未来皮影师。表演时间大约5分钟，内容往往与主剧没有直接关系，只是为了招来更多的观众。序幕的内容，首先是半礼仪性的，由一位德高望重的长者朗诵泰式祈请文，同时两位半人半神的角色手持弓箭，互相打斗。然后剧中的主角罗摩王子在宫廷中接受猴子将士们的朝拜。一般主剧全部演完大约需2个月时间。由于现代人生活节奏加快，常常只演出罗摩故事的片断，或演压缩了的精简文本。不过一般都要连续演三、四次。每次都要在恰到好处的地方结束，以给观众留下悬念。

皮影师除了在讲述和评论时要用正常的声音外，在戏中人物对白和独白时都要模仿戏中人物的声音。按照人物的特点，剧中人物的声音分成以下几类：（1）文雅的王子、半人半神和女人为一类，艺人表演时用鼻音和带女子气；（2）粗鲁的王子、猴子勇士、罗刹及其将士，用低沉、粗犷的男子声音；（3）仙人，用老年男子声音；（4）爪哇式的半神，用蹩脚的爪哇口音。可见，皮影人说话是有固定程式的。当你听某一个人物讲话时，你可以识别他是哪一类角色，但很难判断他具体是剧中哪一个人物。只有听过讲话的内容和特有的呼叫方式，才能确定说话人的角色。例外的是丑角的声音，即两个主要丑角多戈尔大叔（Pak Dogol）和龙叔（Wak Long）的声音各有独特之处；即使是次要的丑角，艺人们也尽量用喜剧性的声音把他们的角色区别开来。

吉兰丹皮影戏的表演分道白和动作两部分。一般的原则是，皮影人说话时，伴奏停止；人物做行走、打斗和腾飞动作时，很少说话；皮影人说话时，身体要有小动作，仙人和小丑说话嘴要动，以配合他们的道白；音乐和动作不可分割，皮影人的动作必须与乐队的节拍相吻合，各种曲调的规定都必须符合剧中人物的类型，主要是步态类型和声音类型。

吉兰丹皮影戏所使用的语言是吉兰丹州北大年（Patani）的地方马来语，但与当地日常口语有所不同。比如,艺人们常常用观众不太熟悉的马来古典文学的语言,根据不同人物的特点,让人物的语言表现成几种不同的类型,让观众既能听懂,又能获得理想的夸张效果。①

皮影戏是马来西亚传统文化的重要组成部分,是马来民族宝贵的文化遗产,它以其特殊的表演方式,吸引着一代又一代的马来人。同时,随着时代的发展,经过皮影艺人的改编和润色,融入社会民情,吸纳、沉淀着传统马来民族的人生体验,也传承着马来民族独特的价值观。

皮影戏

图片来源:http://pp.163.com/michaelkklee/pp/13375026.html

二、传统华人戏曲

马来西亚华语戏曲的"根"在中国,它是华族移民在马来西亚异质文化土壤里培育起来的一种特殊的艺术样式,体现了华族的文化认同。在多元民族、多元文化的马来西亚,华语戏曲作为一个标志性文化,是华族的一个象征性符号。

马来西亚传统戏曲的来源主要是中国传统戏曲文化,并且由于马来西亚华人基本以闽、粤、琼籍人士为主的地域属性,表现出了以闽、粤、琼、客、潮五大派系的地方性传统戏曲的偏重性。曾有粤剧、福建高甲戏、潮剧、琼剧、福建南管戏、莆仙戏、台湾歌仔戏、京剧、广东和闽西的汉剧、闽剧、梨园戏、福建十番、锦歌、肠歌、粤曲总计有15个剧种和曲种,以及福建南音、广东音乐、客家山歌、闽南过番歌和潮洲过番歌等乐种、歌种在马来西亚华人社会演出、流传。其中的

---

① 张玉安:《马来西亚的哇扬戏》,《东南亚研究》,2006年第1期,第80—81页。

酬神音乐文化，如酬神戏、南音道场音乐，在马来西亚华人社会中具有传承的持久性。随着时代的发展，中国的新民乐，即华乐在马来西亚得到了广泛的传播和发展，它主要以自学自练、以大带小的传承方式在马来西亚的华人社团和华文学校形成和发展起来，形成了马来西亚华人特色的华乐文化构成，并由于其成员的年轻化，成为了马来西亚华人传统戏曲中本土化步伐最迅速和最为显著的组成部分。另外，由于地理位置的接近和华人地缘性的亲近，中国香港和台湾地区，以及新加坡、泰国等国家的华人传统戏曲文化也成为马来西亚华人传统戏曲文化的重要来源。

华语戏曲在马来西亚生存的关键因素之一，是其宗教功能的发挥。出于华族宗教生活的需要，华语戏曲与宗教祭祀的关系密切，一向都是宗教祭祀中的重要内容之一。华语戏曲的宗教功能主要体现在"酬神娱鬼"这一层面上。"酬神娱鬼"活动一直是马来西亚华人极为重视的民间活动，更是早期华人的主要精神生活，它是马来西亚传统戏曲文化的重要阵地。酬神中采用的戏剧和音乐始终是马来西亚华人传统戏曲的重要组成部分。另外，以社团众多为特征的马来西亚华人社会，社团音乐文化活动成为华人传统戏曲文化传承的最重要的途径，社团会馆的音乐组成为华人传统戏曲传承最稳固的组织。同时，商业性的娱乐活动使马来西亚华人传统戏曲更为职业化、专业化。无论是早期南来演出的各个剧种中国戏班，还是当今企业化的华乐团，都是依赖商业演出活动而生存，并在这些活动中树立起马来西亚的专业化、职业化的华人传统戏曲文化。

虽然长期以来华人传统戏曲在马来西亚得到了传承和发展，但是当前马来西亚华人传统戏曲也面临着严峻的挑战。华语方言是华语戏曲最重要的特征，它在华人社会的传承直接影响到华语戏曲在多元文化格局中的生存。早先，大批华人移民到马来西亚后对地域方言的传承和坚守，是华语戏曲脱离母体在马来西亚社会中得到移植和发展的先决条件。马来西亚华人在方言方面表现出来的多语言能力为各方言剧种培养了方言籍贯之外的观众。华语戏曲各剧种因此突破了方言聚居区，获得了更为灵活、宽广的流播空间。而当前对华语方言传承的漠视甚至断裂，随着马来西亚现代化进程越来越凸显出来，方言的衰弱直接导致了华语戏曲的衰弱。一方面，华人父母辈从方言的实际功利性出发，认为没有必要学方言，认为不学方言并不影响下一代的学习、就业与生活。而且，当前马来西亚的华语教育体系普遍使用的是标准汉语拼音，这对年轻一代华人传承华语方言有着不利的影响。另外，华人后代不注重自己本身的方言群体，而是向更大范围的华人社会整合。在这种情况下，华人的方言能力逐渐丧失，特别是非强势方言，如海南话、福州话、莆仙话等已逐渐淡出华人新生代的交际生活。作为华人社会的强势方言，闽南话和广东话的情形相对会好一些。华语方言的使用不断地萎缩，马来西亚华人家庭生活用语对华语方言的淡漠或隔阂，以及日常生活的日益现代化甚至西化，对传统文化的传承是非常不利的。华语方言在马来西亚年轻一代身上断层，即语言传承的断裂，会招致许多不良的后果，也势必将影响华语戏曲在未来的发展。

第五节 建筑艺术

不同的民族和文化聚在一起形成多元化的人文景观，使马来西亚的建筑具有各种文化融合的特点，古老的、现代的、东方的、西方的各式建筑和谐并存，互相映衬，使马来西亚的建筑艺术极富民族特色。受地理环境和历史传统的影响，马来西亚现存的古建筑大多是一些距今仅一两百年的木结构建筑。近代以来，随着外国移民的增加，带来各种各具特色的建筑风格和艺术。目前，马来西亚城市的建筑趋于多元化，综合风格的建筑越来越多。

一、宗教建筑

马来西亚是个宗教色彩浓厚的国家，因此马来人的清真寺、华人的佛寺、印度人的印度庙参差错落、鳞次栉比，呈现出五彩缤纷的特点。

1. 清真寺

国家清真寺（Masjid Negara）位于吉隆坡市中心火车站附近，是世界著名的清真大寺，也是东南亚地区最大的清真寺之一。该寺占地面积5.5公顷，是1957年由当时的首任总理东姑·拉赫曼倡议修建，由设计师认真考察了世界上主要伊斯兰国家的清真寺后精心设计建造的，1965年竣工。该寺造型优美、气势恢弘，其式样与装饰类似沙特阿拉伯麦加城的三大清真寺，主要由祈祷大厅、大尖塔和陵墓三部分组成。祈祷大厅的顶部为圆拱房顶，好似一把撑开的大伞，由49个大小圆拱组成，最大的圆拱直径达45米，呈18条放射星状，象征全国13个州和伊斯兰教5大戒律。祈祷大厅宽敞、高大，可同时容纳8000人在此祈祷。大尖塔塔尖的形状类似火箭,高73米,寓意是伊斯兰教与科学共同发展,一起繁荣。陵墓建在清真寺后面,与清真寺有桥廊相通。陵上有遮阳圆顶,陵内有六七个墓穴,因为这里只安葬伊斯兰教的"国家英雄",即只有曾担任过国家总理职务的人才可以安葬此地,副总理在职时逝世的也可葬在这里。

从外部看,国家清真寺有一种灵秀之美。厅外高耸的柱廊彰显着简单立体的时代感和空间感,又不失端庄沉厚之气。独特的建筑及设计风格,不仅使得国家清真寺成为马来西亚伊斯兰教徒敬仰向往的地方,也成为吉隆坡著名的景点之一。

国家清真寺

图片来源:http://you.ctrip.com/sight/0/8006/s0-d-d-p2.html

兼具伊斯兰风情,同时融合西方建筑艺术是马来半岛上众多清真寺的共同特点,如吉打的查希清真寺和吉隆坡嘉美克清真寺等。1912年建于吉打州亚罗士打的查希清真寺是当地的地标性建筑,也是马来西亚国内最美轮美奂的清真寺之一。查希清真寺采用典型的摩尔式风格设计,一个黑色圆顶被5个圆顶所环绕,象征着伊斯兰教的5大戒律。整个清真寺的面积为12.4412万平方米,其中心为祈祷大厅,周围被宽敞的走廊环绕,整体观之,气势磅礴宏伟,装饰也颇为富丽堂皇。吉隆坡嘉美克伊斯兰清真寺建于1909年,是一座颇具古典色彩的阿拉伯摩尔式建筑,穹顶、拱门式的柱廊,白色大理石铺就的祈祷大厅,使得这座清真寺看上去典雅无比。

2. 佛教寺庙

马来西亚的佛教寺庙大多数是华人修建的,因此在建筑风格上保留了华人传统色彩,其中最著名的是天后宫和极乐寺。天后宫位于马来西亚吉隆坡乐圣岭,主祭天后妈祖,由雪兰莪海南会馆筹建,于1987年建成,是吉隆坡当地的标志性华人庙宇。天后宫的建筑主要为岭南式与华北式的结合体,大殿屋顶可见岭南风格的龙、凤、鱼、虾等瑞兽,旁殿、牌楼屋顶则可见到华北式的各种脊兽。庙宇内可见有彩梁、斗拱、雀替、栏杆、藻井、龙柱、琉璃瓦等富有中国传统建筑特色的结构。天后宫主殿供奉天后妈祖,左右两边侧殿则分别供奉水尾圣娘及观世音菩萨,这三尊神明可以说是海南人心目中的重要南海神灵。由于供奉观世音菩萨,天后宫也成为道教与佛教并存的宗教场所。

天后宫

图片来源:http://comp.quanjing.com/age_foto142/pil—r05000630.jpg

除天后宫之外,极乐寺也是马来西亚著名的佛寺,同时还是东南亚最大且最富丽堂皇的佛寺,融合了中国、泰国和缅甸三种不同的建筑风格。极乐寺坐落在槟榔山上,左右有乐龙、白象两个山头拱卫。全寺建筑依山布局,气势雄伟,重楼叠阁,是马来西亚最大的华人庙宇,也是东南亚最雄伟和最精致的佛寺。游人必须经过长长的花岗岩石级进入寺门。大雄宝殿两侧放生池中金鱼戏水,花圃飘香,院额大匾有慈禧太后"海天佛地"的御笔。石刻有许多题咏,琳琅满目。一处花坞莲池中央大石块上刻着"勿忘故国"四字,系1900年6月康有为手书。藏经楼里有万部经书。寺内最引人注目的是30米高的7层浮屠万佛塔,始建于1915年,1930年完工。塔身素白,融中、暹、缅建筑风格于一体。塔顶是缅甸式的,中层是暹罗式的，基层是中国式的，可谓佛塔中的一绝。有人说，没有到过万佛塔就等于没有到过槟榔屿。

极乐寺

图片来源：http://baike.baidu.com/picture/440303/

泰禅寺也是马来西亚著名的佛教寺庙，是一座多层圆锥形塔，塔内佛像大多是头戴王冠、手持定印的转轮王的圣像，而且寺内供奉着9块圣石，吸引着全国各地的佛教徒来此参拜。泰禅寺在1930年扩建时，从曼谷迎回一尊大铜佛，后来又有泰国雕刻工匠来此就地雕塑立祈铜佛，其中最珍贵的要算寺内供奉的一尊卧佛。这尊卧佛身长约33米，据说在世界大卧佛中，仅次于缅甸和泰国的大卧佛，居世界第三位。佛像通体洁白如玉，外表施以金箔，佛座装饰华丽，有大量浮雕画面，座前陈列鸟兽塑像。而且寺内还有若真人般大小的十八罗汉立像和荼毗的舍利塔。院子里有巨大的猿神像和色彩鲜艳的龙神像，据说他们是释迦牟尼的守护神。

泰禅寺卧佛

图片来源：http://s14.sinaimg.cn/orignal/5953e9ccg9db3ee97c06d&690

3. 印度庙

马来西亚印度人的建筑风格，尤其是宗教建筑与印度的建筑风格一脉相承。现存的马来西亚最具代表性的印度宗教建筑为马里安曼印度庙。它是一座具有传统南传印度达罗毗荼建筑风格的寺庙，始建于公元1873年，是马来西亚最大也是最为古老的印度教寺庙。寺庙入口处立有一座尖塔，塔上刻有数以千计的印度教人物形象，形态生动，色彩艳丽。

马里安曼印度庙

图片来源：image.baidu.com/i?ct=503316480&z=0&tn=baiduimagedetail&ipn

二、历史建筑

作为马来西亚历史最悠久的古城，马六甲城内以历史建筑最具特色，融伊斯兰、中国、印度和欧洲的文化为一体，街道曲折狭窄，屋宇参差多样，处处显示出马六甲这个历史古都的独特风貌。

位于马六甲市区东部的马六甲河畔的荷兰红屋原为荷兰总督的官邸，建于1650年，至今已有300多年的历史，是荷兰人在东方保留下来的最古老的建筑物，1980年被改为马六甲博物馆。由于这栋建筑是用厚厚的红砖墙建成的，且原本的荷兰式建筑风貌保留至今，因此当地人也称它为"荷兰红屋"（Stadthuys），现已成为马六甲的城市象征。馆内收藏了马六甲各个时期的历史文物，包括荷兰古代兵器、葡萄牙人16世纪以来的服装、马来人和华人的传统婚嫁服饰、金银珠宝及手工艺品、稀有的古代钱币和邮票，以及在马六甲港口停泊的各类古代船只的图片等。

荷兰红屋
图片来源：baike.baidu.com/picture/522016/16606218/

葡萄牙城山位于马六甲市西南，靠近马六甲河口，是马六甲苏丹拜里米苏拉将中国明成祖赠送的金龙文笺勒石树碑之处。此山曾被明成祖封为"镇国山"，后又被称为"圣保罗山"。山上有一个古堡，名为"圣地亚哥碉堡"，是当时的葡萄牙殖民者为防范被击败的马六甲王国军队的反攻而修筑的。这座高三十多米的城楼，现在是一片残墙断垣，只有古堡城门楼依然屹立在门顶，成为一座"没有墙的城门"。壁上雕刻着当年葡萄牙军队的许多图案，城堡内几块石碑保存完好，给人们留下了若干历史史实。在马六甲郊区的海边，葡萄牙建筑风格的村落仍保存完好，住在那里的是葡萄牙人的后裔。令人惊奇的是，他们至今仍说着16世纪的葡萄牙语。在圣保罗山的山顶上有一座圣保罗教堂，也是葡萄牙总督于1511年建立的，是欧洲人在东南亚修建的最古老的教堂。教堂几经战乱被毁，但教堂前全身洁白的圣芳济石雕像，虽历尽沧桑，面目仍然清晰可见。

圣地亚哥碉堡
图片来源：image.baidu.com/i?ct=503316480&z=0&tn=baiduimagedetail&ipn

马六甲的三保庙是为了纪念1405年至1435年间七次下西洋的中国明朝三保太监郑和而建的。庙的四周大树环绕，林蔽树荫，十分清凉宁静。庙的大门绘有两个身披战袍、手执刀斧的将军的画像，威严英武。门柱两旁写着一幅对联："五百年前留胜迹，四方界内显英灵。"庙内中央立有一尊戎装佩剑的郑和像，上挂"郑和三保公"横幅，两旁排列着许多文官武将的神像，表达了后人对郑和的颂扬和怀念。三保庙建于1673年，整座建筑飞檐翘角，红柱粉墙黛瓦，富含中国民族建筑风格。据说，所有建筑物的材料，哪怕是一砖一瓦，都是从中国运来的。

三保庙
图片来源：image.baidu.com/i?ct=503316480&z=0&tn=baiduimagedetail&ipn

三、现代城市建筑

马来西亚的现代城市建筑不仅融合了传统与现代优势,也糅合了东西方建筑艺术的特点。随着经济的发展,一栋栋花园洋房和高层楼房拔地而起,马来西亚一些有经济实力的民众开始放弃传统民宅,住进现代楼房。在政府的扶持和规划之下,一批具有代表性意义的地标性现代建筑也相继建立起来,如双峰塔、吉隆坡塔、吉隆坡国际机场、国会大厦等。

1. 双峰塔

双峰塔(Petronas Twin Tower)是马来西亚国家石油公司双塔楼的简称,也有人称其为"双子塔"或"国油双塔",是吉隆坡市最主要的标志性建筑,也是马来西亚的标志之一。双峰塔于1993年12月27日动工,1996年2月13日正式封顶,1997年落成,成为当时世界上最高的摩天大楼。2003年10月17日台北101的建成在高度上超越了双峰塔,但作为双塔楼,双峰塔仍是世界之最。

双峰塔的设计基于伊斯兰建筑典型的几何原理,采用铝合金、不锈钢和钢化玻璃等先进的材料建筑而成,两座完全相似的塔楼高达452米,共88层。白天,银灰色的楼体在阳光的照射下分外耀眼;夜晚,在灯光的映照下,两座楼则像水晶般通体透明。在双峰塔的第42层处有一道连结两座塔楼的空中走廊,是目前世界上最高的过街天桥,长约58.4米。从塔脚下仰望天桥,看到一座巨型的人字形支架,支架两脚从各自的大楼旁伸出,支撑着天桥的中间点。天桥是人们登高望远的观景台,人们称其为"登天门"。在"登天门"远眺,吉隆坡的市容清晰可见,美不胜收。高大的建筑物同那些高脚斜顶的马来别墅交错层叠,构成一幅交融着东西方艺术风格的图画。

双峰塔的1号楼是马来西亚石油公司的综合办公大楼,2号楼的一至六层是集购物、休闲、娱乐为一体的Suria KLCC超大型购物中心,世界上主要的名牌都能在这里买到。塔内还设有石油博物馆、多媒体会议中心,以及马来西亚唯一的一座交响乐表演大厅等,巨大的地下停车场拥有4500个车位。

双峰塔的重要作用还在于,它是马来西亚政府为了将该国带进信息时代,推上知识型经济发展的高峰而发起的举世瞩目的"多媒体超级走廊计划"的重要组成部分。双峰塔的塔顶装有74米高的天线装置,承担高科技信息的发射、传送重任,为现代化高科技通讯领域服务。

双峰塔

图片来源：image.baidu.com/i?ct=503316480&z=0&tn

2. 吉隆坡塔

吉隆坡塔（Menara Kuala Lumpur）也被称为"KL塔"，坐落于吉隆坡市中心海拔94米的咖啡山山顶上，塔身净高达421米。吉隆坡塔于1996年4月建成，是一座世界上最高的用钢筋水泥构筑的高塔。据介绍，共使用了45000立方米的混凝土，建成时高度位居亚洲第一、全世界第三。

吉隆坡塔的主要功能在于改善电讯传递方面的清晰度，其最大的特色在于设计时引入了伊斯兰文化概念。塔顶分为8层，看似莲座托着，与莲花形的塔身紧密相扣。说其似莲座，不如说其设计灵感来源于马来人游戏中的巨型陀螺（gasing）。而塔身的装饰风格也透出几缕阿拉伯风情。从塔的地上首层到塔圆顶，装饰着很多伊斯兰图案，玻璃镶嵌的伊斯兰图案也处处可见。塔的设计和伊斯兰图案含意为"七重天"，象征人类追求人生完美的旅程。

尽管和双峰塔相比，吉隆坡塔现在略显逊色，但它仍然是一座值得一顾的高塔，其观景台的高度比双峰塔人行观景天桥还高100米。登吉隆坡塔，搭乘高速电梯仅需一分钟便可到达塔顶，在276米处的观景台鸟瞰吉隆坡，无限美景尽收眼底。

吉隆坡塔

图片来源：http://qiyuan.youth.cn/mjksj/rw/201206/t20120604_2206442.htm

第五章 传统习俗

第一节 婚姻习俗

马来西亚是个多民族的国家,各个民族都有自己独特的婚姻习俗,形成了多姿多彩的婚俗文化。

一、马来人的婚俗

(一)嫁娶

婚俗是马来人最重要的习俗之一,在农村和城市,传统婚俗都得到了较好的传承。马来人的传统婚俗环节多、历时长,严格按照婚俗的每个环节举行婚礼,需要一笔很大的开销。一些家庭条件一般、收入不高的人甚至会变卖家产或借钱来举办婚礼。传统婚姻习俗通常包括以下几个环节:

1. 相亲

马来青年男子到了婚配的年龄,父母便开始为其物色对象,选媳标准通常包括女子的出身、受宗教教育程度、相貌以及两家的关系等。在传统习俗中,选择新娘几乎由父母全权负责,父母物色好人选后再列出几个候选对象让其子进行选择。不过如今在很多马来人家庭,特别是受过西方教育的家庭里,基本已由孩子自由选择结婚对象。

按照马来婚俗,男方父母会十分慎重地为自己的孩子选择伴侣。有了一些较为合适的人选后,父母将对这些女孩进行调查考核。他们首先会去征求亲友们的意见,然后询问女方的一些情况。在马来西亚有一句谚语,"若要向女孩求婚,先得向女孩的父母'求婚'"。因此在相儿媳的过程中,男方父母不仅会看女方自身的条件,还必须征询女方父母的意愿,获得他们的同意。

在过去,准公婆十分看重女方是否掌握一些持家手艺(现在有许多人也是如此),如烹饪和缝纫。而最被看重的是女子能否流利悦耳地诵读《古兰经》(无论她是否理解其内容),这比其他方面的教育更为重要。

综合了所有关于女方的信息，决定了儿媳的人选后，男方父母在去说亲前，会派亲戚朋友(通常为女性)到女方家中做最后的考查，私下了解女孩的品质。通常，派使者去女方家里之前不会向女方家发出任何通知，这有其特殊的意义。从前(现在一小部分农村人也是如此)马来人相信当使者来到女方家里时，如果女方正在洗澡或清洗其他物品，则是好的征兆，预示着两人婚后生活幸福。而如果此时女方正在家里做饭，则是不好的征兆。马来人还相信，如果使者在去往女方家的路上因故受到了延误则预示着两人婚后生活不会幸福。但现在大部分马来人，包括城市以外的马来人都已不再迷信这一说法。结束考核之后，男方家庭会集体商定求亲的日期和相关事宜。

2. 定亲礼

男方家长在商定好的日期去女方家提亲，而女方家长一般不会立即应允，而是依照习俗，表示需要与其他亲戚商量决定(虽然可能早已同意婚事)。通常这需要等待几天、最多一周的时间，男方家长才会得到女方家长肯定的答复。随后女方家长会派亲戚(有男有女)去男方家表示接受提亲，并商讨结婚的相关事宜和条件，包括聘礼的多少、结婚费用的支付和婚礼的日期等。

在真正的婚礼举行之前，常常还会办一个比较正规的订婚仪式。在定亲礼当天，两家都会举办宴会招待客人。有的新郎会在送亲队的护送下带着信物和其他礼物来到新娘家参加定亲礼。作为定亲信物的通常是戒指，其价格视男方家的经济实力而定。随戒指赠送给新娘的礼物通常还有：布匹、纱笼或鞋子、糖果、水果等。女方如果接受了信物，则男女双方需遵守以下传统规定：

（1）如男方因任何理由不能迎娶未婚妻的，订婚戒指和其他礼物不能收回。

（2）如女方因除死亡以外的任何理由未能履行婚约的，需按照所收礼品的两倍偿还于男方。

除此之外，马来

定亲礼品

图片来源：https://lh4.googleusercontent.com/—ahUmjjgj2is

婚俗中还有两种订婚方式，一种是男女双方父母关系密切，且看中了对方的孩子，便在孩子年幼的时候就为其定下终身。另一种是男女双方按照双亲的遗嘱结亲。这种方式不一定要信物和契约，亲事定下来后，要在女方家中举行订婚仪式。

3. 宣誓礼

宣誓礼是唯一由伊斯兰教和法律规定的能够保证婚姻合法性的仪式，其他仪式都只是传统风俗需要。过去在宣誓礼前的一至两天会举行下聘礼的仪式，但现在可能是出于节约开支的考虑，两个仪式通常同时举行。除了聘金和结婚的费用外，男方带给女方的礼物还包括：镶宝石的戒指、足够做一套新娘上装的丝绸布、两匹丝绸纱笼布、各种糕点、各种水果、装有桲叶（也叫蒌叶或蒟酱）的桲叶盒（仪式后须归还）、一两只银质或黄铜质茶壶（须归还）。

上述礼物将随新郎的送亲队伍被带到新娘家中以举行宣誓礼。新郎身着哈吉服或简便的马来传统服饰参加仪式。送亲队伍一抵达新娘家便会被请到家中。新郎进屋后坐在摆放于主屋显眼位置的坐垫上，紧靠着宗教法官。带来的所有礼品被放置于主屋的中间，其他宾客排成两列坐于主屋两侧。

随后，宗教法官选择两名宾客作为代表接收并整理聘礼，并作为证婚人为宣誓礼作证。两人整理完聘礼后，除了桲叶盒、茶壶和花盘（如果已准备），所有的聘礼被送予女方家庭。之后在两名证婚人的见证下，宗教法官登记新郎的名字，并用手抓住新郎的右手，首先用阿拉伯语（非强制规定），随后用马来语说道：

"某某先生，你与某某女士结成夫妻，聘金×××令吉（现款/暂欠）"

马来婚俗允许暂欠聘金，也不用限定清还日期。因此，宗教法官在念完聘金数额后会附加说明聘金为"现款"或"暂欠"。随后宗教法官紧握住新郎的手提醒新郎要坚定、准确地回答：

"我接受与某某女士成婚，聘金×××令吉（现款/暂欠）"

如果新郎坚定而清楚地对在座宾客，特别是两位证婚人进行了上述回答，则宣誓仪式被宣布有效。宣誓仪式后，新郎会从宗教法官和岳父开始，与所有宾客行握手礼。之后，新郎被护送回家宴请宾客。

与此同时，新娘家举行的宴会上也会为新郎准备饭菜并送到新郎家。新郎会邀请几个要好的朋友共进早餐。

宣誓礼

图片来源：http://zieraladycake.files.wordpress.com/2008/05/hr—14.jpg

4. 饰发和修牙

在过去，新娘还有饰发和修牙的习俗。在宣誓礼举行前的三天甚至更久，新娘会请饰发师修剪整齐额前的头发和眉毛（通常新郎也有此做法），修齐牙齿并抛光，使其更加美观。但现如今仍旧坚持这一传统习俗的人已不多，只有农村偏远地区的新娘还保持着请饰发师在家里饰发的传统，城镇的准新娘们更喜欢去随处可见的美容店里请美容师饰发。

饰发后，新娘会用掺桔皮的水沐浴身体，按照马来传统，用掺有桔皮的热水沐浴能够洗去新娘身上的霉运。沐浴之后，当晚睡觉之前，准新娘要染指甲，并在手心和脚的边缘涂上指甲油，于第二天早上风干。在此之后会举行一个形式上的染甲礼。

5. 染甲礼

新娘的手背染上精美的纹案

图片来源：http://farm6.static.flickr.com/5301/5685214377_25826f9027_z.jpg

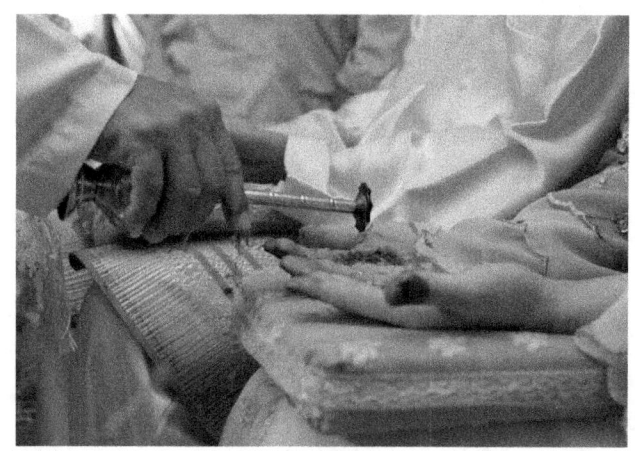

染甲礼

图片来源：http://images.says.com/uploads/story_source/source_image/362479

染甲礼也分三个阶段：第一阶段是私染。私染于新娘染甲后第二天的下午在新娘家举行，新郎不参加仪式。第二阶段是小染。小染于私染后第二天下午在新娘家举行，新郎也不参加仪式。第三阶段是大染。大染是最正式的一次染甲仪式。新郎来到新娘家后坐于婚座上，而婚座通常放置于所有宾客（大部分为女性）前。新郎身前放置一个大的高脚托盘，里面放有三个碟子和一个用香草叶子扎成的喷水器。三个碟子里分别盛放着黄姜米、米花和山姜水。托盘中间放着指甲油（一种用凤仙花熬制的酱）。

大染开始时，几个男性宾客依次登上婚座，将黄姜米和米花撒在新郎左右肩。然后用喷水器蘸上山姜水，喷在新郎的双手手背上。最后，宾客从托盘中间取一些指甲油蘸在准备好的栳叶上，再将栳叶置于新郎手上。然后新郎新娘双手合十，高举到胸前，向主持人和在场宾客致敬道谢。所有想参加的宾客都能参加这一仪式，但按习俗规定，参加仪式的总人数需为奇数。

男性宾客完成仪式后，轮到由女性宾客按完全一样的方式举行仪式。在所有愿意参加仪式的宾客都完成仪式后，男宾客中将会出一位代表诵读祝福祈祷。之后新郎回自己家，由新娘重复同样的仪式。染甲礼结束之后，新娘家会设宴招待宾客。大染举行的宴会相比私染和小染要盛大得多。另外，过去有些新郎也会自己在家举行染甲礼，但现如今已少有人这样做。

6. 并坐礼

并坐礼

图片来源：http://image.baidu.com/i?ct=503316480&z

"并坐礼"在马来传统婚俗中是整个婚礼的高潮，这个礼仪是受印度教影响逐渐演变而成的。因此，它带有伊斯兰教和印度教的双重色彩。对于一对新人来说，"并坐礼"是最重要的仪式，一生仅此一次，是他们永生难忘的瞬间。两位新人若未曾并坐在精心装饰的婚座上，那么他们的婚礼也将是不完整的。对于不完整的婚礼，来宾们也不会愿意出礼金。在城市里，一般情况下礼金数额会达到50至100令吉。

"并坐礼"在女方家举行，举行的时间一般在宾客最多的中午时段。受邀观礼的亲友如期赴约，同时带来礼品，主人家将礼品逐一登记。举行"并坐礼"时，新娘要先坐在"婚座"上，新郎则同时率娶亲队从家中出发到女方家，新郎着马来民族传统礼服，与伴郎跟在娶亲队后面。娶亲队由一群鼓手、一名手持梧叶盒的人和两名手持烛台的人组成。一路上敲敲打打好不热闹。进入新娘家前，新郎会先观赏到由同村的年轻人表演的扎宾舞和马来传统武术"班扎希拉"（pencak silat），而后女方的男性亲友会向新郎索要"青包"，新郎需给他们一些钱财方能进入新娘家。之后在坐上"婚座"前，还会有女性亲友索要青包，其中也包括新娘的母亲，新郎给新娘母亲的青包的数额会远多于其他人。新郎进入新娘家后，即被扶上装饰一新的"婚座"的右边。婚座是两把豪华典雅的高背靠椅，四周装饰着鲜花，类似于马来王宫内国王处理朝政大事的宝座，设置在厅堂的显要位置，高于地面，分两层，有双人床般大小。盛装的新人坐上去，宛如国王和王后。他们坐好后，面带微笑，很有礼节地接受人们的青包和礼品。这时，前去迎亲的娶亲队要念诵《古兰经》。新娘的母亲从高脚铜盘上取一点姜黄饭放在新娘二指之上，抬起手作喂新郎状，然后用同样方法，抬起新郎的手作喂新娘状。最后，新郎和新娘双手合十，向人们表示感谢。接下来三天，新郎新娘在家中接待客人，第三天晚上，二人才能同睡一室，但还不得行房。七天后，新郎携爱妻回家，在新郎家也举行一场婚礼，摆下丰盛的宴席款待宾客。之后，新婚夫妇拜别男方父母，就此长住女方家。但现在也有长期在男方家居住的，还有独立门户单独居住的。

7. 沐浴仪式

过去，在沐浴仪式举行之前还有一个十分重要的风俗。新郎新娘同睡的第一晚后的第二天早晨，新郎需要提供新娘童贞的证据。根据习俗，新郎需要将一块白色的手帕展示给双方父母以作为证据。在过去，新娘童贞的证据对穆斯林十分重要。在执行沐浴仪式前必须要有此证据。极端的情况下，无法提供证据甚至会导致双方立即离婚。

双方父母确认了新娘的贞洁后，沐浴仪式才会开始。在沐浴仪式上，新郎和新娘不穿婚服，仅着普通的马来服饰再次坐于婚座之上，面对着亲朋好友开始进行沐浴仪式。沐浴仪式由专人主持，内容很简单，只需主持者用手蘸上桔皮水溅洒在二位新人的身上及四周即可。10到15分钟后，他们走下婚座，坐于摆放在主厅或其他房间里的一把长凳上。仪式结束后，新郎和新娘一人牵着手帕的一个角，一起回到卧室。之后新郎新娘会将手帕作为礼物赠予主持人，马来人相信它有辟邪的作用。

沐浴仪式

图片来源：http://www.hy960.com/show.asp?no=3805

8.离婚

马来人的离婚通常按照伊斯兰教规办理,一般不受政府离婚法的约束。离婚方式有以下几种:第一种是"答拉",即丈夫随时在证人面前宣布"答拉",即可同妻子离婚。第二种是"卡尼答力",这是指婚后丈夫长期不在家,妻子可以提出离婚。第三种是"巴沙",即丈夫抛弃妻子,或长期不赡养妻子,妻子可以提出离婚。第四种是"德布斯答拉",指妻子要恢复人身自由,就要给丈夫相当的钱财;如果丈夫无故休妻,丈夫也须付出一定的赡养费。按规定,离婚100天后双方可重新婚嫁;100天内如双方同意,可以复婚。无论上述哪种情况的离婚,都要按照规定的手续办理登记,领取离婚证。近年来,有些州的宗教保守团体和人士提出丈夫可以采取用手机连发三遍"我要与你离婚"的短信,即可与妻子离婚,而不需征得妻子的同意。该主张引起马来社会的广泛关注和讨论,许多马来人认为该做法过于草率,即使有法律效力,自己也不会采取。

二、华人的婚俗

华人传统婚礼

图片来源:http://3.bp.blogspot.com/_yyjryfuFQ8E

马来西亚华人的婚俗基本沿袭中国汉族的传统。过去,华人在结婚之前需配"八字",但随着人们思想意识的提高以及科技的发展,这些颇具封建迷信的做法已经慢慢被弃除。一些比较传统的婚姻习俗基本还保留着,如提亲、下聘、订婚、纳采、选择良辰吉日、成亲等这一整套程序。此外,华人婚礼在一些细节上体现出马来文化的影响,早期华人就曾以槟榔和栳叶作为聘礼。成亲的日子确定之后,双方家长会将其写在大红的纸上并张贴出来以广而告之。滚床是华人传统婚俗中的一环,即由一个父母健在且健康的男孩在新人的床上打滚,以示祝福。此外,婚礼前的梳头仪式也非常重要。婚礼前夕,新郎新娘都要在自己家中换上洁白的衣服,于子夜时举行梳头礼。正式的婚礼一般持续一整天,新娘会穿上漂亮的新娘服,头戴凤冠恭候新郎的到来。新人见面之后,两人会一直住在新娘家,直到第12天,两人方能回新郎家。华人的传统婚俗礼仪较多,繁琐而复杂。随着华人日益受到西方文化的影响,传统的婚俗已慢慢被人遗忘,取而代之的是越来越西化的婚礼仪式。新人在结婚时,身着婚纱、西装已经越来越普遍了。

三、印度人的婚俗

印度人的婚俗基本上还保留着其传统的色彩。印度人的家庭观念很重,婚礼这一过程也备受重视。在举办正式的婚礼之前,印度教牧师要先进行占卜以选择良辰吉日。在牧师的主持下,婚礼常常在半夜或者启明之时在新娘家中或者寺庙中进行。在一个临时搭建的四角空间里,印度教徒们点燃篝火,向神灵祈祷新人婚姻美满,生活幸福。

四、其他民族的婚俗

马来西亚一些少数民族中自古以来盛行婚事从简的风尚,萨曼族就是这样。这个民族的男子想成家,必须具备负担一家人生活的能力,靠自己伐木建房、筹备家具、添置必需的日常生活用品,有强健的身体。女子婚嫁的条件一是要达到年龄要求,二是通过对一些生理变化的观察判断姑娘是否已发育成熟。萨曼族的婚礼简朴、热烈,持续一天时间。新郎新娘的婚礼服同一颜色、同一布料。新郎的头饰是用新鲜的树叶编织而成的帽子,新娘身上装饰着用新布搓成的布条。在司仪的主持下,新郎、新娘向长辈和亲友们鞠躬致谢,并互相鞠躬致谢,以表示夫妻恩爱。

伊班族人的婚礼也很特别。订婚的时候,男方先向女方家送去糕点、白酒,给女方的邻居也送上一小包糕点。订婚后不久,即可在屋长的主持下完婚。举行婚礼的时候,新郎、新娘同坐在一面大铜锣上,屋长则手持大公鸡在他们头上舞动几下,为他们驱邪,也为他们祝福。

第二节　丧葬习俗

一、马来人的丧俗

在信仰伊斯兰教的马来社会，人们按照伊斯兰教相关规定操办丧事。根据伊斯兰教教义，人死后必须在第二天太阳西下之前举行土葬，所以马来人的葬礼过程并不繁琐。

马来人过世后，逝者家属要在第一时间通知当地的清真寺及其管理人员，由他们出面将死讯对外通告，确定葬礼时间，并指派相关人员挖墓穴。丧礼举行时，逝者遗体仰面朝天被置于家里的中心位置，一条白布从头到脚盖住其全身。遗体头朝圣殿方向，双手交叉放于胸前，右手在上。在胸和小腹中间放一把槟榔剪，以阻挡恶鬼侵袭遗体。瞻仰遗体的人会为其念《古兰经》祈祷。通常在遗体前还会放置一个火盆，里面插上点燃的安息香。在停尸期间，家人需保持香火不断。

在下葬前，遗体需由专人仔细清洗。女性的遗体需由女性来洗，男性的则由男性洗，但通常最适合对遗体进行清洗的还是逝者的家人。清洗完毕，在尸体各部位均匀地抹上樟脑粉和檀香木粉，并在腋下等折窝处夹上棉花。随后遗体将被用白布整个包裹住，即"裹尸"。裹尸的过程是：先给逝者穿上不加缝合的白布衣裤，然后在外面缠上白布。逝者头部暂时不缠，待叫来亲属在上面撒些檀香木粉后，才最后裹好。男性的遗体需要被包裹三层，而女性的遗体则需被包裹五层，并套上白色的祈祷服。遗体也须由专人化妆，并加入樟脑防腐。为最后表示对逝者的敬意，家人和其他亲属可以最后亲吻一次遗体，但不得将眼泪滴洒在遗体上。随后遗体将会被供奉于家中或清真寺内。

遗体在入棺之前，逝者的后人将简短致辞，请求对逝者生前所犯过错的原谅，并声明逝者生前所欠债务均有效，债主可向其遗产继承人索还。此后，将遗体入棺。棺材用重量较轻的木头制成，有的用白布绷紧作底，用竹签或木钉把白布固定在棺材四周的板上。然后把棺材放在担架上，再盖上几层好看的长布，最长一层布通常带有刺绣的图案，上面绣着《古兰经》经文。在棺木被抬走前，逝者的家人会在棺木底下来回穿梭三次或七次，表达对逝者的不舍，也使自己日后能不再过于思念。但这一风俗在今天的马来社会已不多见。

之后，便可以将棺木抬到离墓地不远的清真寺去为逝者祈祷。祈祷结束，将棺材抬到墓地，放入已挖好的坟墓内。通常男性亲属需随灵柩前往墓地，而不鼓励女性亲属陪同前往。其原因是过多的恸哭和哀号在伊斯兰教义中是不好的行为，特别是在葬礼上。而马来人认为女性在葬礼上更容易情绪失控。

在入葬填土之前，清真寺的管理人员会下到已挖好的坟墓中，打开棺盖，解开裹在遗体头上的白布，在头的周围塞一些逝者家属已捏好的土块，接着在逝者耳边呼唤穆罕默德的名字，然后盖上棺盖，埋好泥土，并在坟墓上插上两块石碑作为标记，石碑上刻有逝者的名字和生卒年月。随后，请长老坐在墓边已备好的席子上，为逝者低声祈祷。祈祷完毕，按从头到脚的顺序在坟上点撒檀香水和鲜花。最后，将席子、香水瓶子等物件送给为逝者祈祷的人，并付给一定的酬金。亲人在逝者去世的第3天、第7天、第14天、第40天、第100天和每年逝世纪念日都要为死者举行祭宴。在马来西亚的一些地方还会举行一种填石仪式。亲人离世100天后，死者家属来到坟前，用小石块儿填平坟墓，并在坟墓周围立上小栅栏。

运送遗体

图片来源：http://www.grp33.blogspot.com

为死者祈祷

图片来源：http://grp33.blogspot.com/

二、华人的丧俗

中国的传统丧葬习俗在马来西亚华人社会得到了较好的传承，并在传统规定的基础上又融入了一些当地的习俗。当有人亡故时，亲人要为逝者擦洗身体，涂上香油，并为遗体化妆，表示对逝者的尊重。亲人还会为逝者穿上漂亮的衣服（通常为结婚时所穿婚服，马来西亚华人都会一直保存自己的婚服），戴上各种首饰。棺材的外部也需精心雕琢，有钱人还会给棺材镏金，以显示逝者生前的地位。在整个葬礼期间，家人需身着黑色丧服，禁止穿着红色或带花的服饰。为逝者守灵和送葬过程中，人们必须得大声哭喊，以示哀痛。过去，棺材由专人抬到墓地下葬。如今，人们多用小卡车运送装有遗体的棺材，一路上抛撒纸钱，并播放哀乐或逝者生前爱听的歌曲，直到入土为安。作为陪葬品随逝者下葬的还有逝者生前常用的一些物件。坟头也讲究大和外形的好看，以显示死者生前的地位，在阴间也能住得宽敞。下葬后，死者家人还需为其守孝多日。

华人的传统丧礼程序比较复杂，过程繁琐。但随着社会的发展，越来越多的华人开始改变了丧葬方式，简化丧葬仪式。

三、印度人的丧俗

印度人相信轮回转世，死亡只是灵魂和肉体的分离，是肉体陨灭，灵魂回到冥间的过程。马来西亚印度人社会通常采取的是火葬或土葬。举行葬礼时也有许多风俗和仪式。

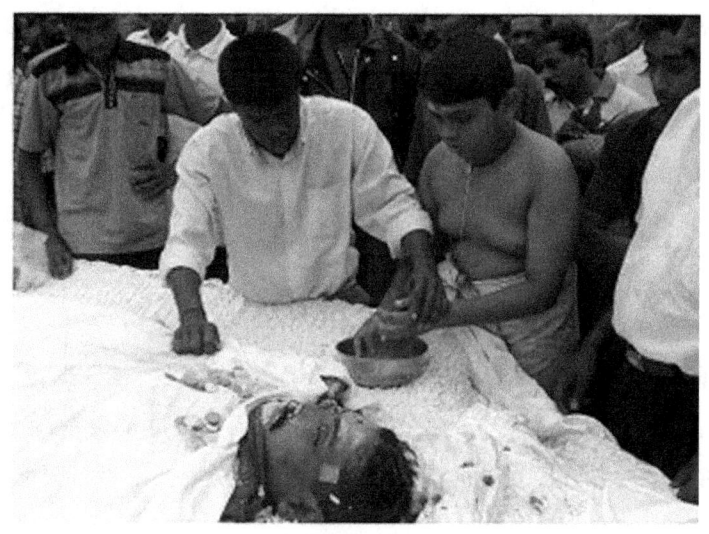

图片来源：http://4.bp.blogspot.com/_ZpZHsIIvJws/THStKIf5FDI）

如果有人离世，先会对其遗体进行沐浴。为了沐浴遗体，逝者的男性家属会打来沐浴用的河水和井水，用一个大水瓮装着，并用"托蒂"布缠绕密封，防止灰尘进入水瓮。在沐浴前，亲人还要在遗体的头部涂抹上油和粉，涂抹时需用手背而不是手心。最后，才由长者为逝者的遗体进行沐浴。沐浴完毕后，亲人会为遗体穿上新衣服，女性穿上"沙丽"，男性穿上"托蒂"。然后遗体被放置在客厅或是院子里。停尸时，遗体的头朝南，旁边放一盏点燃的油灯，一个劈开的叶子以及栳叶和槟榔。室内还会熏安息香和樟脑丸让逝者的灵魂得到安宁。停尸期间，逝者遗体需得到悉心看护。遗体四肢须捋直，双手大拇指用白布绑在一起放于胸前，两脚的大拇指也需用白布捆绑，并合上遗体的双眼和嘴，用黄姜擦拭遗体双眼防腐，并在额头上放一枚硬币。将捣碎的栳叶和槟榔插入遗体的口中和鼻孔中，并塞上棉花。然后才开始全身范围的裹尸。最后，在全身洒上水，并熏安息香去味。为了表示哀悼，房间内悬挂的照片全部翻面悬挂，装饰性的陈设也要全部移出。遗体被送往墓地的一路上要演奏印度教的圣歌，使逝者的灵魂能够安息。

第三节　传统节会

马来西亚的节日很多，三大民族各有其传统节日，其他少数民族也有自己的节日，全国大大小小的节日有上百个。这些传统节会大多数与各民族的宗教和文化传统相关,是马来西亚多元文化最直接、最清楚的表达。所有的节日当中,政府规定的全国性节日有10个左右。其中少数有固定的日期,其余由政府在前一年公布节日日期。按照时间顺序,马来西亚的主要节日包括:元旦节、开斋节(穆斯林)、春节(华人)、哈吉节、维塞节(灯节)、国庆节、圣诞节、最高元首诞辰等。

一、元旦节

与其他国家和地区一样,马来西亚也要于公历的1月1日举行元旦节(Hari Tahun Baru)庆祝。元旦节当天,在公共广场、酒店、餐厅都会举行气氛欢乐的庆祝活动。在吉隆坡的独立广场,成千上万的狂欢者聚集在此,参与庆祝元旦的活动。

二、开斋节

人们在开斋节互道祝福
图片来源:http://www.sgtoplist.com/wp—content/uploads

开斋节(Hari Raya Puasa)是马来人的新年,也是马来西亚这个以伊斯兰教为官方宗教的国家一年中最重要的节日。马来人庆祝开斋节的方式和世界其他地方的穆斯林基本相同。节日期间,人们会互道"Selamat hari raya!"(开斋节快乐)、"Maaf zahir dan batin."(原谅我有意识和无意识间所犯的过错)。开斋节成为了马来社会人们相互之间获得理解和原谅,亲近关系的最佳时节。

每年伊斯兰教历9月,全国的穆斯林要把斋1个月。在斋月期间,除病人、孕妇、婴儿等特殊人群之外,所有的穆斯林不能在白天进食,夫妻不能行房事。

他们通过禁欲的方式，对自己在过去一年当中的所作所为进行自我反省，向真主忏悔。此外，穆斯林相关组织还会在斋月期间开展捐赠活动，以帮助尚有困难的穆斯林兄弟姐妹。斋月最后一天下午太阳落山后，马来人，特别是农村的马来人，会在家门口挂上油灯或火把，为逝去的亲人或真主的使者引路。斋月过后的第一天是他们庆祝、狂欢的时刻，即为开斋节。在节日前夕，远离家乡的人们就已相继回家，与亲人团聚，共庆佳节。开斋节当天，人们都穿着传统服饰，男人身着马来服，女人身着巴汝古隆或哥巴雅，于清晨集聚清真寺，进行隆重的祷告仪式。仪式过后，大家相互道祝贺，同时也会彼此说声 "Selamat hari raya" 和 "Maaf zahir dan batin"，感谢彼此的陪伴和扶持，也对以往的过失表示歉意。随后，人们会去墓地祭奠离世的亲人，清扫亲人的坟地，并带上《古兰经》，为逝者祈祷，使他们挚爱的亲人能够得到真主的怜悯。这一天，人们还会相互登门拜访。家家户户都准备了点心、糖果、饼干等各种食物和饮料迎接客人的到来。马来粽、隆东饭和仁当牛肉是开斋节每家每户必备的节日美食。人们一边品尝美食，一边聊天以增进感情，拉近距离。好客的马来人还特别喜欢其他民族人士前来拜访，把他们的来访看做是十分荣幸的事。

三、春节

华人逛庙会、舞狮庆祝春节
图片来源：http://image.baidu.com/i?ct=503316480&z=0&tn

春节（Hari Tahun Baru Cina）是马来西亚华人最为隆重的节日，也被马来西亚确定为全国性法定节日。马来西亚的华人和其他地区的华人一样，大致保留了中国庆祝春节的传统习俗。欢庆春节的活动始于农历的腊月，有些华人从腊月初八的腊祭或腊月二十三或二十四的祭灶仪式开始过小年，腊月三十过大年，一直到正月十五元宵过后春节方才结束。庆祝腊八时，人们会用各种谷物熬制一种特制的"腊八粥"。而在小年夜，华人也会纷纷准备各种特色糕点和水果，如橘子、糯米饭、年糕等，供奉给灶神。其中，大年三十和正月初一是整个春节庆祝活动的高潮时段。大年三十晚上是华人家庭的团圆之夜。人们烹制各种美味的菜肴，如鱼、发菜等，不仅象征着蒸蒸日上的生活，也暗含了年年有余、新年发财等彩头。在除旧迎新之际，华人也会燃放鞭炮，举行祭奠祖先和神佛的仪式。大年初一，人们常常会把斋一天，示意要把"灾"吃掉。人们在新年初次见面之时，要说一些吉利话。晚辈给长辈拜年，长辈一般会派发红包。春节期间，华人社区会举行各种各样的庆祝活动，如舞狮、春节晚会、庙会等。华人亲友们会相互登门拜访，习俗与中国汉族春节大致相同。随着华人在马来西亚经济、政治等各领域地位的提升，春节这一天，即农历新年的第一天，已被政府规定为公共假期。华人在这一天会举行团拜，国家总理及其夫人以及政府官员还将亲自前来祝贺，并给舞狮者和儿童发放红包。

四、哈吉节

哈吉节（Hari Haji）又名"古尔邦节"、"宰牲节"，是穆斯林的盛大节日之一，属于全国法定假日，日期是伊斯兰教教历12月10日。哈吉节的起源与先知易卜拉欣有关。相传易卜拉欣年迈无子，便向真主祈祷，终求得一子易司马仪。在易司马仪长大成人之时，真主托梦给易卜拉欣要以其子为祭，考验他对真主的忠诚。于是易卜拉欣就决定杀死易司马仪以示忠诚。但正当易卜拉欣举刀的时候，真主遣使者吉卜利勒送来一只羊代替易司马仪献祭，宰牲节由此而来，也即成为广大穆斯林向真主表达虔诚的重要节日。每年哈吉节这一天，也是穆斯林朝觐的最后一天，马来西亚的穆斯林们会在家中准备各式糕点庆祝节日的到来，并纷纷到清真寺祈祷，向真主感恩。经济条件允许的人家，还会特地宰杀一头羊，也可用牛或骆驼来代替。宰杀时要面向麦加，虔心祷告。宰好的肉分成三份，一份自己食用，另外两份再分成若干小份，一部分送给亲友，一部分施舍给穷人。每年马来西亚政府还会组织一批穆斯林到麦加朝圣。凡是去过了麦加朝觐的穆斯林，男性会在名字前加"哈吉"，而女性则加上"哈贾"的头衔，这也是为何宰牲节在马来西亚又被称为哈吉节的重要原因。

五、卫塞节

迎佛花车游行
图片来源：http://image.baidu.com/i?ct=503316480&z

马来西亚的华人多信奉佛教，而卫塞节（Hari Wesak）是马来西亚佛教徒最重要的宗教节日，也是马来西亚的公共假日。"卫塞"意为佛历的6月15日（农历4月15日），即卫塞节这天，是佛陀出生、成道、觉悟及涅槃的纪念日。每年这天，马来西亚全国各地佛教徒都会举行相应的庆祝活动，各大寺庙张灯结彩，热闹非凡。佛教徒集聚其中，敬献香火，颂扬佛祖恩德，放飞和平鸽，祈求和平安详、国泰民安。此外，马来西亚佛教组织还会在节日之际举办各种佛学讲座，弘扬佛法。街道社区或者地方佛教团体常常组织迎佛花车大游行，也有些人以个人名义积极组织佛教徒行善积德，帮穷扶困。而佛教徒最看重的是浴佛仪式，佛寺里百盏平安灯将大厅照得通亮，耳边佛乐悠扬，浴佛池里盛满清水，佛教徒们纷纷举勺舀水，轻轻洒在佛像身上。晚上，佛寺中的平安灯逐渐照亮夜空，白天的嘈杂缓缓远去，善男信女们安静盘坐于佛堂之中，聆听僧侣诵经。晚上各家都会食斋，且会自觉向僧侣们布施，各家门前挂满各种形状的灯笼，象征佛灯长明，吉祥如意。虔诚的佛教徒还会在路边搭起简易的棚子，提供茶饮，免费供给路人。每一年的卫塞节，马来西亚各地都举办迎佛花车游行，每隔10年举办一次全国性大型迎佛花车游行。可以说，卫塞节是马来西亚华人社会的一场集体精神洗礼，对佛陀的信仰和对佛教从善的笃信成为人们相互信任和扶持的信心源泉。同时，佛教徒在卫塞节这一天的大型庆祝活动，也使佛教文化逐渐侵染了整个马来西亚社会，成为全马各族人民的一场精神盛宴。

六、大宝森节

虔诚的印度教徒
图片来源：http://image.baidu.com/i?ct=503316480&z

　　大宝森节（Thaipusam）是印度教徒忏悔和实现诺言的节日，是印度教徒向神灵卢穆干王表达敬意而举行的奉献礼。传说这一天是湿婆和雪山女神的幼子战神卢穆干的生日，他得到了雪山女神的馈赠——一支长矛，并用它消灭了魔鬼。每年在泰米尔历的10月满月时（大概在公历的1月或者2月份）举行庆祝仪式。节日到来之前，马来西亚的印度教信徒们会先做好许多准备工作：用采摘的各色花朵做成花串；购置叶子、橡胶、菠萝、槟榔等供神使用；到河水中净身，而节日当天负责肩扛神龛的信徒得提前一个月斋戒沐浴。大宝森节最隆重的祭祀仪式在吉隆坡北郊的黑风洞举行。黑风洞是马来西亚印度教徒朝拜的胜地，洞中供奉着卢穆干神的巨大雕像，洞壁上有印度教神话人物的彩绘。节日当天，人们在距离黑风洞15千米的斯里玛哈尼曼印度庙集合。凌晨4点，人们赶着装饰鲜花的牛车，近百名壮汉用绳索牵着牛，另有3000人随行负责抬神辇朝着黑风洞走去。游行队伍中的印度教教徒会以各种方式表达对神的虔诚，如用银针刺穿舌头、双颊，也有的教徒戴着枷锁，在背部嵌入无数个小铁钩，铁钩上还挂着鲜花和水果等。他们一步一步踏上272级台阶，登上黑风洞，以此来向神灵表达诚意，同时通过对肉体的自我折磨来向神灵忏悔。一路上还不断有印度教教徒迎送，并奋力向路上摔椰子，祈求一年平安幸福。大宝森节是马来西亚印度教徒的盛大节日，在半岛的槟榔屿、霹雳、雪兰莪、森美兰、柔佛和吉隆坡，大宝森节还被政府规定为法定假日。

七、圣纪节

圣纪节（Hari Maulud Nabi）是伊斯兰教的三大节日之一。相传穆罕默德的生日和忌日都在伊斯兰教历的3月12日这一天，因此圣纪节也称"圣忌节"。圣纪节是马来西亚穆斯林的重大节日，每年节日当天，数十万穆斯林穿戴整齐，在国家元首的率领下，前往吉隆坡国家清真寺举行隆重的祈祷仪式。期间有长老在仪式上讲经，主要讲述穆罕默德的生平及创建伊斯兰教的伟大功绩和在传教的过程中经受的种种磨难，目的在于让穆斯林永远记住穆罕默德的功德，同时学习穆圣谦逊、廉简的品德和坚韧不拔的精神。之后，人们会举行盛大的游行庆祝活动。一般来说，穆斯林在圣纪节时不会把斋，而是在各自的家中准备许多好吃的食品庆祝，大家围坐一堂，讲述和缅怀穆罕默德的丰功伟绩。

八、最高元首诞辰日

检阅军旗仪式
图片来源：https://army.mod.gov.my/images/stories/Buletin

最高元首诞辰日（Hari Keputeraan Rasim Seri Paduka Baginda Yang Di-pertuan Agong）是为庆祝最高元首生日而设定的节日。由于马来西亚的最高元首是由各州世袭苏丹轮流担任的，任期5年，所以最高国家元首诞辰日的具体日期会随最高元首的换届每5年更换一次。

节日当天，首都吉隆坡会举行各种庆祝活动，其中最主要的活动是在独立广场举行检阅军旗仪式，由国家元首检阅五面皇家军旗和三军仪仗队。检阅仪式当天，国家元首和国家元首夫人在护航队的护送下到达独立广场，仪仗队向国家元首表示最崇高的致敬，皇家炮兵军团会鸣放21响礼炮。分别悬挂马来西亚国旗、国防卫队军旗、陆军旗、皇家海军旗、皇家空军旗的军用直升机飞过独立广场上空；同时，军乐团演奏国歌《我的祖国》。随后开始进行分列式的表演。待分列式结束，最高元首检阅完部队后，仪仗指挥官向国家元首报告结束，仪仗队向元首致敬，五架军用直升机飞返通过独立广场。国家元首和国家元首夫人在护航队和皇家卫队的护送下离开独立广场。检阅仪式过后，在国家王宫举行的晋谒及授勋典礼是节日里的另一项重要活动。国家元首将在王宫内公开表扬和册封社会贤达。出席者包括国会和内阁成员、外国使节、受邀嘉宾以及受封人士。授勋仪式开始前，总理宣读蓝皮书，由外交使节团宣读贺词，然后由国家元首发表御词。仪式开始时，国家元首亲自向对国家和社会作出杰出贡献的人士授予勋章和奖章。马来西亚的联邦荣誉制度包括9个项目和28个等级，仪式上授予的是代表最高成就的勋章，获得这些勋章的人士相应地可以拥有敦、丹斯里和达图等头衔。授勋仪式结束后，由联邦直辖区的宗教司带领众人祈祷；当宣布典礼结束时，皇家警察乐队奏起国歌，所有嘉宾起立恭送国家元首离开。节日当天首都吉隆坡举行的一些其他活动还包括免费看电影和欣赏文艺节目，王宫向公众开放参观等。全国的清真寺在这一天还会举行特别的祈祷仪式。

九、丰收节

丰收节

图片来源：http://image.baidu.com/i?ct=503316480&z

砂拉越的达雅族和沙巴的卡达山杜顺族等原住民族会在每年的5月底或者6月初庆祝丰收节（Hari Gawai）。在节日期间，人们会穿上节日盛装，载歌载舞，相互庆贺。各种庆祝活动丰富多彩，如传统歌舞演出、斗鸡比赛，也有颇具现代风情的选美比赛。祭祀是丰收节不可或缺的一环。人们准备丰富的菜肴供奉神灵，感谢神的眷顾，也祈求神灵在来年继续庇佑这一方水土。卡达山人信仰稻神，在各种庆祝活动开始之前会举行严肃的祭祀仪式。祭拜的人群会带七份相同的祭品来到一个为丰收节而专门搭建的大棚当中，在巫师的主持之下行跪拜礼。在祭祀活动结束之后，人们方可回到各自的村庄举行庆祝活动。达雅族和卡达山杜顺族在庆祝丰收节时，常常会邀请宾客一同参与。他们会在长屋前为宾客举行隆重的欢迎仪式，拿出酿造的美酒供他们畅饮。欢迎仪式结束之后，宾客会被邀请到长屋内，屋长向宾客致以热烈的欢迎词，向来者介绍家族和睦、幸福的生活境况。交谈之后，美味的晚宴正式开始，宾客可以尽情享用各种美食。目前，砂拉越的丰收节已经成为拉动该州旅游业发展的重要文化要素，大批国内外游客纷纷来到砂拉越亲身体验丰收节的魅力。

十、花卉节

花卉节
图片来源：http://image.baidu.com/i?ct=503316480&z=0&tn

马来西亚位于热带雨林地区，气候常年高温多雨，丰沛的降水和充足的日照为植物提供了极佳的生长环境，也带来了种类繁多，丰富多彩的花卉。从2007年起，每年7月，为庆祝花朵盛开，马来西亚各地会举办各式各样的主题花卉比赛，包括花卉摄影大赛、花卉马拉松、插花设计比赛、花卉装饰比赛、花车游行等。为期一周的庆典中，壮丽的花车游行最为吸引人的眼球。花车把整个街道装点得绿意盎然。伴随着花车的还有乐队、马队和舞蹈队，为观众献上精彩的表演。各公园、酒店也会借机推出形形色色的活动，如寻花赛、花展等。整个花卉节期间，举国欢庆，热闹非凡，每年都吸引大批国内外游客前来参观。

十一、国庆节

独立广场前的庆祝活动
图片来源：http://image.baidu.com/i?ct=503316480&z

独立广场前的庆祝活动
图片来源：http://image.baidu.com/i?ct=503316480&z=0&tn

马来西亚国庆节（Hari Kemerdekaan），又名独立日。被殖民统治长达400多年后，在被称为马来西亚国父的东姑·阿卜杜勒·拉赫曼及其团队的争取下，马来亚联合邦于1957年8月31日宣布独立，吉隆坡被定为首都。在当天午夜十二点，英国国旗正式降下，马来亚国旗正式升起。从此以后，8月31日被定为马来西亚的国庆日。官员和政要都要去吉隆坡独立广场参加典礼，纪念当年拉赫曼在独立广场高喊七声"独立了"宣告马来亚独立的时刻。这一天，首都会举行盛大的庆祝游行和文艺演出，电影院也向学生开放观看免费电影。全国人民欢度国庆，以热闹的方式纪念和感谢当年奋力争取国家独立的先辈。

而每年的9月16日为"马来西亚日"，与国庆节是不同的两个概念。1963年，新加坡、沙巴、砂拉越终于摆脱英国的殖民统治，加入马来亚联合邦组成了新的统一联盟——马来西亚联邦。9月16日，马来西亚正式宣布成立，而当天则被定为"马来西亚日"以作为纪念。

9月份还会举行马来西亚节。第一届马来西亚节于1987年举行，目的是加强人们对传统文化的重视，激发文化意识的复兴。人们可以参加各种活动，如文艺表演、手工艺品制作等、品尝13个州的风味美食以及参观拍卖场。大街上，旅店和商场用华丽的彩灯装点，宛如一个装饰大赛。

十二、屠妖节

屠妖节（Deepavali）是马来西亚印度人的重要节日之一，在印度历7月的第一天（大约在公历10月末到11月初这段时期中的某一天）。因为人们每逢在庆祝屠妖节时都会点燃火把或者亮起灯火，屠妖节又常常被称为"灯节"。关于屠妖节的起源有两种说法，一种说法是：传说古时候，印度有一位凶狠的魔王名叫那拉卡苏拉。因为他的凶暴，人们生活在水深火热当中。为救民于水火，天神克里希纳王最终将魔王杀掉。人们因此欢天喜地，便燃灯庆祝。善良的神灵为拯救人们而杀死魔王，明亮的灯光照亮无边的黑夜，屠妖节也由此而来。另一种说法是：罗摩王打败了十首妖魔"罗婆"，结束了14年在森林的流亡生活，返回阿育耶城重新统治国家时，人们兴高采烈地在城里点起灯火，照亮整个城市，使黑夜变白昼，欢迎罗摩王凯旋归来，庆祝光明与正义的胜利。屠妖节对于马来西亚的印度人来说具有无比神圣的意义，也传承了印度人"黑暗挡不住光明"、"邪不压正"的传统理念。这一天，印度教教徒们会起得特别早，在天亮之前以膏油、芝麻油进行清洗，以示身心洁净，然后到庙里祭拜祈福，最后是走访亲朋好友。为了迎接屠妖节，印度人家庭都会准备各种各样的美食，让宾客大快朵颐。在节日前夕，他们也会清扫房屋，买回各种各样的装饰品，其中以各种灯饰居多。虔诚的印度教徒会涌向寺庙，举行祷告仪式。印度教徒还会在这一天清算账目，消解过去的误会和纠结。同时，非印度教徒也可登门祝贺。人们相信，灯节是一切善良和美好相互交融的节日。屠妖节也是马来西亚全国性法定节假日之一。

除上述主要节庆之外，马来西亚多样丰富的节日还包括伊斯兰教历新年、《古兰经》降世日、联邦直辖区日、风筝节、巴兰水节等。除了全国性重大节日，各州也自己规定了一些节日，如各州现任苏丹、州长的生日，都是本州的节日，槟城举办了国际龙舟节，马六甲州有马六甲历史城日和马六甲嘉年华会等。各民族也有各自的传统节日，如华人的清明节、端午节、元宵节、中秋节等，印度人的九霄节、盗火节等，以及伊班人的犀鸟节。马来西亚整年都有丰富的文化狂欢庆典活动，充满了节庆、欢乐和祝福。

第四节　其他习俗

一、生育习俗

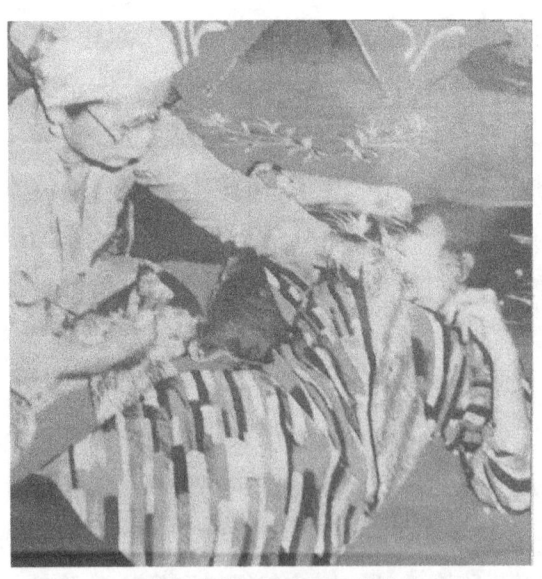

进行中的"摇肚子"仪式
图片来源：http://s23.photobucket.com/user/Syd_Bristow

马来人认为孕妇在怀孕期间必须心情愉悦，才能给孩子的一生带来好运。因此，孕妇在怀孕期间不能听、不能看、不能说不吉利的事物。孕妇从怀孕开始，就不能再动怒、骂人等，并且对牲畜要怜惜，表现出对生灵的仁慈。男人不能理发、不能屠宰牲畜、不能坐门槛等。孕妇在怀孕七个月时会举行"摇肚子"仪式，马来人相信这能矫正胎儿在孕妇腹中的位置，使胎儿的头部朝着子宫颈部位置，有利于顺产。仪式由一名助产妇主持进行，仪式开始时，助产妇将七张颜色各异的布匹一层叠一层置于床上，让孕妇躺在上面。然后助产妇手里抹上棕榈油慢慢地按摩孕妇的肚子。随后，助产妇两手抓住最上面布匹的两角，稍稍提起，轻轻摇晃产妇的肚子后抽出布匹。这样重复直至最底下的布匹被抽出。仪式结束后，孕妇家中会摆宴席款待亲友，并向助产妇支付一定的酬劳。

婴儿出生后，要举行"液涎"仪式。仪式由一名助产妇主持。仪式进行时，助产妇把涎液吐在婴儿脸上，并在产房墙壁上涂槟榔汁，烧上木炭，用其燃烧产生的烟驱魔。随后，助产妇用一枚金戒指为婴儿启唇，掏出口中的秽物，然后把婴儿抱到河边沐浴。马来人还相信婴儿出生后留下的胎盘不能随意丢弃，而需洗净后妥善掩埋。随胎盘掩埋的还有果脯、盐、针、书和铅笔，马来人相信这样能使小孩更聪明、擅学习。胎盘也不能埋得太深，否则孩子学说话会比较慢。出生后的第三天，产妇家中要设宴款待亲友，报送喜讯。孩子满月时也要摆宴庆贺。隆重的"上布摇篮"仪式会在婴儿出生的第44～100天之间举行，目的是庆祝新生儿的诞生，为新生儿祈祷祝福。再过一段时间会为孩子举行剪发仪式，将剪下的头发放进一个敲开的鲜椰子中，以保佑孩子能像椰树一样茁壮成长。

二、姓名文化

马来人的姓名比较独特，因宗教信仰的不同和社会的发展变化而有差异。在古代，因尚未受到外来文化的影响，马来人的名字是根据大自然的现象而取的，如"山"、"水"、"红色"、"暴风雨"等。在印度文化传入后，则以梵文取名，如：杭杜阿、敦·特查。后来伊斯兰教传入马来半岛并成为马来西亚的官方宗教，马来人取名基本上是遵照伊斯兰教的习惯采用伊斯兰教名或阿拉伯名字。其他民族的居民若改信伊斯兰教后，在取名时也需如此。例如，男名有穆罕默德（Mohamad）、法利德（Farid）、马哈茂德（Mahmod）、哈利姆（Halim）等；女名有法蒂玛（Fatimah）、卡蒂佳（Katijah）等。随着时代的发展变化，现代马来人在取名时已不完全遵照上述习俗，如有的人会把夫妻的名字合起来作为子女的名字；有的以孩子出生当天是星期几作为孩子的名字；若出生时父母迁居，就会给孩子取名为南达（Landa）；甚至有的父母会按照儿女排行大小取名，第一个孩子叫苏隆（Sulung），第二个孩子叫雅（Ngah），第三个孩子叫阿朗（Alang），第四个孩子则叫安达（Andak）等。

马来人没有世袭的固定姓氏，子女均以父亲的名字作姓，放于姓名的末尾，其固定格式是"本名+宾（宾蒂）+父名"。男子的名与姓之间用"宾（bin）"隔开，意思是"……之子"，女子则用"宾蒂（binti）"隔开，意思是"……之女"。如马来西亚现总理纳吉·宾·阿都拉萨，"纳吉"是他的名字，"阿都拉萨"是他父亲的名字（即他本人的姓），"宾"则表示纳吉是阿都拉萨的儿子。但现在很多马来人不再沿袭这样的传统，有的在日常使用的姓名中省略"宾"或"宾蒂"；有的将父名缩写后放在本名前，比如，将拉姆利·布迪变成布·拉姆利。女子婚前随父姓，婚后可以自己决定用父名或夫名。日常交往中，不必称呼某人的全名，只需叫其本名即可。当然，也不可叫其父名。在书面语中可以省略父名，但本名不可省略。

许多马来人都有尊称，男子加"赛义德（Sayid）"意为贵人；女子加"沙丽发（Syarifah）"意为贵妇。名字前加"塞义克（Syeikh）"表示此人为学者或宗教倡导者。还有一些放在人名前的尊称是世袭的。比如"迈加特（Megat）"代表此人的母亲出生于贵族家庭，而父亲则为平民；"万（Wan）"表示有贵族血统；王族的后代则尊称为"东姑（Tengku）"或"翁古（Ungku）"。此外，也可在名字后加上"布特拉（Putera）"或"沙（Syah）"，强调某人是王室子孙，意为王子或陛下。当王子成为苏丹或国家元首后，就被尊称为"图安库"（Tuanku），意即陛下。

马来西亚还有一套荣誉封号和官衔称呼可以加在人名前以示尊敬。对国家做出过特别贡献的人，能够获得国家元首授予的一种荣誉封号，这种封号在内阁、议会成员中尤其普遍。例如，凡是获得"统治者勋章"的人都能得到原来只能由贵族世袭的"敦（Tun）"荣誉封号；而获得"国家将士勋章"、"忠诚王冠勋章"的人即可得到"丹斯里（Tan Seri）"封号。其他重要的封号还包括"拿督斯里（Datuk Seri）"、"拿督（Datuk）"以及授予女性的封号"拿汀巴杜卡"（Datin Paduka）等。拿督不仅是荣誉封号，还可以作为对某人官职表示尊敬的称呼，如在"市"前加上拿督的称呼，即可表示市长，而加在"村"之前就成为"村长"。

由于马来人信奉伊斯兰教，去麦加朝觐过的穆斯林也会在自己的名字中加入相关的称号，如男子一般会加上"哈吉（Haji）"，女子则会加上"哈贾（Hajah）"。

另外，名字中"邦（Bang）"表示兄，"卡（Kak）"表示姐，"切（Cik）"表示儿，"多（Tok）"表示长辈。人们在叫唤某个人的名字时也常加上这些称谓，它们几乎已经成为了名字的一部分。综合上述的头衔和称号，马来人的名字往往看上去十分长。例如"拿督哈吉阿赫玛·宾·哈吉马斯兰"这个名字中，"拿督"是他获得的荣誉称号，前后两个"哈吉"代表此人及其父亲都已去过麦加朝觐，而"阿赫玛"是他的本名，"宾·哈吉马斯兰"代表他是马斯兰的儿子。在日常生活中一些比较随意的场合，对马来人只需称呼其本名，即第一个名字即可。但在正式场合，称呼马来人时则需将头衔和姓名加上，这样更为礼貌。对于比较重要的公众人物，也可将其职位称呼一并使用，以示敬意。由于马来人比较看重个人的头衔和称号，因此在称呼对方时，一定要谨慎。

三、日常礼仪

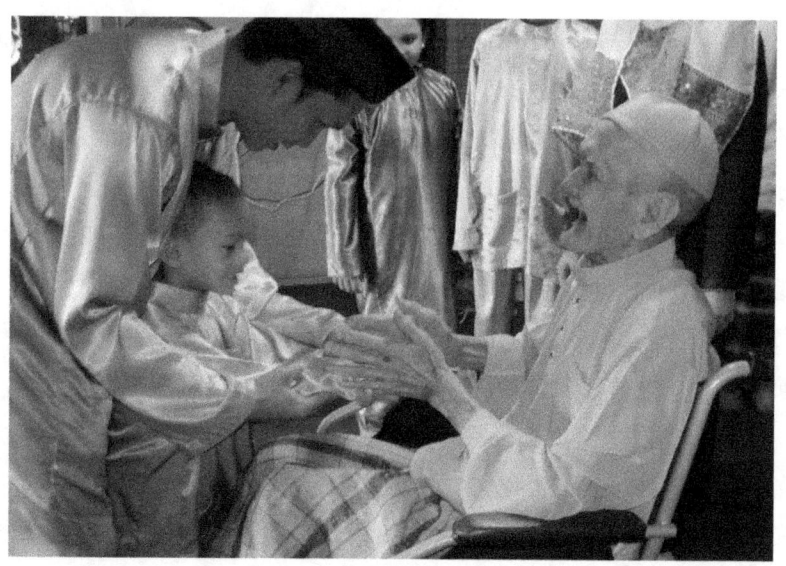

行握手礼

图片来源：http://images.says.com/uploads/story_source/source_image

马来民族十分讲究礼仪，是一个崇尚礼节的民族。在长期的日常交往中，逐渐形成了独具特色的礼节礼仪。在马来西亚，熟人之间见面、话别或相遇时都会相互寒暄、面带微笑点头示意。常说的问候话语是"萨拉瓦来古姆（Assalam Walaikum）"意为"祝你平安"，答复语是"瓦来古姆萨拉（Walaikum Assalam）"，回祝平安。在相互介绍认识时，通常先向他人介绍年长者或身份地位较高的人；

先介绍妇女后介绍男子。而被介绍的人则应该对他人一一问候。马来人见面时的握手礼不同于西方握手礼,其方式十分独特。见面时双方把手掌摊平互相轻轻触摸,然后把手掌收回往脸部由上而下轻轻一抹再用右手往胸前一点。但需要注意的是对不熟识的女士不可主动伸手要求握手。但现在在城市生活中,西方握手礼已经成为最常见的见面礼,各族人民之间都可相互使用。但由于马来人认为左手是不洁的,因此必须注意行西方式的握手礼时不能用左手,只能伸出右手握手。虔诚的穆斯林女性和年长者只对男性作口头上的问候,很少与人握手。

尊敬长辈是马来民族的传统美德。在任何场合,只要有长辈在,晚辈就必须行为规矩、谈吐文雅。如果在马来人家中做客,客人对长辈也要尊敬。晚辈见到老年人时,需行马来人的握手礼,在相互以双手握紧后,把双手朝向胸前作抱状。与别人见面时,尤其是从别人或者老人前面走过时,都要微微欠身以示礼貌。

马来人热情好客,讲究时间观念,客人一定要按邀约的时间去主人家做客,衣冠要整洁大方。可以带一些椰子、槟榔、香蕉、糕点之类的小礼物,略表心意,主人会乐意收下。进门见到主人后要道声"萨拉瓦来古姆"表示问候。马来人的内厅也是祈祷的地方,因此进屋前须脱鞋。若此时家中已有其他客人,要先介绍自己,行握手礼致意。进屋后主人与客人一般都是席地而坐,男性可以双腿分开交叉坐,而女性则只能双膝并紧着席,臀部落在脚跟处端坐。如坐于座椅上时,双腿不能分开,不能跷二郎腿,更不宜将鞋底对着主人。

马来人用餐十分讲究卫生和礼节,必须用右手取食,否则会被视为不礼貌。进餐前须把双手洗净,在摆放的各种食品和菜肴之间,会放有几碗清水专供洗手用。客人即使事先已把手洗净,在用手取食前,仍要出于礼貌,把手放在水碗中蘸湿。在主人家不吃不喝或少吃少喝都是对主人的不敬。如果主人向客人端上一盘菜,即使已经吃饱,也最好尝一尝以示尊敬。马来人用餐时一般由晚辈为长辈盛饭,盛的饭要适量,不宜过多或过少。吃饭时每道菜要由长者先尝,不能让长者吃残羹冷炙。取菜时如果菜离自己太远可以让旁人帮忙来取。吃饭时不宜谈话,特别是嘴里有饭时。取菜时最好用左手挽起袖口和所戴手镯。盛饭或舀汤时不要发出声响,否则也被认为是不礼貌的行为。和主人交谈时也需注意,不要谈论不合适的话题。若未见到女主人,最好不要询问女主人的去向。不要谈论马来人的政治地位及宗教上的敏感问题。在屋内与人交谈时宜语气缓和,不宜大声喊叫。在主人屋内不要吹口哨,否则也会被认为没有礼貌。马来人豪爽大方,如果客人太过热情地赞赏他的某件物品,他就会坚持把这件东西送给你。因此,拜访马来人时,客人的态度要热情而又适度,注意上述礼节禁忌。

四、日常禁忌

由于各民族传统和不同宗教的影响,马来西亚社会有很多禁忌。在社交活动中表示亲热会令人反感。与人见面时不可采用西方式的拥抱或亲吻,如果对方是异性,更不能与其有身体接触。从平躺着的人身上跨过去被认为是一种具有侮辱性的行为。马来人认为脚是身体最低最脏的部分,不能用脚碰触任何东西,坐下来时应把脚平放在地上,不能把脚底或鞋底对着对方。左手也被认为是不洁的,因此不要用左手触碰人或东西,切记不能用左手与他人握手。另外,马来人忌讳摸头,认为摸头是对人的一种侵犯和侮辱。除了教师和宗教人士之外,任何人不可随意触摸马来人的背部。如果背部被人触摸,意味着厄运将会来临。打手势召唤他人时,要掌心向下,不能用一个手指头叫人。由于黄色是马来西亚王室专属的颜色,所以在有王室成员出席的场合,其他人不可穿黄色的衣服。

马来人生性好客,若要拜访马来家庭无需预约,主人都会热情待客。但需要注意的是最好不要在马来人每天祷告的时间里去,以免给主人添麻烦。穆斯林家中一般都收藏有《古兰经》,客人见到后不要随意翻看。主人家中祈祷用的小地毯也切不可踩踏。在赠送礼品方面,收到礼物后要回礼,不要当众打开别人送的礼物,礼品的包装忌白色和黑色。由于马来人多为穆斯林,因此不能送刀叉、酒或有狗的图片的礼物,而应送水果、糖果、香水和工艺品。印度人忌送烟酒;对于华人,则不能送钟、刀、剪、筷等,合适的礼品是糖果、水果、糕点等。另外,马来人认为双数不吉利,重要的事物都以单数呈现。

马来西亚三大民族都有各自的宗教寺庙。非穆斯林不能随便进入伊斯兰教的清真寺,若要进入需找人带领。进寺之前要脱鞋,放在门口指定的架子上,并穿上寺里提供的长袍,妇女还需戴上寺内提供的头巾方可进入。进入后,不能从正在祷告的人的前方走过,不能触碰正在祷告的人。印度教寺庙则禁止带入皮制品,游客不能用手触摸神的塑像或画像,也不可吸烟。进入华人寺庙时则需脱掉帽子。伊斯兰教为马来西亚的官方宗教,教义禁止任何形式的偶像崇拜。因此,洋娃娃等外形类人的物件,包括肖像绘画、雕塑、玩偶等均禁止放在家中作装饰品,否则就是对真主的不忠,在伊斯兰教中是一种重罪。

马来人喜爱绿色，视绿色为吉祥色；最禁忌的动物是猪，认为它是最肮脏的；他们也讨厌狗，认为狗会给主人带来厄运和瘟疫。马来人不但禁吃猪肉和狗肉，也不吃自然死亡的动物肉和血，还忌讳使用用猪的任何部位制造出来的产品。此外，马来人还忌讳乌龟，认为乌龟代表不吉祥。但马来人普遍爱猫，认为猫干净、可爱，砂拉越州首府古晋还是马来西亚著名的猫城，每年这里都会举行一次世界性的猫展，足见当地人对猫的喜爱。

第六章　物质文化

第一节　饮食文化

各种美味佳肴集聚一堂是马来西亚社会的多元性在饮食文化中的体现。马来人、华人及印度人在饮食习惯上各有特色。

一、马来人的饮食

马来人几乎都是穆斯林，他们的饮食文化深受伊斯兰教的影响，如他们不吃猪肉和水生贝类动物，禁止饮酒等。米饭和各种糕点是马来人的主要食物。马来人的早餐一般是椰汁煮的米饭加鱼，午餐和晚餐都是米饭，常吃的菜肴有咖喱鱼、鸡肉、牛肉、腌鸡蛋、卷心菜、菠菜、黄瓜、辣椒酱等，进餐时还会上茶。而各种调味配料在马来人传统的饮食文化中扮演着非常重要的角色，如椰浆、咖哩、辣椒、柠檬草、酸橙叶及各种香料是马来人日常生活中常用的佐料。一种名为"三巴（sambal）"的辣椒酱非常有名，是马来人用辣椒、虾酱再配以适当的调味料调制而成的。而在马来人家席间必备的"沙爹"和"椰浆饭"则是最负盛名的马来美食。下面介绍几种最具马来特色的美食。

1. 沙爹

沙爹（sate）是一种甜中带辣的马来菜，是地道的马来西亚风味烤肉美食，其实质是一种碳烤肉串。15世纪早期，阿拉伯商人开始往返于东南亚经商贸易，他们的美食文化也随之而来，其中最受欢迎的是他们将肉食串于金属签上烹制的食物，也就是人们熟知的羊肉串，这也成为了沙爹的起源。马来西亚沙爹是将卤制的牛肉、羊肉或者鸡肉串成串，放在炭火上烧烤，现在的沙爹基本都是由工厂加工的竹签串成，但最原始的做法是用干椰叶茎制成的串签来进行烹制。沙爹一串串摊开在炭火上烧烤的时候，摊贩会在肉串上刷上一层油，让烤熟的沙爹裹上一层褐色的诱人光泽。快烤熟的沙爹上还会再蘸上一层特制的由花生酱、椰浆、幼虾等调制而成的沙爹酱，最后再辅以黄瓜、洋葱等，就着以椰叶和班兰叶包裹的马来棕一起食用，美味无比。马来西亚的街头巷尾几乎随处都能见到沙爹摊贩，一些人行道旁，众多的沙爹摊贩在炭炉上一边不停拨扇烘烤肉串，一边叫卖，场面十分热闹。沙爹也是马来人家庭以及宴会中十分常见的一种食物。

沙爹肉串

图片来源：http://image.baidu.com/i?ct=503316480&z

2. 椰浆饭

相比沙爹，椰浆饭不仅集中体现了马来风情，也颇受外国游客的青睐，是在马来西亚很常见的一道美食，事实上已成为马来西亚的非正式国肴。椰浆饭在马来语中叫做"nasi lemak"，"nasi"是饭，"lemak"是脂肪，指的是椰浆。椰浆饭的名称来自它的烹饪过程。它的制作过程并不复杂，将用椰浆蒸煮而成的米饭放入芭蕉叶中，必要时可加入其他香料如黄姜与香茅以增加其香味。传统上，一盘椰浆饭里还搭配有黄瓜切片、江鱼仔、花生、蕹菜、全熟蛋、印度式腌菜等，有的也可以加入鸡肉、章鱼、乌贼、鸟蚌和牛肉咖喱等佐料。最后，再加入特制的三巴酱，美味的椰浆饭便大功告成。

椰浆饭传统上是用来当早餐吃的，而它也在清晨开始就在马来西亚的路边档口售卖。摊贩们通常用报纸、麻浆纸或香蕉叶包住椰浆饭售卖，经椰浆蒸煮过的椰浆饭颜色奶白，散发着浓浓的椰子清香，令人垂涎欲滴。

椰浆饭

图片来源：http://image.baidu.com/i?ct=503316480&z=0&tn

3. 仁当肉

仁当肉（rendang）是马来人在宴会时或者迎接贵客时方才制作的一种用各种香料熬煮而成的辣味牛肉，源自于印度尼西亚的米南加保族菜肴，随后流传到了马来西亚、新加坡、文莱等地，成为马来菜中的精髓之一。仁当肉之所以能在东南亚流行开来也跟当地炎热潮湿的热带气候有关。制作仁当肉除了需要作为主料的牛肉（也可用鸡、鸭肉）之外，还需要椰奶和包括干椰蓉、干葱、辣椒、南姜、香茅、豆蔻、洋茴香、姜黄、丁香、八角、白胡椒、青柠檬叶等十多种香料混合制成的酱料作为底料，其中的一些香料具有较好的杀菌抗菌作用。因此，即使在热带高温潮湿的环境下仁当肉也能够较长时间地储放而不变质。

仁当肉的制作时间较长。烹制时，会用牛肉加上椰奶和香料一起小火慢炖，待椰奶被完全吸收后再开始慢煎牛肉，这样做出来的仁当肉肉质嫩滑，入味充分，混合着椰奶和各种香料的香味，味道十分独特而鲜美。通常当地人还会搭配蒸米饭、马来粽、竹筒饭和各种蔬菜等一起食用。

仁当牛肉

图片来源：http://image.baidu.com/i?ct=503316480&z=0&tn

4. 马来糕点

马来人喜食糕点也擅做各种糕点，其品类众多令人应接不暇。马来人吃糕点不限于三餐，全天都可将其作为零食食用。在开斋节这样的重大节日，更是人们品尝各种美味糕点的最佳时节。在北部的州属比如玻璃市州、吉打州、霹雳州和吉兰丹州，糕点的口味以甜味为主。而咸味的糕点多见于半岛南部受华人和印度人族群影响较大的森美兰州、马六甲州和雪兰莪州等州属。

马来糕点常用大米粉、糯米粉、木薯粉或绿豆粉做成，口感绵软而紧实。许多糕点呈布丁状，外形晶莹剔透，颜色鲜艳，十分好看，令人食欲大增。常用的一些原材料还包括椰子粉、椰油、班兰树叶和椰糖等食材。这些食材赋予了马来糕点独特的清香，使其色、香、味俱全。传统上制作马来糕点是家族中年长女性的专利。糕点的制作没有固定的配方，原料用量多少完全凭制作者的个人经验。各州、各地区甚至每个家庭都有自己不同的配方。常见的马来糕点包括：瓦迪糕、瓦吉糕、粿加蕉、达兰糕、椰丝糯米饭、虾糯米糕、必令糕、斯里木卡糕、达白糕等。

马来人在吃饭时也有其特殊的礼仪，一般不是围桌而食，而是席地而食。他们将食物放在地上、草席上或地毯上，团团围坐，用手抓食。其坐姿也有一定要求，男人盘腿而坐，女人则屈腿向右斜身而坐；年纪较大的妇女则可向男人一样盘腿而坐。马来人多以热茶、咖啡或白开水为饮料。住在农村的马来人习惯用手抓食，因此用餐前后都要洗手，用餐时必须用右手，左手被认为是不洁净的。通常饭菜旁都有几碗水，供就餐者洗手。城市里的人吃西餐或在宴会上也使用匙和叉。因为马来西亚常年天气炎热，各类汤品也是马来人酷爱的菜肴，如爪哇汤面、牛尾汤等。

达兰糕

图片来源：http://www.aromanyonya.com/catalog/images/Kuih%20Talam.jpg

娃吉糕

图片来源：https://kayteeze2.files.wordpress.com/2011/06/wajik2.jpg

粿加糕

图片来源：http://1.bp.blogspot.com/—AHelWeN94ug

二、华人的饮食

马来西亚大部分华人的饮食习惯与中国汉族相似，以米饭和面食为主。比较有名的华人美食有很多，如海南鸡饭、瓦煲饭、云吞面以及牛肉面等。此外，华人的肉骨茶是享誉全马的一道美食。

1. 肉骨茶

肉骨茶（bak kut teh）并非茶，而是一道以猪肉和猪骨为主料，再配以各种中药、香料（包括八角、茴香、桂香、丁香、大蒜等）煲制多个小时而成的汤品。相传华人初来南洋创业时，生活条件很差，由于不适应湿热的气候，不少人因此患上风湿病。为了治病祛寒，先人们用了各种药材，包括当归、枸杞、党参等来煮药。但是，因忌讳而将药称为"茶"。有一次，其中一人偶然将猪骨放入了"茶汤"里，没想到这"茶汤"喝起来十分香浓美味，风味独特。后来，人们特地调整煮茶的配料，经过不断改进，就成为了本地著名的美食之一。肉骨茶通常伴白饭或以油条蘸汤来食用，以酱油、碎红椒和蒜蓉一起调味。各类中国清茶（马来西亚的巴生河流域地区以铁观音最为流行）通常会随汤奉上，相信可以清走猪肉的油腻。在马来西亚，肉骨茶是一道典型的早点菜式，雪兰莪州巴生的肉骨茶最为有名。

肉骨茶

图片来源：http://image.baidu.com/i?ct=503316480&z=0&tn

2. 炒粿条

炒粿条是中国南方潮汕人的小吃。在19世纪随着华人移民的到来而成为马来西亚和新加坡的美食，也是槟城的代表美食之一。在马来语中写成"char kway teow"。制作炒粿条需要的佐料很多，炒制的过程中需要加入虾仁、腊肠、鱼饼、韭菜等食材和酱油、蚝油、三巴辣椒酱等酱料，使其味道咸甜中带点辣味，内容也更加丰富。炒好后的粿条通常会盛在已放了香蕉叶的碟子上，使炒粿条的味道更香，并且能够保湿。另外，吉隆坡和槟城的炒粿条略有不同，槟城炒粿条所使用的粿条是比较宽大的；而吉隆坡所使用的粿条则类似河粉，比较细长。虽然两地所使用的粿条不同，但是味道和佐料都是大同小异的。

炒粿条

图片来源：http://image.baidu.com/i?ct=503316480&z

3. 娘惹菜

马来西亚华人中有一个特殊的群体——峇峇娘惹[①]，其饮食文化不同于一般华人社群。峇峇娘惹的饮食文化中体现了马来文化和华人文化的完美融合。娘惹菜是由中国菜和马来菜结合而成的马六甲菜肴，将新加坡地道美食，传统中国菜烹饪法与马来香料完美结合，融汇了甜酸、辛香、微辣等多种风味，口味浓重，所用的酱料都由起码十种以上的香料调配而成，是令人交口称赞的南洋最特别、最精致的佳肴之一。其中叻沙是最具盛名的一道娘惹菜。制作叻沙所需的配料种类众多，烹调细节烦琐，所需香料都是用舂手工捣碎，并用土锅炒制，这样才能保持原汁原味。先把洋葱、南姜、黄姜、香茅、红辣椒炒出香味，再加入煮熟去骨的鱼肉和椰浆一起熬制，这样叻沙汤汁就煮好了，吃的时候加入虾、鱼片和粗米粉，然后撒上姜花和酸柑汁等，就是一碗正宗的娘惹叻沙了。

叻沙
图片来源：http://image.baidu.com/i?ct=503316480&z=0&tn

糕点丰富也是娘惹菜的一大特色，是典型的华族与马来族的文化结晶。娘惹糕点和马来糕点有着千丝万缕的联系，许多糕点都是两个菜系兼有。娘惹糕点一般由椰浆、斑兰叶、糯米、糖等制成，特色在于色鲜味浓、质感细滑、入口即化。椰子、榴莲、香蕉、芒果等东南亚常见的热带水果是娘惹糕点常用的材料，尤其以香甜的椰子运用更为广泛。红龟粿是一种极富代表性的娘惹糕点，又称红龟糕，

[①] 峇峇娘惹（Baba dan Nyonya）：峇峇娘惹也常被称为"土生华人"，是指在明清时期定居在马六甲、槟城以及新加坡等地的华人移民的后裔。男性被称为峇峇，女性则被称为娘惹。峇峇娘惹是本土化程度最深的华人群体，曾因在生活及语言上与19世纪前后大批移民至马来半岛的华人存在一定的不同而在族群认同上出现过模糊状态。但自马来亚（马来西亚）独立以来，很多峇峇娘惹也将自己视为华人族群的一部分。

客家语称之为红粄，是具有华人饮食文化特色的一种糕点。其状貌扁平，约巴掌大小，外压龟印，其内包有馅，并以植物叶为垫。制作红龟糕的材料主要是糯米粉团，制作时加入一些色素或班兰叶汁液，再包入煮好的甜馅料（如：绿豆、红豆、椰丝、花生），或咸馅料（眉豆、菜头），放入粿印压平印出龟印，有的粿印上除了印有花纹外，还会印上具有吉祥意味的汉字，如代表福运、官禄和长寿的福禄寿等。然后将之放在剪好的香蕉叶上拿去蒸熟。做好的红龟粿吃起来口感甜软绵糯，十分美味。因为红龟粿代表福气、荣禄和长寿，所以它也是马来西亚和新加坡的华人在祭拜时必备的贡品，尤其在每逢农历正月初九天公诞与正月十五元宵节之时。绿豆馅的红龟粿也会出现在当地华人社区的满月礼盒内，在早期的娘惹社区中，她们不会直接透露婴儿的性别，而是透过红龟粿的形状来表示，乌龟型的则代表是男婴，桃子型的代表是女婴。另外在丧礼上，也会出现黑色的红龟粿。其他有特色的娘惹糕点还包括木薯糕、发糕、萝卜糕等。

红龟粿

图片来源：http://image.baidu.com/i?ct=503316480&z=0&tn

其他比较常见的娘惹菜还有咸菜鸭汤、炒鱿鱼、猪肚汤、五香扣肉、甲必丹鸡等。峇峇娘惹菜烹煮的方式很精致，菜中采用很多马来人常用的食材，糅合了各种香料，但其烹饪的方式还保留着浓厚的中国传统风味。娘惹菜在继承了传统中华文化的基础上，吸收了当地马来人的文化，可以说既有中华文化的含蓄内敛又融入了热带民族的奔放情怀，展现出一种独特的文化风情。

三、印度人的饮食

马来西亚印度人的食物以辣为主,拉茶和各类煎饼是他们日常生活中最常见、最普通的食物。

1. 拉茶

拉茶是以牛奶调制的一种风味茶,起源自移民马来西亚的印度人,深受马来西亚各族人民的喜爱,其制作过程对技艺的要求相当高。拉茶的主要成分是茶叶和炼乳,"拉"是制作的关键技术,泡茶者会把奶茶重复交替从高处倒到另一容器中,看上去如同将奶茶拉得"很长"。更有熟练的泡茶者会在倒奶茶时,身体也随之变换角度,挑战杂技般的难度,极具观赏性,常引得顾客连连鼓掌叫好。拉制的过程反复交替不能少于7次,反复的拉制使得茶汤与炼乳的混合更加充分,并且使牛乳颗粒因受到反复倒拉、撞击而破碎,形成乳化状态,使其既能与茶汤有机结合,又能使茶香和奶香获得充分的发挥。制作出来的拉茶既有茶叶风味,又有牛奶的浓香。在马来西亚这样一个多元民族的社会里,不论是华人还是马来人、印度人或欧洲人,都十分酷爱这道充满南洋风味的饮品。

一名厨师正在制作拉茶
图片来源:http://image.baidu.com/i?ct=503316480&z=0&tn

2.印度煎饼

印度煎饼原是享誉印度的一道名小吃，是随着印度移民带入马来西亚的。如今印度煎饼已成为在马来西亚十分受欢迎的一种小吃，在马来西亚印度人经营的大小餐馆都能吃到这种富有印度特色的美食。在马来西亚它被用来当早餐、午餐、下午茶与晚餐，常与拉茶或冰茶配着一起食用。印度煎饼在马来语中写作"roti canai"。"roti"指面包，在此意为煎饼，而"canai"的意思是擀面，指印度煎饼师傅在制作印度煎饼过程中把面团压扁、风晾及拉阔。其制作方式也是一大特色。在制作时，煎饼师傅将调好的面团用手指与手掌灵活地捏打翻甩，用力拍击，直至其变得轻柔粘稠。整个过程中面团不断地被抛至空中，像是在空中飞来飞去，因此也被叫做"飞饼"。制作飞饼的厨师常会在餐厅现场表演制作，其精湛的技艺常能博得食客掌声不断。做好的印度煎饼有里外两层，外层浅黄松脆，内层绵软白皙，略带甜味，嚼起来层次丰富，一软一脆，口感对比强烈。嚼过之后，齿颊留芳，相当美味。马来西亚的印度煎饼还分鸡蛋口味、香蕉口味和牛油口味等多种口味。

此外，比较有名的印度美食还有咖喱沙拉、印度炒面等。

印度煎饼

图片来源：http://image.baidu.com/i?ct=503316480&z=0&tn

第二节　服饰文化

一、马来人的服饰

马来人的传统服饰非常具有民族和宗教特色。在日常生活中，马来男子通常喜爱身穿一种叫做"巴汝（baju）"的传统服装。每到节日，男子会身穿新做的"巴汝"，脚穿皮鞋，腰上围一条叫做"三宾（samping）"的短纱笼，头戴无檐"宋谷帽（songkok）"，这种帽子呈直筒状，高约10厘米，颜色有黑有白，也有深蓝和深绿的。这就是马来男子的礼服套装。而平时马来男子还会穿一种名为"巴迪（batik）"的传统服装。巴迪是一种蜡染的布料，编织手法细腻，图案设计优美，讲究对称。因马来传统的礼服多由这种蜡染的布料缝制而成，久而久之被冠以了"巴迪"之称。它的

马来人的传统服饰
图片来源：https://www.google.com.hk/search?q

质地薄而凉爽，常在正式的社交场合穿着，被称为马来西亚的"国服"。目前在马来西亚，很多年轻马来人在日常生活中也常会身穿T恤牛仔或者西装革履，但一旦到正式场合，如重大集会、节日庆祝之时，人们也会纷纷换上传统服饰。

1. 巴汝

巴汝包括长袖上衣和布质长裤，在制作面料上有丝质、棉质和棉质混纺的巴汝。这种传统服饰早在15世纪马六甲王朝苏丹玛末沙统治时期便已出现。当时的苏丹下旨，禁止老百姓穿着与马来甲王朝有商贸往来的其他国家的服饰。在主麻日，所有的马来男子都必须穿着干净整洁、雅观得体，而巴汝便在当时流行开来。按照衣领设计的不同，巴汝分无领和有领两种类型。无领巴汝在马来语中叫做"直落布兰雅"(teluk belanga)或"柔佛古隆巴汝"(baju kurung Johor)，是由已故

苏丹阿布·巴卡尔于1866年在新加坡直落布兰雅确定的一种巴汝类型。这位苏丹当时规定巴汝的下摆要过腰,领口宽松,上衣设两个口袋,这成为无领巴汝的雏形。而另一种有领巴汝在马来语中叫"狐狸寸",是马来王室贵族穿着的一种巴汝。马来人一般会在节日庆典比如开斋节、宗教盛会,以及个人的婚礼上穿着巴汝。现在也有一些公司允许男性员工于周五主麻日穿着巴汝上班。近几年巴汝越来越流行,马来政府也更加重视巴汝的推广,在一些正式的官方场合比如国家的大型庆典,或是最高元首诞辰日也经常能看到官员身着巴汝出席。身穿黑色巴汝,头戴绣有金线的黑色宋谷帽便是出席正式场合的一种十分标准的着装方式。另外,巴汝也是马来人进行马来武术表演时规定必须穿着的服装。

有领巴汝

图片来源:http://www.parkson.com.my/
wcsstore/Parkson

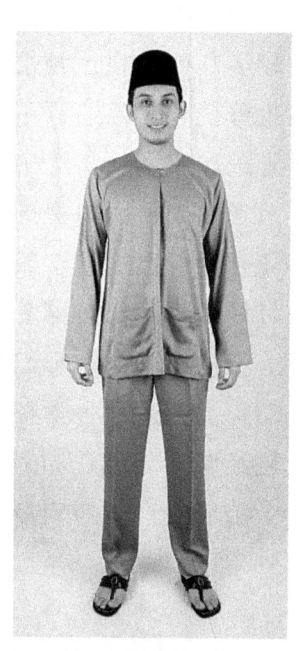

无领巴汝

图片来源:http://www.omarali.com.my/omarali2/
components

2. 巴迪

巴迪是一种由蜡染花布做成的长袖上衣,没有衣领,袖子十分宽大,质地薄而凉爽,十分适合在热带地区穿着。巴迪服因其制作所用巴迪布而得名,巴迪布的制作堪称马来西亚纺织艺术的精髓。早在15世纪,马来群岛地区就已有了传统的巴迪布的制作方法,20世纪初巴迪制作技术被引入马来半岛,尤其在吉兰丹州等北部和东部州属得到了较快发展，在马来西亚的吉兰丹州和登嘉楼州也建立了许多巴迪制造厂。马来西亚巴迪在样式和制作过程方面与东南亚其他国家制作的巴迪相比有许多不同之处。马来西亚巴迪的样式繁多，大体可分为有机主题和几何主题。有机主题在布料上呈现的图案主要是马来西亚当地生长的各种热带花草或动物（由于马来人信仰伊斯兰教，而伊斯兰教反对任何形式的偶像崇拜，同时禁止描绘人像。因此有机主题巴迪布料上的图案多以植物为主，动物只允许描绘蝴蝶）。而几何主题的图案则是各种几何图形。因此，用巴迪布做成的巴迪服也拥有各种精美的样式供人们选择。过去，巴迪服被视为传统服饰，在马来西亚乡村地区穿着较多。而现在这种情况正逐渐发生着变化，巴迪服不仅已从乡村走进城市，更是远销海外。马来西亚政府也大力提倡民众在公共场合穿着巴迪服，鼓励公务员在每月的固定几天穿着巴迪服上班。在沙巴州，教师们被鼓励在周四穿上巴迪服去学校上课。学校还经常会将巴迪布料发放给教师，鼓励用所发布料制作巴迪服。

巴迪服

图片来源：http://senandung.net/wp—content/uploads

3. 宋谷帽

宋谷帽也是马来传统服饰的一部分，相传起源于土耳其，由土耳其毯帽发展而来，现主要流行于马来西亚、新加坡、印度尼西亚和泰国北部的马来人之间。宋谷帽对马来人来说是一种十分正式的装束。马来男子出席婚礼、宗教仪式和重大节日等正式场合时，在穿着巴汝的同时必须戴上宋谷帽。曾经有官员在议会上因未按着装礼仪要求戴宋谷帽而被议会驱逐。在马来西亚和文莱军队，当举行各种仪式时军人也经常会戴宋谷帽。

4. 三宾

三宾是马来男子搭配巴汝而系于腰间的一条长布，上至肚脐，下齐膝盖或稍低于膝盖。"三宾"在马来语中的意思为"饰件、附件",即搭配巴汝而穿戴的服饰。三宾的缠法看似简单,但在不同的场合却有不同的讲究。尤其是在有王室出席的场合,三宾的样式和颜色象征着穿着者的身份。例如,在王宫内,绿色的三宾就代表着穿着者拥有拿督头衔。王室成员在王宫内能穿任何颜色的三宾,但由于黄色是王室的象征色,因此他们的穿着中多多少少都需要带有一些黄色。另外,系三宾的方式、三宾的颜色以及用料也能传达给他人关于穿着者的许多信息,通过这些甚至可以区分一个人来自哪个州、他的社会地位如何及其个性等等。

5. 巴汝古隆

巴汝古隆(baju kurung)是马来女性的传统服饰,是一种及膝长的宽松女式上衣,一般罩在长裙的外面,两边有褶。相传巴汝古隆起源于埃及,具体何时被引入马来社会现已无从考证。按照衣领的设计,巴汝古隆与男子所穿的巴汝一样也可分为有领和无领两种,适合所有年龄段的人穿着,可以作为出席婚礼、宗教仪式和官方会议等正式场合的礼服。在全马来西亚所有的马来女性日常都会穿着巴汝古隆,包括中小学学生,只是在设计和剪裁样式上各州略有不同。随着时代的发展,如今巴汝古隆在设计上也出现了一些新的变化,加上了如刺绣、雕花、珠宝、小金属亮片之类的装饰元素,以迎合人们审美观的发展。在制作面料上也有了新的变化,绸缎、纱布、雪纺、丝绸、巴迪、亚麻等布料均可被用来制作巴汝古隆,人们可以穿着不同面料制成的巴汝古隆出席不同的场合。无论时代如何变化,巴汝古隆大体的设计样式一直得到了很好的传承,是马来女性最喜爱穿着的传统服饰,淋漓尽致地表现出了东方女子的温婉淑惠,也展现了瑰丽的马来西亚服饰文化。

巴汝古隆

图片来源:http://mohdfairiz.com/wp—content/uploads

6. 哥巴雅

哥巴雅（kebaya）是马来当地妇女穿着的一种传统上衣。相传哥巴雅是数百年前从阿拉伯国家传到马来群岛地区的一种服饰，随后逐渐在马六甲、爪哇、巴厘岛、苏门答腊和苏拉威西岛等地流行开来。哥巴雅由棉、丝或其他布料编制，再绣上精致漂亮的花卉为基本图案制成。随着时间的推移，哥巴雅也渐渐成为马来妇女的日常服装。他们以纱笼、长巴迪或由手工刺绣的金线编织品搭配哥巴雅穿着。哥巴雅在不同的地区有不同的样式，其中包括哥打巴鲁哥巴雅、廖内彭亨哥巴雅、娘惹哥巴雅、萨洛玛哥巴雅等多种类型。

哥巴雅

图片来源：http://lh5.ggpht.com/——GeDEhpvbt5I

7. 头巾

马来人信仰伊斯兰教，在伊斯兰教中头巾是用来包裹住女性头部的一种装束。伊斯兰教认为妇女戴头巾是真主的旨意，所有的女性穆斯林都必须戴头巾以遮蔽伊斯兰教教义中规定的身体不可暴露的部分。因此，马来女性日常穿着传统服装时都会戴上一副头巾。头巾有里外两层，里层用来吸汗，外层用来装饰。

头巾

图片来源：http://2.bp.blogspot.com/——YBH7mUOko1g

随着时代发展，为了满足女性对美的追求，头巾可供选择的款式也越来越多，装饰性越来越强。现在，头巾已不仅仅只是宗教要求，也成为了马来女性十分喜爱穿戴的一种装饰性服饰。

二、华人的服饰

马来西亚华人的传统服饰与中国汉族相似，女性的传统服饰是旗袍，男性则为中山装或唐装。而峇峇娘惹的传统服饰则融合了华人服饰与马来服饰的特点。峇峇的服饰是中山装或者西装，娘惹则为颇具马来特色的娘惹哥巴雅和长衫。娘惹的服饰多采用轻纱等透气的材质，结合马来传统服饰的设计风格，加以中国传统的花边，并点缀各种精美的刺绣制作而成。

珠绣鞋是娘惹服饰又一精华呈现。雅致漂亮的手工珠绣鞋可追溯到20世纪前。娘惹专司家中琐事，闲来无事时，她们喜欢用小珠子作为配饰勾珠绣鞋，手工精湛的娘惹妇女在鞋子上刺上精致的绣花，又一针一线地缝上小珠子。珠绣鞋以鹿皮为材料，其样式设计带有中华文化特征，倾向于花卉、飞鸟、蝴蝶及水果主题。珠绣鞋特别为喜庆和哀悼两种不同场合制作，七彩缤纷的珠子及精细的图案用于喜庆场合，而深沉的黑、白及蓝色则主要在葬礼上穿着。珠绣鞋也是娘惹的嫁妆之一，其制作之精美也体现出了马来西亚娘惹群体的勤劳与智慧。

珠绣鞋

图片来源：http://file11.mafengwo.net/M00/E3/68/wKgBpU4duknr_uJ1AAK_EEN8Xfc97.groupin fo.w600.jpeg

如今随着峇峇娘惹人数的减少，峇峇娘惹文化日渐式微。在西方文化的影响下，除了逢年过节或者一些传统的正式场合，包括峇峇娘惹在内的华人的衣着都日益趋向西方化。现在，工作的时候西装革履，而休闲之时身着牛仔裤、T恤衫，在马来西亚华人中已非常普遍。

三、印度人的服饰

印度人的服饰基本上还保留着本民族特色。沙丽是马来西亚印度妇女最普通、最传统的装束，通常是一块一米多宽、五六米长的布料。穿衣服时，女子将布料自腰部缠起，绕过前胸，布料的一端规则地搭在肩上，并在上面别一枚别针将其固定。为了彰显富贵华丽，印度裔妇女还喜欢在布料上加一些图案和花边。印度裔男士的传统服饰则是一种名为"托蒂"的素色长袍。托蒂多是一块长3～4米的棉质或麻质的白色布料，缠在腰间，垂至膝盖甚至脚面。有的托蒂也用淡黄色或奶黄色的布料制成，有的托蒂上还镶有珠宝作为点缀。男士们在婚庆和节日等正式场合时都会穿着托蒂。印度裔男子的上衣是一种名为"古尔达"的宽松服饰。他们在正式场合还会缠头巾。头巾的颜色不同，缠法也不同。但在西方文化的影响下，年轻一代马来西亚印度人的穿着也已经开始慢慢西化。

托蒂

图片来源：http://upload.wikimedia.org/wikipedia/en

沙丽

图片来源：http://upload.wikimedia.org/wikipedia/commons

总之，服装作为一种特殊的文化，在马来西亚表现得尤为充分。世界上最流行、最前卫的服装，在马来西亚都有不俗的表现。由于受地理和气候的影响，简洁、明快、休闲是马来西亚服饰的穿着主流。不管是男是女，或老或少，他们所穿的服装不仅款式多，而且花色品种也多种多样，充分体现出热带国家的风情风貌。

第三节　传统民居

一、马来人的民居

1. 排屋

在城市，马来人、华人和印度人大多住在排屋里。这是一种来自西方的房屋样式，由多幢相连的双层或多层房屋组成，相邻的房屋共用同一堵山墙。排屋为砖石结构，类似过去的长屋，但与长屋不同。排屋基本是半独立或完全独立的，虽然也成排，但邻居间有庭院相隔。无论哪种形式的排屋，各家各户都是独立的，拥有自己的庭院，是每家每户独享的活动空间。人们可以在庭院里种植花草，安放秋千，任孩童玩耍，或是举行一些室外的聚会。家境殷实的人家可按自己的喜好选择建造花园式洋房别墅居住，地段则多选择在山清水秀，远离城市喧嚣的城郊。在市区也有成片的富人住宅区，环境幽静，装饰富丽堂皇。受传统文化的熏陶，马来西亚的建筑也是色彩艳丽、风格多样，设计既讲究美观，也注重实用性。

2. 高脚屋

马来人的传统住宅是一种被称为"高脚屋"的单层木制建筑。建造房屋一般都是就地取材，从马来西亚茂盛生长的热带雨林中获得木材、竹子、藤条和椰叶等材料建造房屋。这种传统房屋在搭建的过程中不需要一钉一铆，完全靠榫卯结合的方法完成建造。建造的过程可以说只是一个拼装过程，如果想要搬家，只需将房屋拆卸再到新址拼装即可。这种榫卯结合的房屋也十分有韧性，即使被整体搬走，房屋也能承受搬运过程中的外力不致散架。这种房屋的设计构造精巧实用，与自然融为一体，与马来半岛地处热带，常年湿热多雨的气候相适应。房屋由数根木桩架空，离地面数尺，可有效防止地面湿气以及毒蛇、老鼠等动物的侵害。在洪水来临时也不容易被淹没，并且能增加通风效果，降低室内温度。屋下的空间还能储藏杂物，可谓一举多得。

房屋的内部空间主要分为主屋、阳台和厨房三个部分。主屋是最主要的建筑实体，是进门后所进入的第一间也是最大的一间房。主屋也是家庭活动的主要场所，既是白天生活起居的主要空间，也是夜晚就寝的场所，是家庭生活的核心空间。主屋内陈列简单家具，地板上铺有不同使用功能的席垫。主屋如有多余空间，会再分隔出睡房供年老的祖父母或未出嫁的女儿就寝。阳台为主屋与外界接触的第一个空间，可由屋外地面经由阶梯进入，或由屋外经一入口平台再进入。阳台的主要功能是接待亲友宾客用餐或睡觉。厨房为炊煮、家庭用餐的场所。有的地区在阳台上安有屋顶以遮风挡雨，有的没有安装，被叫做晒台。如厕与沐浴的空间则设在地面层，多数居民会将浴室和厕所与住所分开独立设置，少数居民会将之设在厨房旁。

高脚屋屋顶的坡度很大，看上去陡而长，用树叶或木板铺盖。长而陡峭的屋檐设计，可遮住窗前强烈的光线，避免其直射屋内，同时也能防止积水，让雨水能迅速从屋顶流下。屋顶的基本结构分长屋顶和金字塔形屋顶两种。长屋顶的设计相对简单，与我国农村传统房屋相似，由一条屋脊，两个坡面构成。而金字塔形屋顶有五条屋脊线，四个坡面，有的为了简化结构，只有四条屋脊线，形似埃及的金字塔。还有更复杂一些的房屋在屋顶上又加装了一个三角结构的屋顶，有这种屋顶的房屋出现于柔佛王朝时期，只有达官显贵能够居住。这两种基本结构能组合出各种形状的房顶。有些房屋在屋顶的中空部分还能隔出一间房，成为整个高脚楼的第三层。

高脚屋的墙和地板均用木料或竹板建成。屋顶两边的山墙一般是可以打开的，能够让屋内长期保持空气对流。一些部位的木结构外墙用的是透雕的装饰板，既美观大方，又能起到通风透光的作用。透雕的纹案一般为几何形状或植物。在高脚屋的门口设有一个固定的梯子，来访的客人必须先脱鞋子，再拾级而上，走上阳台。有的房屋在后门也会有梯子。梯子一般为木结构或砖结构。马六甲等一些地区的住宅里，梯子也会被精心装饰。居民一般住在上层，而屋子底层主要用来圈养家禽。传统马来习俗认为，屋子是不能朝南的，据说这样会给家里的人带来不幸。随着现代经济和建筑科技的发展，部分马来人在房屋建造的选材上有些变化，如有人改以石头作为支撑，用瓦片遮盖屋顶。但尽管如此，马来人这种传统居所的结构，包括高架、长而陡的屋顶等，并无本质的变化。

高脚屋
图片来源：http://image.baidu.com/i?ct=503316480&z

高脚屋
图片来源：http://1.bp.blogspot.com/_5JG8mSieYjU/

透雕墙面
图片来源：http://ruby.my/wp—content/uploads/2014/03/Terrapuri—21.jpg

3. 长屋

长屋是马来西亚砂拉越州土著少数民族（多为当地的伊班族）集体居住的传统建筑，是一种用木桩架空、离地数尺的高架长形建筑。长屋由高架木桩支起，上面住人，屋下饲养家禽牲畜。传统的长屋充满民族色彩，多是竹木结构，以木板或者椰树叶覆盖屋顶，周围有篱笆环绕，以防偷袭。长屋往往沿河而建，因地势不同，有的呈"一"字形，外观整齐；有的蜿蜒起伏，连延成片。通常一间长屋能容纳10～20间相隔的住宅。长屋的中间是一条长长的通道，连接两边以家庭为单位的住户，通过这种方式，一间长屋能容纳下多家住户。长屋短则数十米，长则超过百米，与优美的自然环境融为一体，成为马来西亚特有的人文景观。

长屋的结构主要分成三部分。一是晒棚，供暴晒谷物和其他用途；二是居室，房间和卧室用木板做墙壁隔开，居住者一般都席地而睡；长廊是长屋的第三部分，上有屋顶遮盖，是长屋用途最广的地方，既是家庭的开会场所、活动中心，又是会客地点。住在同一间长屋里的人互有亲戚关系，每当添丁进口，就不断增盖。因此，长屋越长，说明这个家族越兴旺。多个长屋聚在一起，就形成了一个村子。长屋内的住户会推举一人当屋长，屋长需有经验和威信，善农耕、狩猎及征战，既是长屋的行政长官又是军事长官。屋内设一公堂，供屋长处理长屋有关事务。由于过去伊班族有猎头的习俗，旧时长屋的横梁上还会悬挂人头颅骨，虽然现在这种风俗早已绝迹，但那些头颅仍保留至今。长屋平均20年翻新一次。由于生产方式的演进和生活方式的改变，一部分住户陆续搬出长屋，另起门户，而更多的住户仍住在长屋里。

长屋

资料来源：http://image.baidu.com/i?ct=503316480&z

二、华人的民居

马来西亚华人的房屋建筑与中国汉族基本相似。而17世纪至19世纪出现在马六甲及槟城等地的峇峇娘惹的建筑却别具一格，同时兼具中式、马来和欧式民居的建筑风格。一些峇峇娘惹的房屋设计非常豪华大气，房屋的整体设计基本沿袭中国传统的庭院结构，其中往往设有大厅、中厅、内厅、天井、后院及侧院等。大门上贴有对联，一些门上、窗户上会有精美的雕刻。屋内陈设着雅致的实木家具，古色古香。

峇峇娘惹传统民居
资料来源：http://2.bp.blogspot.com/—7u1FCknvVmU/

第四节　传统工艺

马来民族在长期的生产实践中积累并形成了令世人惊叹的传统工艺，其中又以雕刻、蜡染、克里斯剑以及风筝制作工艺最为有名，每件作品都清晰地反映着马来民族细腻而敏感的心思以及对自然万物的欣赏和热爱。

一、雕刻艺术

传统马来雕刻艺术可追溯到"东山文化"时期,曾在马来西亚出土的"东山文化"铜鼓上便有一些动物和人物雕刻。古马来文化是在印度文化的熏陶下成长起来的,古马来雕刻艺术也深受古印度文化的影响,公元7世纪前后的雕刻作品多以印度教及佛教文化为主题。15世纪前后,伊斯兰教开始流行于马来半岛地区,寺庙及宗教雕刻艺术逐渐沉寂,木雕和金属雕刻技艺却慢慢发展起来。

马来西亚拥有大约3000种木材,而木材又是一种用途非常广泛的天然材料,同时非常适用于雕刻。木雕艺术在马来西亚有着悠久的历史,距今至少已经有500多年。马来木雕所表现的主题主要是生物、宇宙和大地、有规则的几何图案以及使用爪哇文或者阿拉伯字母书写的经文书法等。马来人喜欢在传统的木屋上雕刻花鸟鱼虫,而古代马来君王也常常让人在宫殿中雕梁画栋以显贵气,现在依然能从一些遗址中窥探马来木雕工匠巧夺天工的精湛艺术。马来木雕在雕刻技术和风格上独具一格。要完成一件好的艺术品,一方面取决于所选木材的材质、造型以及天然纹理,而雕刻家的审美意识和雕刻艺术也同样是其中的关键因素。在传统马来木雕的雕刻技巧中,以直接穿孔、半穿孔和凸面雕刻这三种技艺最为重要。

纵观马来木雕艺术的风格,大致可分为静物木雕、场景木雕和混合木雕三种。静物木雕所刻画的是一个独立、单一的物体,如月亮、动物、太阳、花朵等。场景木雕作品表现的是一个场景,动态感很强。雕刻家常常会给这类作品取一个生动的名字,如"下午回家的鸭子"、"逆流而上的犀牛"等。这类木雕作品集实用与艺术为一体,既可摆放在家中作为装饰品,同时也可作为置物盒使用。混合木雕作品集静物木雕与场景木雕的特点为一体,其主题大多刻画植物、树木的繁茂锦盛。在雕刻的过程中,雕刻工具发挥着十分重要的作用。在马来木雕艺术中常用的雕刻工具有很多种,如锯子、木刨、铁槌等,而最重要的是凿子。

马来木雕不仅存在于居民的房屋,在王宫宫殿、清真寺和圆顶建筑、凉亭、大门、传统乐器上面都有木雕作为装饰。而在像橱柜、床、椅子、桌子等传统家具以及木船、马车、牛车等传统交通工具上也都有传统的木雕。

除了木雕以外,随着锡矿的开采及锡制品的生产和流传,锡制品雕刻正将马来传统雕刻技艺带向全世界。

木雕

图片来源：http://to360.com/Tourism/Malaysia88/Culture4219.html

二、蜡染艺术

巴迪是传统马来蜡染工艺的集大成者。马来西亚巴迪是一种传统的蜡染布料，其工艺复杂，历史悠久。因为巴迪很难长时间保存，有关巴迪的起源已经很难考究。但据说早在公元13世纪，当时的马来王国与爪哇之间就存在巴迪交易，而且爪哇在巴迪制作工艺及设计上影响了马来半岛。早期马来半岛上的巴迪制作者们是以木块为器具生产类似巴迪的纺织物，直到20世纪20年代，爪哇的蜡染技术才传播至马来半岛，后来发展成独具马来西亚特色并体现马来西亚独特美学价值的蜡染工艺。

马来西亚蜡染布料上的图案选择很讲究，设计别致，极具特色。因为伊斯兰教禁止任何形式的动物崇拜，因此马来西亚巴迪蜡染布上的图案大多是花、树叶等植物，但蝴蝶是一个特例。马来西亚的蝴蝶种类繁多，堪称世界之最，以蝴蝶为主题的蜡染布料也很多。此外，讲究对称是马来传统文化中考量美的重要标准，规则的几何图案设计也是巴迪的特色之一。

传统巴迪布的制作方式是以蜡绘图或以热且着蜡的印记而成。制作蜡染巴迪，必须先将布块拉直，并绷紧在适合的木架上，以便作画。紧接着，便是一段非常特殊且繁杂的过程：先以蜡打底（画草图），然后染色、凉干、设计，再将布料煮沸，且一次又一次地重复这个过程。巴迪所选用的腊，色彩缤纷，如同热带雨林般格外绚丽。手绘蜡染巴迪是一种创造性极高的手工艺术。在艺人染完色后，布料需要放在阴凉处，等到蜡液干透后，再放在钠溶液里浸泡8～12个小时，以便固定颜色。颜色固定后的布料,需要用水来煮,才能化掉所有的蜡。煮后的布料还要经过反复冲洗,最后才晾干熨平。

虽然随着工业技术的进步,现在在马来西亚已经有替代的工业技术来制作巴迪,但是用传统工艺制作的巴迪仍是最受国民欢迎的工艺品。相对于机制巴迪,传统工艺巴迪的价格也昂贵得多。巴迪布可以制成服装、桌布、窗帘、手提袋、图画及帽子,已深深渗入马来西亚人民的生活。马来西亚政府鼓励民众多穿巴迪,支持民族产业,国家领导人也将巴迪视为"国服",常在重大场合着巴迪出场。色彩鲜艳、制作精美的巴迪也成为游客在马来西亚首选的纪念品。

蜡染

图片来源:http://www.nipic.com/show/7263692.html

三、克里斯剑

克里斯剑,即一种马来短剑,是马来民族特有的佩剑,也是世界三大名刃之一。由于它的剑刃是波浪型的,因此也被称为波状刃短剑。在五百多年前,克里斯剑就在马来西亚的文化中占有特殊地位。这种剑最早是重要的武器,不久成为举行仪式时的神圣的道具,进而成为精巧的工艺品,以及各地流传的民间传说的主题。克里斯剑的起源还不十分清楚,但多数人认为公元1世纪由东京湾(今北部湾)传来的短剑是它的原型,大概是14世纪从爪哇岛传到了马来半岛上。克里斯剑和其他短剑的形状不同,剑长30~40厘米,剑柄处较宽,正合乎暗藏身上的要求,广为马来人所喜用。19世纪末期以前,它是马来人出门时必带之物。

克里斯剑是铁匠、雕刻师和细银匠通力合作的产物。这些工匠用了几百年的岁月，使这种短剑臻于完美无缺。现在的短剑加上华丽的雕刻，有时还镶嵌上宝石，被人们当做家珍加以珍藏。一把完整的克里斯剑由剑刃、剑柄和剑鞘组成。刃面和刀柄的制作和装饰最能体现克里斯剑的艺术性。刃面锋利无比，焊接的花纹精美绝伦。剑柄一般用兽骨、兽角、象牙或贵重金属如金、银等做成，并雕刻有花、鸟等，非常精细。剑鞘上也往往饰有花纹，家境富有的人还会镶嵌珠宝，彰显富贵。可以说，克里斯剑的制作和装饰艺术是马来文化最为精致、最集中的表现。今天马来西亚的工匠仍在继续制造精巧的克里斯剑，主要用于重要仪式中。

在马来西亚王室的财宝中不乏好剑，克里斯剑也是王权的象征。按习惯，新郎必须腰中佩带克里斯剑举行婚礼，才能取得新郎一日为王的资格。在如今的马来西亚，已经很少有人在日常生活中佩戴克里斯剑，它犹如马来民族的传家宝，已经成为力量、智慧、坚韧、勇敢以及吉祥的象征。

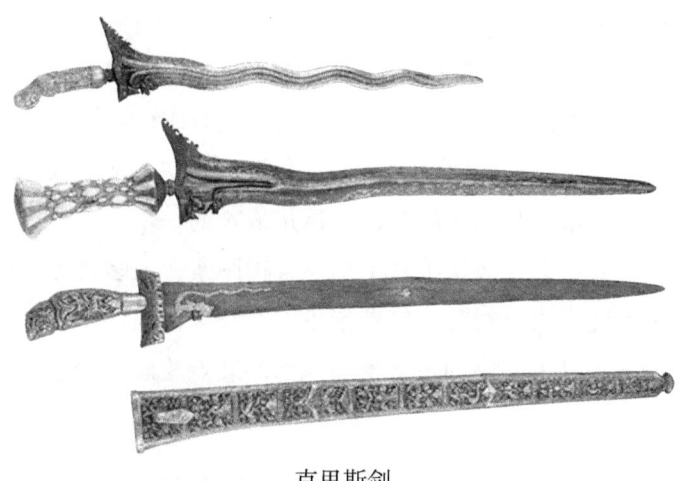

克里斯剑

图片来源：http://tieba.baidu.com/p/1852135914?pn=1

四、风筝制作

马来西亚的风筝已有悠久的历史，早在马六甲王朝时期就已经有放风筝的习俗。马来西亚风筝造型奇特、巧夺天工，令人爱不释手，作为室内装饰物可谓别具一格。风筝在马来西亚具有特殊的意义。在正式的官方场合，马来姑娘常常手执精心制作、图形优美的月形风筝迎接贵客。关于风筝的由来，在马来西亚流传着这样一个美丽的传说：很久以前，一名庄稼汉救下了一个迷路的小女孩，将其领回家中悉心教养。随着时间的流逝，女孩出落成一位美丽的姑娘，而村子里的庄稼也长得特别好。谁知庄稼汉的妻子此时妒意横生,并将女孩赶出了家门,从此村里的收成便一落千丈。于是就有人说那位姑娘实际上是稻神,只要犯错的人们将美丽的物体升入空中,诚心向稻神忏悔,情况便会好转。于是庄稼汉和妻子便制作了漂亮的风筝,风筝飞入高空,地上的收成便好起来了。久而久之,在收获之后放风筝也就成了马来人的习俗,在表达对稻神的感谢和敬意之时,也祈求神灵能继续眷顾地上辛勤劳作的人们。

马来人制作风筝的过程非常考究。风筝的长宽大致为1～1.2米,形状各不相同,其中大多是模仿动物的形状,如月形风筝、叶形风筝、船形风筝、人形风筝、鸟形风筝、鱼形风筝、蛙形风筝、鹦形风筝、孔雀形风筝、猫形风筝、鹰形风筝等等,其中以月形风筝最受大众青睐。月形风筝因形似月牙而得名,这种风筝有的像鸟,有的像鱼,但都不失月牙形的特点。由于亚洲地区盛产竹材,适合各种自由曲线的结构设计,所以风筝造型千变万化且富个人色彩。风筝的材料挑选相当考究,制作风筝所用的竹子需挑选那些向着东方生长的竹子。选好的竹子在处理之后使用之前要先在泥里浸泡一个月,之后将其劈成6毫米宽、150厘米长的竹条。接着用已经准备好的材料捆扎成风筝的骨架,并在骨架上糊上一层薄薄的纸片,然后装上响弓。最后是风筝的装饰,这是最难的一步,也是最能体现工匠手工技艺的一步。工匠们会在风筝纸片上描绘各种图案,大多是当地的花卉以及天空中的变换流云,图案讲究对称,精美绝伦。在马来半岛的南部地区,还有的风筝制作师们将传统的马来蜡染印花艺术与风筝的装点绘画结合起来,创造出许多独特新颖的图案。

风筝

图片来源: http://travel.ettoday.netarticle397603.htm

第七章　教育和文化事业

第一节　教育

一、教育概况

（一）马来西亚教育发展史

马来西亚的教育发展可以大体分为三个阶段：传统教育、殖民地教育和独立后教育。

1. 传统教育

马来西亚的传统教育并非广义上的教育，而是以宗教教育为主要内容，并随着佛教、印度教和伊斯兰教的传入得以发展。这一时期并没有真正意义上的学校，所谓"学校"也就是进行宗教活动的寺庙或者清真寺。随着伊斯兰教的传入和马六甲王国成为传播伊斯兰教的中心，伊斯兰教教育逐渐成为马来各邦最主要的教育形式。马来族儿童从6岁起接受伊斯兰教教育，而早期的伊斯兰教教育仅限于诵读《古兰经》和学习基本宗教教义，场所也只是在清真寺，直到19世纪，才有了宗教学校。马来西亚最早的宗教学校由宗教长老建立，分别设立在登嘉楼、吉兰丹和吉打三个州，其目的在于培养有宗教学识和高尚品格的学生。学校使用马来语授课，设置阿拉伯语课、宗教学、爪威文等课程。到了20世纪，马来西亚的伊斯兰教学校变得更加有体系，建立了现代经学院，与英国殖民者建立的现代学校形成竞争。

2. 殖民时期教育

英国殖民统治时期，由于殖民当局实行"分而治之"的政策，所以在马来半岛出现了四类不同的教育体系，即：马来语教育体系、华语教育体系、英语教育体系和泰米尔语教育体系。在这四类体系影响下出现的马来学校、华校、英语学校和泰米尔学校各自独立，各具特色，教学内容也各不相同。

（1）马来学校

19世纪，英国殖民者采取其惯用的民族分化手段，在马来半岛实行"分而治之"的政策。为了培养马来人成为英国殖民政府的中下级官员，英国人率先在海峡殖民地建立了以马来语教育体系为主导的马来学校。从1856年到1863年，先后在新加坡、槟城和马六甲建立了5所马来学校，以教授马来语和与马来社会文化相关的课程为主要内容，课程主要包括阅读、写作、初级算术等。由英国人创办的马来语体系学校在初期并未受到马来人的欢迎，因为被认为与宗教学校相抵触。于是，为了吸引更多的马来学生能够入校学习，英国殖民者调整了学校的课程体系，将一些宗教课程，如学习《古兰经》引入了日常课程体系。不过，即使这样，英国殖民者从未打算把马来学校发展至更高层次，而是仅仅发展到小学四年级阶段。在马来小学毕业的学生，如果想继续求学，只能进入英国人开办的英语学校。

（2）华校

英国殖民时期，马来西亚的华人社会深受中国的影响，华文学校所使用的教材、课程基本效仿中国教育体系。最初，对于移民族群在马来半岛建立自己的教育体系，英殖民者采取放任自流的态度。19世纪初，英国传教士马礼逊在马六甲建立了第一所华人学校——英华书院。随着中国"五·四"运动兴起，反殖民主义和民主进步思潮也在马来半岛的华校中蔓延，于是英国人开始干预华校的发展。从1924年到1928年，共有300多所华校被关闭。然而，在华人社会的大力支持下，全国各地依然兴建了许多华语小学和华语中学。

（3）英语学校

英国殖民统治时期，殖民政府为培养更多马来人成为政府的中低级官员并能为英国政府服务，开始大力发展英语教育。同时，传教士和教会为了传播基督教，也开始在马来半岛各地兴建英语学校。由于接受英语教育是殖民地人民进入殖民政府部门求职的重要渠道之一，这使得英语教育在当时具有强大经济价值，成为封建贵族、上层阶级子弟接受教育的选择。马来半岛最早的英语学校是建于1816年的槟城自由学校，它也是东南亚最早的英语学校。在传教士、教会和英殖民政府的资助下，英语教育在马来半岛迅速发展起来。英语学校的授课内容主要以英国社会文化为中心，倡导效忠英国为"祖国"并传播基督教。

（4）泰米尔学校

早期的印度人主要在橡胶、咖啡等庄园工作。英殖民政府规定，若地主聘请的印度工人，其子女年龄介于7至14岁之间的总数超过10人，就必须为工人的子女聘请教师，建立学校。因此，除了一些印度人大量集聚的城市外，印度小学一般建在庄园地带。泰米尔学校的教学媒介语为泰米尔语，教材一般都来自印度。20世纪以前，泰米尔学校在马来半岛可谓凤毛麟角，直到1900年英殖民政府改变政策后，泰米尔学校才得以迅速发展。与马来学校类似，泰米尔学校的课程内容只达至小学四年级程度，而且学校设备相对简陋。

总的来说，英国殖民时期的各种语言体系的学校，其课程内容、教学媒介语和发展程度都各不相同。马来亚独立前夕，联合邦政府通过了《拉扎克报告书》（*Penyata Razak 1956*），提出建立"一种语文，一个源流"，把使用马来语作为教学媒介语的教育制度作为国民教育的"最终目标"，这就为其他语种学校的教育发展带来极大冲击。

3. 独立后的教育

根据独立后颁布的《1957年教育法令》，马来小学被称为国民小学（Sekolah Rendah Kebangsaan），而华文、英语及泰米尔小学则被称为国民型小学（Sekolah Rendah Jenis Kebangsaan）。四种语言体系的小学都实行六年制教育，使用由教育部统一编发的课程大纲与教材。随后，《1960年达利报告书》（*Penyata Rahman Talib*）对《拉扎克报告书》进行了修订，规定全国范围实行9年义务教育，学生在接受6年小学教育后，参加"小学评估考试"。

在政府的大力发展下，马来西亚国民小学迅速发展起来，从1957年独立后至今的50余年，从2000多所增加到近6000所。而另一方面，国民型小学，即华文和泰米尔学校则逐年减少。国民型英语小学更是由于《1961年教育法令》的颁布被改制为国民小学而最终在马来西亚的国家教育体系中完全消失。国民型中学的命运与小学类似，在1957年独立后，政府所实施的一系列政策造成英语中学被彻底消灭，华文中学被排除在国家教育体系外成为华文独立中学，泰米尔中学则是因其发展局限在独立前尚未发展起来。

随着知识时代的来临，接受高等教育成为马来西亚人民的普遍需求。20世纪60—70年代，马来亚大学、马来西亚国民大学及马来西亚理工大学等著名大学相继成立，马来西亚高等教育相对滞后的局面得到了改变。按照1971年公布的《伊斯迈尔报告书》内容，马来西亚大学入学施行"固打制"，即在大学入学名额中"55%保留给土著，45%保留给非土著"，实际执行却是"保留给土著的高于70%，保留给非土著的少于30%"。固打制的实施造成许多优秀的非马来族学生不能跨进国立大学和大专院校门槛，直到2002年，马来西亚政府才彻底废除这一制度，取而代之的是以马来西亚高等教育文凭（STPM）和大学预科班成绩（MATRIKULASI）作为国立大学录取学生标准。

（二）马来西亚教育现状

马来西亚拥有一套比较完善的教育体制，包括学前教育、小学教育、中等教育（中学教育）及高等教育（大专院校）。

1. 学前教育

马来西亚的学前教育出现在第二次世界大战以后，基本都是由一些私人或社团在本地区创办的。直到20世纪60年代，随着学前教育越来越受到广大家长的重视，幼儿园才在马来西亚各地得以建立起来。这一时期的幼儿园多是私人开办，以华语和英语为主要媒介语。此后，一些以马来语为媒介语，由马来西亚一些大企业及集团创办的官方或半官方幼儿园也相继出现。马来西亚教育部直到1992年才开始规定设立幼儿园，并且是附属在其选定的小学校之下。

据马来西亚教育部统计，在2000年只有64%的适龄儿童（4~6岁）有机会接受学前教育，其中只有一小部分就读于教育部管理下的小学附属幼儿园，其余多数儿童在官方及非官方，甚至是私立幼儿园就读。从2003年至2007年，教育部在全国各地的小学兴建7700所幼儿园，旨在到2010年，能有95%的儿童可以接受学前教育。教育部希望能够通过培养儿童的独立意识、优良品德与价值观、正确使用马来语、建立文明卫生习惯及开发创造力与审美能力，使得儿童在进入小学之前即能掌握一些基础技能，并树立积极向上的性格。

2. 小学教育

2000年，政府修订了《教育法令》，强制家长将适龄（7岁）的儿童送入学校，接受6年小学基本教育，其目标是全面开发儿童在读、写、算三方面的基本技能，竭力培养学生的思考能力和价值观。在马来西亚，绝大多数的小学都是国立小学，只有一小部分是私立小学。国立小学又分为国民小学和国民型小学。国民小学以马来语为教学媒介语，同时还教授英语，国民型小学则是以华语为媒介语教学的华文小学和以泰米尔语为媒介的泰米尔小学。这三类学校都采取教育部编发的相同的课程大纲，而且马来语和英语也是华小和泰小的必修与必考课程。除语言学习外，马来西亚的小学课程还包括数学、地理、历史、艺术、体育等课程。国民小学生在三年级末，可以参加教育部举行的"小学生成绩测评考试"（PTS），成绩突出的学生，可以选择跳过四年级并直接进入五年级。其他学生则是修完六年课程后，参加"小学评估考试"（UPSR）后，自动升到中学。国民型华文小学和泰米尔小学学生需根据UPSR成绩，决定是否进入预备班修读一年，才正式开始中学课程。因此，国民型小学的学生一般需要7年才能完成小学教育。在政策和教育拨款上，政府也更偏重国民小学的发展，而忽视华小和泰小的需求。教育贷款一项，国小学生的父母也比国民型小学的父母具有更多的优惠。马来西亚政府及学生家长都十分重视小学教育，据马来西亚教育部统计，2000年时小学的入学率达到96.8%，2010年更是达到99%。

3. 中等教育

在1957年独立后，政府所实施的一系列政策造成英语中学的消亡，华文中学则被排除在国家教育体系外，成为华文独立中学。另一方面，国民中学却在政府大力推动下得以迅速发展，在2002年达到1604间。国民中学以马来语为教学媒介语，英语作为所有学校必须的第二外语。泰米尔小学和华文小学学生进入国民中学就读时，必须适应教学媒介语上的转变。

国民学校的学生从小学毕业后一般自动升入中学接受5年的中学教育。中学教育的教学大纲由教育部统一制定，中学教育目标是促进学生的全面发展，使学生获取知识，扩大视野，提高生活技能。学校着力培养学生具有民族意识的价值观，并最终为学生个人未来终身教育打下坚实的基础。

在马来西亚，中学大致可以分成两个等级：三年初中（学生年龄13～15岁）和两年高中（学生年龄16～17岁）。学生在初三考取初中评估考试（PMR）后，根据成绩优劣分配到理科组、人文组或技术职业组。在修完两年课程后，学生须考取马来西亚教育文凭考试（SPM）。若要进一步升读国内大学，必须再修读两年大学先修班，考取马来西亚高等教育文凭（STPM）。

除了国民中学，政府也开设了其他类型的中学以符合国家需求，如寄宿学校、宗教中学、工艺学校、职业学校、体育学校和给残障学生专设的特殊学校。

4. 高等教育

独立后的马来西亚高等教育得到了快速发展。在马来西亚的教育制度下，这一阶段的教育是指中学毕业后到高等教育阶段的各种教育，涵盖了社区学院、工艺学院、政府或私办的训练学院、国立大学及私立大专院校。高等教育肩负着培养学生在知识、技能、处世、性格等方面综合工作能力和竞争能力的重任。当前，马来西亚高等教育界正不断努力扩大与加强在基础科学、信息技术、电子技术、制造技术及通讯技术等领域的基础课程和实用课程。高等教育机构也为各领域的科研开发及咨询顾问服务，提供硬体设施和高学术资历的科技人才。同时，本地高等教育机构为实现其科研开发及咨询服务"卓越中心"的目标，都纷纷加强在信息技术、微电子技术、新材料技术、新制造技术、生物技术、航空技术、能源技术、环境科学与技术以及通讯技术等领域的科研开发活动。

根据马来西亚高教部公布数字，截至2011年，马来西亚共有20所公立大学（IPTA），其中有5所研究型大学，4所综合性大学和11所专门大学。除此以外，还有460个备案的私立高校（IPTS），72所社区学院（Kolej Komuniti）和近20所工艺学院。公立大学一般以招收本地学生为主，近几年也将个别科系及课程开放给外国留学生。私立大学则是多与欧美的高校联合办学，开办"2＋1"或"3＋0"的教学模式，即学生可以选择在马来西亚先读两年，而后一年转入相互合作的国外大学并拿取国外大学的文凭，或是选择在马来西亚直接读完3年的学士学位课程，而最终获得国外合作大学的相关文凭。

根据教育部的统计，2000年只有25%年龄介于17～23岁的青年接受大专教育。政府计划在2020年实现至少50%的青年接受大专教育的目标。

（三）高校简介

马来西亚拥有大约20所公立大学，其中较好的大学有马来西亚国民大学（Universiti Kebangsaan Malaysia, UKM）、马来亚大学（Universiti Malaya, UM）、马来西亚理科大学（Universiti Sains Malaysia, USM）、马来西亚佩特拉大学（Universiti Putra Malaysia, UPM）、马来西亚科技大学（Universiti Teknologi Malaysia, UTM）、马来西亚北方大学（Universiti Utara Malaysia, UUM）、马来西亚沙巴大学（Universiti Sabah Malaysia, UMS），这些都是中国教育部认可的马来西亚公立大学。

除此以外，马来西亚还拥有大量的私立院校。这类高校一般采用引进西方优秀高等学校课程，开设学分转移和双联课程，以招收本国学生为主，同时也招收外国学生，部分学校则以招收中国学生为主。一些西方国家的高等院校在马来西亚开办的分校也属于马来西亚私立院校的一种类型。

1. 马来亚大学

马来亚大学
图片来源：http://www.hnpu.edu.cn/xw.jsp?newsid=16391

马来亚大学座落在马来西亚首都吉隆坡，是一所文科、理科和医科兼有的综合性大学。它是马来西亚规模最大和最著名的大学之一，也是一所全马历史最悠久的学府。它于1962年成立，前身为爱德华七世学院（成立于1905年）和莱佛士学院（成立于1949年），下设14所学院、4个学术中心、4所研究院及2个文体中心，提供100多种学士学位、硕士学位和博士学位课程。该校在文科和理科方面都有突出的表现，文科方面在文学、经济学、语言学、教育学上有较大优势，理科方面则擅长计算机科学、体育学、自然科学、建筑环境、工程学等专业教学。马来亚大学现有来自60多个国家和地区的近1600名留学生，在校学生近30000名，资格及学术水平广受好评。

2. 马来西亚国民大学

马来西亚国民大学
资料来源：http://www.eol.cn/dongtai_6346/20091010/t20091010_411778_1.shtml

马来西亚国民大学成立于1970年，是马来西亚政府创办的第三所公立大学。国民大学共有12个学院，是一所综合型大学，专业非常广泛，有文、理、工、商、医科等各类专业，开设人文和社会学、伊斯兰学、教育学、马来西亚发展和文明、经济学、法律、工程和科技、健康、工程、商科、MBA、会计、环境管理、部门管理和发展、马来西亚和国际事务研究、医学、临床等170多个专业的本科、硕士和博士课程，其中工程和科技专业一直处于国内大学的领先水平。目前国民大学有在校学生2.7万多人，其中本科生有1.9万多人，研究生和博士生人数为8500多人，还有来自世界各地的留学生1000多人。该大学也是马来西亚政府重点发展和支持的五大研究型大学之一，其余四所分别是马来亚大学、马来西亚理科大学、佩特拉大学和马来西亚科技大学。

3. 马来西亚理科大学

马来西亚理科大学

图片来源：http://asean.zwbk.org/newsdetail/14990.html

马来西亚理科大学是马来西亚政府建立的第二所公立大学，成立于1969年7月。校园规模庞大、环境优美，被誉为亚洲的花园大学。理科大学共由3个校区组成，主校区和工程学校区分别位于槟城岛和槟城的大陆部分，第3个校区是医学院、牙科和保健学院，位于马来西亚东部海岸的吉兰丹。

目前，该校有在校学生2.5万多人，在读研究生人数约7000人，博士研究生约1300名，其中来自世界各地的留学生有1000多人。学校一流的研究设备和高质量的师资队伍，以及他们活跃的学术活动和高端前沿的研究项目，吸引着广大学生前来学习。

4. 马来西亚佩特拉大学

马来西亚佩特拉大学
图片来源：http://school.nihaowang.com/9761.html

马来西亚佩特拉大学建于1931年，至今已有80年的悠久历史。1973年，该校与马来亚大学农业系合并成为马来西亚农业大学，1999年正式改名为马来西亚佩特拉大学。佩特拉大学地处马来西亚职业发展培训中心和大学的中心地带，是马来西亚拥有最大绿色校园的大学。作为马来西亚规模最大的大学之一，在马来西亚培养更多人才方面发挥着重要作用。在校学生约3.2万人，下设本科专业56个，大专专业7个，硕士、博士研究生专业47个。

5. 马来西亚北方大学

马来西亚北方大学
资料来源：http://service.asean—china—centre.org/education/service/2012/3/28/7268.html

马来西亚北方大学创建于1984年，总投资5.8亿，位于北部的吉打州，校园面积庞大，达1061公顷。北方大学环境优美，整个校园被热带雨林围绕，是马来半岛最美丽的大学。在校学生2.5万多人，拥有15座学生宿舍楼，共有13个学院，29个学士学位、29个硕士学位以及博士学位课程。开设的专业涉及管理学、会计学、经济学、资讯科技学、公共管理学、人力资源管理学以及企业学等。

6. 马来西亚沙巴大学

马来西亚沙巴大学

资料来源：http://www.schoolmy.com/view.asp?9877

马来西亚沙巴大学成立于1994年11月24日，其主校区位于沙巴州的首府亚庇，占地999英亩。沙巴大学共设有12个学院、3个研究所，7个研究中心，5个下属单位，共开设了涉及59个学科的1800种课程，其中包括本科、硕士和博士的学位课程。沙巴大学目前有教职员工1000多名，在校生1.3万多名，约有150名中国留学生。

7. 多媒体大学（私立）

多媒体大学（私立）

资料来源：http://liuxue.sdchina.com/show/2854460.html

多媒体大学的前身为马来西亚电讯大学，是由马来西亚政府于1997年批准成立的第一所正式称为"Universiti"的私立大学。该校因其现代化的实验室和教学设施，新颖的教学方法，高素质的师资力量及活跃的学术研究活动而著称，是一所世界级的大学。目前，学校有来自世界各地64个国家的学生，本科在校人数达19291人，其中外国留学生有2200多人。同时该大学也是亚太地区硅谷——多媒体超级走廊（MSC）的成员，支持并推动着MSC乃至整个国家信息技术的发展，其毕业生受到国内外著名企业的垂青。

8. 马来亚史丹福学院（私立）

马来亚史丹福学院（私立）
资料来源：http://www.miein.org/news—detail/info—163/

马来亚史丹福学院成立于1950年，是马来西亚历史最悠久、规模最庞大、最有影响力的私立学府，在全国设有8所分院（其中在首都吉隆坡有4所），每年有来自40多个国家和地区的千余名学生报读，现有在校学生近万名。该校提供超过50种学位和专业文凭课程，包括世界各地著名大学的学士和硕士学位课程，并可转移学分至英美澳加继续深造。同时，史丹福学院还是马来西亚教育部指定的与荷兰、芬兰、丹麦、瑞典、挪威的大学交换生计划的两所院校之一，每年有80～120名学生可赴上述国家交换学习。

9. 林国荣创意科技大学（私立）

林国荣创意科技大学创立于1991年，其办学理念是赋予多才多艺的年轻新生代创意思考的能力、汲取智慧营养及掌握专业的技巧，以及积极拼搏和勇于投身业界的精神。其前身林国荣创意工艺学院是亚洲最具规模的创艺学院，该校引进并开设加拿大、英国、美国、澳洲等国著名大学大专及本科课程，其中包括数码动画、广告、多媒体与广播、影像与数码艺术、电视与电影、商业、时装设计、室内设计、产品设计、大众传播、绘测科学、公共关系硕士、短期英语培训等。

林国荣创意科技大学（私立）
图片来源：http://school.liuxue360.com/my/limkokwing/about.html

二、华文教育

华文教育在马来西亚扎根，迄今已有近200年的历史。马来西亚的华人通过群众力量，努力建设了一个从小学、中学到大学的完备华文教育体系。可以这样说，在海外的华文教育中，马来西亚的华文教育水平最高，发展也最为繁盛。

据2008年统计数字，在马来西亚共有1290所华文小学（学生64万人）、60所华文独立中学（学生6万人）和3所华社民办学院（学生4000人），学生总数超过70万人。

（一）华文教育领导机构

董教总是领导马来西亚华文教育运动、维护和发展华文教育的全国领导机构。1950年，英殖民政府通过《1951年巴恩斯报告书》和《1952年教育法令》，企图消灭华文教育，在华教处于生死存亡的时刻，教总和董总应运而生。

马来西亚华校教师会总会，简称教总，成立于1951年12月25日。教总的成员为州一级华校教师联合会和地区性的华校教师会，各分会成员主要为华文小学和华文独立中学的教师。马来西亚华校董事联合会总会，简称董总，成立于1954年8月22日。董总的成员来自13个州属的华校董事联合会和董教联合会。11个州董联会的成员是州内的华文小学和华文独立中学的董事会，2个州董教联合会（柔佛州和吉兰丹州）的成员是州内的华文小学和华文独立中学的董教代表。全国各地华人社区，通过学校董事会创办、管理、维护和发展学校。

自成立以来，教总和董总共同协作与奋斗，抗衡种族中心主义，反对不利华教的法令、政策和措施，以维护和发展华教，争取民族权益和平等地位。经过数十年的严峻考验，董教总已树立起作为马来西亚华文教育发言人和民间教育部的鲜明形象，并与政府商讨有关华教事宜。

（二）华文小学

华文小学（国民型小学）以华语作为主要教学媒介，即除了马来语和英语的语文科目外，其他各个科目都以华语进行教学和考试。华小实施6年小学义务教育，根据教育部规定的课程纲要和课本进行教学。教育部也为华小编纂课本，举办公共考试，培训教师。2008年，全国1290所华小有63.9万名学生和3.3万名教师，超过90%的华人子女在华小就读。随着华文经济价值的提升以及华小良好的校风和突出的学术表现，近20年来也有越来越多的非华族家长如马来族家长将孩子送往华小接受教育。

马来西亚的华文小学绝大部分是在国家独立前由华人社会出钱出力创办的。在《1996年教育法令》颁布后，华小成为政府资助学校，政府虽为华小提供行政拨款，以支付教师薪金和水电费等开销，但是这种发展拨款仍十分不足。在第九个马来西亚五年计划中，华小学生占总学生人数的21%，但所得发展拨款只占小学总发展拨款的3.6%。长期以来，各华小董事会和华社都不断筹集资金和土地，以发展华小。

（三）华文独立中学

《1961年教育法令》实施后，有一部分华文中学坚持以华语为主要教学媒介，拒绝接受政府津贴改制为英文中学，而成为华文独立中学。华文独中实行6年中等教育，分别以三年初中、三年高中两阶段完成，并规定马来语、华语和英语为学生的必修必考科目，要求学生掌握三种语文基础。

董教总独中工委会为独中编纂高初中统一课本，举办统一考试，培训教师等。独中课本是根据独中工委会拟订的课程纲要，配合教育部的课程纲要以及独中学生在国内外升学的需求而编纂出版，以符合独中办学方针和发展需求。

除了参加董教总独中工委会举办的独中统一考试，部分独中学生也报考政府举办的公共考试。长期以来，董教总独中工委会都举办教师培训课程，邀请国内外讲师讲学，或组织教师到国外上课或考察，以提高独中教师的教学水平。随着独中教育改革的推进，董教总独中工委会正向国内外寻找更多教育资源，以增强独中教师队伍的建设工作，提高独中师资专业水平。

目前，独中已有一定的发展规模和学术水平。董教总独中工委会颁发的独中统考证书广受欢迎，被国外许多大学和国内私立学院及大学接受为入学资格之一，但是政府至今仍不承认独中统考证书。近年来，全国独中学生人数不断增加，每年约有1万名或10%左右的华小毕业生，进入华文独中就读，高三毕业生的升学率高达70%以上。截至2009年，全国60所华文独中有60481名学生和3462名教师。

（四）民办学院

根据马来西亚高等教育部统计，截至2009年6月30日，全国有452所私立学院。其中，有3所是华社民办非营利学院，即于1990年创立的南方学院、1997年创办的新纪元学院和1999年创办的韩江学院，学生总数4000人。目前，这3所采用多语教学的学院，不断加强其办学条件和质量，以升格为大学作为前进目标。新纪元学院和南方学院还开办了教育系，为华文独中提供教师专业课程，以提高华文独中师资专业水平。

第二节　文化事业

一、新闻出版业

马来西亚新闻出版业的发端可以上溯到19世纪初。1805年，英国殖民者在槟城出版了第一份英文报纸《政治公报》，100多年后，第一份华文报纸《光华日报》也于1910年在槟城面世。1939年，第一份马来文报纸《马来亚前锋报》在吉隆坡发行。经过两个世纪的发展，目前马来西亚发行报纸近50种，每天发行量300万份左右，主要使用马来文、英文、华文和泰米尔文。马来西亚国家新闻社（以下简称"马新社"）为马来西亚官方通讯社，新闻、通讯与文化部下属的新闻局为马来西亚国内主要新闻出版管理机构。20世纪90年代以后，随着互联网的快速发展，马新社及马来西亚国内各主要报刊也陆续建立官方网站，向广大读者提供及时、全面的国内、国际新闻和综合资讯。

（一）主要新闻机构与新闻出版公司

1. 马新社（BERNAMA）

马新社成立于1968年，是马来西亚官方通讯社和最大新闻机构，在亚太地区设有33家分社,与澳大利亚、印度尼西亚、日本、中国、新西兰、巴基斯坦、菲律宾、印度、孟加拉、越南、韩国和香港特别行政区等13个国家和地区的新闻通讯社有着密切联系,涵盖亚太国家政治、经济的最新消息,负责向马来西亚各大报社和新闻社以及外国使馆、银行、学校、公司等各种机构提供新闻服务,同时也为发送商业新闻、股市、金融服务、图片等提供通讯便利。

2. 前锋报集团

前锋报集团1938年在新加坡成立,1958年2月迁往吉隆坡,并于1967年改制为集团有限公司。前锋报集团主要业务为出版、印刷、广告和多媒体,拥有20多家分公司,从事多种商业活动,1997年,该集团还成为马来西亚国内网络服务供应商。旗下主要报刊为 *Utusan Malaysia*、*Mingguan Malaysia*、*Kosmo!* 和 *Utusan Melayu* 四份报纸以及 *Wanita*、*Saji*、*Pemikir*、*Mastika*、*Mangga*、*Hai*、*Harmoni*、*Al Islam*、*Kawan*、*URTV* 和 *Infiniti* 杂志。

3. 新海峡时报(马来西亚)有限公司

新海峡时报(马来西亚)有限公司是马来西亚官方国营企业控股公司,1973年1月31日成为上市公司,全资拥有新海峡时报私人有限公司、每日新闻私人有限公司、新海峡时报电子媒体私人有限公司和新海峡时报产业私人有限公司,拥有马来西亚新闻纸工业私人有限公司21.4%的股权。该公司旗下报纸包括 *New Straits Times*、*New Sunday Times*、*Berita Harian*、*Berita Minggu*、*Harian Metro* 和 *Metro Ahad*。

(二)主要马来文报刊

1.《马来西亚前锋报》(*Utusan Malaysia*)

《马来西亚前锋报》于1967年5月7日创刊,是前锋报集团旗下发行的报纸之一,也是马来西亚国内具有重要影响力的报纸,拥有较强的政府背景,被视为是亲执政党的报纸。1996年,前锋报集团致力于多媒体发展,成立了前锋报多媒体有限公司,推出在线网络版前锋报,是马来西亚最早在互联网上刊载报道的马来文报纸。

2.《每日新闻》(*Berita Harian*)

《每日新闻》在1957年创刊,由新海峡时报(马来西亚)有限公司旗下的每日新闻私人有限公司出版发行。50多年来,该报以"新闻来源于民众,服务于民众"为宗旨,提供主要新闻、国内新闻和主题新闻三大栏目内容,范围覆盖马来西亚全国，主要读者为15周岁以上年龄段人士，发行量超过140万份。

此外，其他主要的马来文报刊还有：《世界报》(KOSMO!)、《大都会日报》(Harian Metro)、《曙光日报》(Sinar Harian)、《今日马六甲》(Melaka Hari Ini)、《头条报星期刊》(Mingguan Warta Perdana)、《每日议程》(Agenda Daily)等。

（三）主要英文报刊

1.《星报》(The Star)

《星报》于1971年9月9日创刊，原为地方性英文报纸，1976年开始向全国发行，1995年成为亚洲地区第三家在互联网发行电子版的报纸。作为马来西亚发行量最大的英文日报，《星报》为执政党联盟国民阵线成员党马华公会所有，并在一定程度上反映该党的声音。

2.《新海峡时报》(New Straits Times)

《新海峡时报》前身是1845年7月15日创刊的新加坡《海峡时报》马来亚版，1965年更名为《新海峡时报》，1972年8月开始在马来西亚国内独立出版，是马来西亚历史最悠久的英文报纸，目前为执政党联盟国民阵线成员党巫统所掌控。

其他主要的英文报刊还有：《太阳报》(The Sun)、《马来邮报》(Malay Mail)、《财经日报》(The Edge Daily)、《商业时报》(Business Times)、《马来西亚储备报》(The Malaysia Reserve)、《婆罗洲邮报》(The Borneo Post)、《新沙巴时报》(New Sabah Times)、《每日快报》(The Daily Express)、《东方时报》(Eastern Times)、《砂拉越论坛报》(Sarawak Tribune)等。

（四）主要华文报刊

1.《南洋商报》

《南洋商报》于1923年9月6日由著名教育家和企业家陈嘉庚在新加坡创办，是马来西亚最资深的华文报纸。1958年，南洋报业控股有限公司成立后，在1969年开始出版马来西亚版和新加坡版的《南洋商报》，并在1972年率先使用简体中文出版发行。1975年，马来西亚版《南洋商报》与新加坡版分离，成为马来西亚本土化的华文报纸。

2.《星洲日报》

《星洲日报》由胡文虎和胡文豹兄弟于1929年1月15日在新加坡创刊，新马分离后，《星洲日报》脱离新加坡总社，成为马来西亚发行量最大的华文报纸，发行范围遍布马来西亚各地。《星洲日报》也是马来西亚第一家在互联网上设立完整网站的报纸。

其他主要的华文报刊还包括：《中国报》、《光华日报》、《光明日报》、《诗华日报》、《亚洲时报》、《风云时报》、《华侨日报》、《国际时报》、《联合日报》等。

二、广播电视业

1921年，柔佛州政府的电力工程师阿尔·伯奇（Al Birch）带来了马来西亚历史上第一台无线电台设备，随后组建柔佛无线电协会并以300米波长的波段发送广播，由此揭开了马来西亚无线电广播的序幕。1957年马来西亚独立后，无线电广播有了较大发展，各地陆续建立广播电台，1960年，商业广播首次出现在电台节目中。1963年9月16日，马来西亚正式宣布成立，"Inilah Radio Malaysia"（"这是马来西亚广播电台"）通过播音员响彻马来西亚，成为马来西亚广播业发展新的里程碑。1969年10月6日广播大厦（Angkasapuri）开始对外广播，广播与电视合并为马来西亚广播电视台，由马来西亚新闻部管辖。

马来西亚广播电台主要包括政府所有的官方广播电台和私营的广播电台，官方广播电台由马来西亚广播电视台经营和管理，私营广播电台则主要以音乐和娱乐节目为主。电台节目除以调频波段播出外，各电台透过网站进行网络实时直播也逐渐成为与传统广播模式并重的新型模式。

马来西亚电视台主要分为有线电视台、无线电视台和卫星电视台，除马来亚广播电视台下属的两个电视台外，其余均为私营电视台。目前已有多家电视台在官方网站中提供电视节目的在线直播和点播功能。虽然在线直播功能通常只向马来西亚国内互联网用户开放，国外用户仍然可通过在线点播功能收看各档电视节目。

（一）主要广播电视机构

1. 马来西亚广播电视台（RTM）

马来西亚广播电视台是受马来西亚新闻部广播局领导的政府传播机构，由政府提供经费，同时也依靠广告费收入和社会赞助。目前马来西亚广播电视台经营2家电视台和9家广播电台。两家电视台为马来西亚第一电视台（TV1）和马来西亚第二电视台（TV2），其中第一电视台播放马来语和英语节目，主要面向马来人观众；第二电视台播放含马来语字幕的华语和泰米尔语节目，主要面向华人和印度人观众。9家广播电台分别为AI FM, Asyik FM, Klasik Nasional, KL FM,

Minnal FM、Muzik FM、Suara Islam、Suara Malaysia和Traxx FM，广播语言包括马来语、华语、泰米尔语和伊班语等。

2. 首要媒体有限公司（Media Prima Berhad）

首要媒体有限公司成立于2003年9月23日，是在马来西亚股票交易所上市的媒体集团公司，被视为亲巫统的媒体。除拥有新海峡时报（马来西亚）有限公司43%的股权，首要媒体垄断了马来西亚所有私营免费电视台的经营权，即八度空间（8TV）、国民电视7台（NTV7）、第三电视台（TV3）、第九电视台（TV9），同时还经营Hot FM、Fly FM和One FM三家私营电台。此外，首要集团还拥有Big Tree和UPD两家户外广告公司。

3. 寰宇电视公司（ASTRO）

寰宇电视公司成立于1996年，是马来西亚领先的提供直接到户（DTH）电视服务和商业广播的跨媒体集团，向马来西亚和文莱地区200多万用户提供超过100套付费电视频道。其独资子公司东亚卫星广播网络系统私人有限公司（MBNS）是马来西亚国内唯一拥有卫星直接到户传播20年许可证的媒体公司。寰宇电视公司积极参与马来语、华语、英语和泰米尔语节目的制作、综合与发行。在马来西亚收视率排行前十名的电视频道中，有六个频道是寰宇电视公司平台制作的。该公司还经营八个地面调频广播电台，每周听众人数达到1100万。

（二）主要广播电台

1. 民族经典广播（Klasik Nasional）

民族经典广播是由马来西亚广播电视台经营的国家广播，其前身是1946年在新加坡成立的马来亚广播。1957年马来亚取得独立之后，马来亚广播一分为二：留在当地的更名为"新加坡广播"，迁往吉隆坡的则继续沿用"马来亚广播"这一名称，并于1959年1月1日正式开始广播。1963年9月16日马来西亚联邦成立后，马来亚广播更名为"马来西亚广播"。1971年1月19日开始，该广播成为马来西亚第二个全天24小时播出的广播。2006年8月12日，马来西亚广播的民族频道和经典频道正式合并成为今天的民族经典广播，主要播出20世纪40年代到80年代的马来经典歌曲，向全社会传播和弘扬马来西亚独特的音乐节奏和旋律。民族经典广播于2006年获得国家艺术贡献奖。

2. 音乐调频（Muzik FM）

音乐调频是马来西亚广播电视台经营的马来语音乐广播调频。该广播拥有独特的历史，其前身1975年6月20日成立的立体调频是马来西亚第一个提供立体声音乐直播的调频。1989年，立体调频改名为广播二台。为了更大范围地吸引听众，该调频于1994年8月1日更名为"音乐调频"，并进行了一些改进，如播出时间改为全天24小时，并引进英语内容以吸引更多的听众。随后，该调频收听范围扩大到全马来西亚、新加坡、文莱、加里曼丹、廖内群岛、印度尼西亚和泰国南部等地区。从2002年7月15日开始，音乐调频已经改为播放50%的马来语歌曲和50%的英语等外文歌曲。通过与多媒体大学的合作，音乐调频目前已经实现了网络实时广播功能。

3. 热播调频（Hot FM）

热播调频是首要媒体有限公司旗下的一个马来语广播。热播调频于2006年1月15日接受广播资格审查，2月5日正式开始运营。该调频主要播出20世纪90年代歌曲、最新马来歌曲、印度尼西亚歌曲、国际歌曲以及一些关于音乐方面的信息，深受广大马来西亚青少年的喜爱。2009年，热播调频创造了周听众达到380万人的记录，处于同时间同类型节目的收听之冠，一举击败时代调频。近年来，由于过多播放印度尼西亚歌曲，热播调频受到了马来听众的批评，认为此举违背了广大马来人民的喜好。

4. 时代调频（ERA FM）

时代调频是马来西亚网络广播AMP公司旗下的广播电台，是马来西亚最受听众欢迎的调频之一。时代调频在2008年8月1日开始试播，两个月后的10月正式开播。该调频使用了古典摇滚电台的频率，播出的歌曲精选自世界各国，最受欢迎的两档节目是时代略图和时代之晨。时代调频还是第一个以马来语为媒介语言的私人广播电台，其播出完全实现了数字化技术。

（三）主要电视台

1. 电视一台（TV1）

马来西亚广播电视一台是由马来西亚广播电视台经营的一档电视频道，于1963年12月28日开始播出，内容包括马来语和英语的教育节目、本地新闻、短讯和娱乐节目等。电视一台是马来西亚第一个电视频道，属于国有非盈利性的电视频道，既是政府向公众传播时事信息的平台，也是政府大力提倡使用马来语的平台，受到广大马来西亚人民的关注和喜爱。

2. 第三电视台（TV3）

第三电视台在1983年成立，是马来西亚第一家商业电视台，以提供最新鲜的娱乐和资讯信息为主题，于1984年6月1日在巴生河谷实现首播，并很快覆盖全国。成立伊始，第三电视台就成为第一个现场直播1984年洛杉矶奥运会的马来西亚电视台。在收视率方面，第三电视台也遥遥领先马来西亚其他电视台，成功吸引了全国41%的观众，超过以往最高收视率电视台的两倍，因此其广告收入也一直处于马来西亚各大电视台之首。第三电视台有着独特的经营模式，其播出节目包括新闻、时事、杂志、论坛、体育、戏剧和电影等。为提高节目质量，第三电视台还加大投入制作本地电视节目，并引进国外高收视率的节目。

3. 国民电视7台（NTV7）

国民电视7台原是马来西亚的一家私营电视台，于1998年4月7日在全国首播，播出英语、华语和马来语节目。2005年10月28日，首要媒体有限公司以9千万令吉的价格成功收购该电视台。国民电视7台的节目内容包括戏剧、电影、娱乐节目、游戏秀、儿童节目等，新闻节目以马来语、华语、英语三语播报。国民电视7台定位于"为城市居民提供高质量的电视节目"，因此其目标观众集中在广大城市观众和英语使用者。据统计，国民电视7台是拥有华人观众最多的马来西亚电视台，拥有25岁以上大约36%的华人观众。2009年，该台节目实现全面改版，以健康的生活方式、娱乐、时事新闻和体育等最受城市市民和华人青睐的节目为主题。

4. 八度空间（8TV）

八度空间也是首要媒体有限公司旗下的一档电视频道，在2004年1月8日开播。为了不影响第三电视台的收视率，八度空间将电视节目的目标人群定位在青少年和儿童，并提出"一个电视频道，两种途径"的概念，播出以华语和英语为媒介语言的节目。八度空间的格言是"我们是不同的"，主要针对年轻人、城市居民和华人提供不同的流行电影和系列电视节目。

5. 第九电视台（TV9）

第九电视台的前身是国有的第9频道，于2003年9月9日首播，主要播出华语、英语和印度尼西亚语节目以及一些本地节目。2005年2月1日停播后，该电视频道被首要媒体有限公司收购，并改名为第九电视台。2006年1月1日，第九电视台开始实行免费播出，范围覆盖全马来半岛，目标人群主要为马来人、青少年和儿童,节目内容包括新闻、娱乐和教育等。

三、创意产业

马来西亚政府于2009年成立了创意产业基金(Dana Industri Kreatif),并于2010年通过了作为此项基金延伸与发展的"创意产业政策"(*Dasar Industri Kreatif Negara*),包括国家电影政策、国家音乐建设策略与政策、第九个马来西亚五年计划中期报告、国家内涵建设计划与策略性政策草案、文化艺术传统创意产业建设策略与政策草案,以及各电影出品人协会针对国家内涵与电影工业建设事项提呈的备忘录。出台"创意产业政策"的宗旨在于使国家创意产业更具竞争力,并对国家经济发展与奠定民族文化作出贡献。其具体目标可以简单概括为:提高国民生产总值;支援创意产业在国内外的建设;为创意产业提供设施、便利与良好的发展条件;提供培训,加速知识产权意识的成长与认证;充分利用科技发展创意产业;向世界推出能够代表国民身份与地方文化的象征。

在此项政策下,马来西亚政府在2010年度财政预算案中拨款2亿令吉以发展创意产业,如资助电影、音乐与动画工业等。由于认识到创意产业将在马来西亚迈向发达国家行列的过程中扮演重要角色,马来西亚新闻、通讯与文化部还特别设立了3000万令吉的基金用以推广创意产业,并设立一站式委员会处理该产业的申请。据统计,2010年马来西亚创意产业收益为98亿令吉,仅占马来西亚国内生产总值的1.9%,与一般发达国家创意产业平均贡献6%~12%的经济增长率相比,马来西亚的创意产业尚有很大的发展空间。

与马来西亚社会一样,马来西亚的创意产业也具有多元族群和多元文化的特色。以动漫产业为例,在政府的不断支持下,马来西亚的民族动画发展呈现出一个新局面,越来越多的国产系列动画片得以制作和问世。更重要的是,在动画教育方面,马来西亚已经意识到民族性的重要价值,很多导演都开始研究其民族自身的艺术特色,而不再仅仅作为日本动画的附庸而存在。例如,马来西亚的本土动画作品"Les Copaque"及"Upin & Ipin"在推出时即受到了热烈追捧和高度评价,其动画制作及创意已达到国际水平。而其他一些具有当地特色的文化活动也成为马来西亚创意产业的重要组成部分,同时也推动了旅游业的发展。如根据吉兰丹州人民善于制作风筝这一特点发展起来的"吉兰丹国际风筝节",是一项极具马来文化特色的活动,目前已举办了27届,每年都吸引大量外国游客前来观赏。由马来西亚的云顶娱乐城和雪隆龙狮联合总会联合主办的世界狮王争霸赛自1994年开办以来，每两年举行一次，来自美国、印度尼西亚、泰国、中国、澳门、香港、新加坡等世界各地的华人团体都踊跃参赛，同时也吸引了众多游客前来观赏。2010年在马来西亚砂拉越州举办的世界热带雨林音乐节，共吸引19个国家20支音乐团体参与，各国著名音乐家齐聚砂拉越，与来自世界各地的数万名游客共同分享了这一音乐盛宴。

参考文献

［1］白玉国. 马来西亚华人佛教信仰研究［M］. 成都：四川出版集团巴蜀书社，2008.

［2］北京外国语大学中国马来语教学中心. 马来西亚总理马哈蒂尔演讲集［C］. 北京：世界知识出版社，1999.

［3］曹云华. 东南亚的区域合作［M］. 广州：华南理工大学出版社，1995.

［4］常永胜. 马来西亚社会文化与投资环境［M］. 广州：世界图书出版公司，2012.

［5］陈乔之. 冷战后东盟国家对华政策研究［M］. 北京：中国社会科学出版社，2001.

［6］陈晓律等. 马来西亚——多元文化中的民主与权威［M］. 成都：四川人民出版社，2000.

［7］范若兰. 伊斯兰教与东南亚现代化进程［M］. 北京：中国社会科学院，2009.

［8］龚晓辉. 东南亚国家网络信息检索导论［M］. 广州：世界图书出版公司，2011.

［9］龚晓辉、蒋丽勇、刘勇、葛红亮. 马来西亚概论［M］. 广州：世界图书出版公司，2012.

［10］顾长永. 马来西亚——独立五十年［M］. 台北：台湾商务印书馆，2009.

［11］郭熙. 马来西亚：多语言多文化背景下官方语言的推行与华语的拼争［J］. 暨南学报（哲学社会科学版），2005（3）.

［12］韩方明. 华人与马来西亚现代化进程［M］. 北京：商务印书馆，2002.

［13］贺圣达. 东南亚文化发展史［M］. 昆明：云南人民出版社，1996.

［14］金宜久. 伊斯兰教史［M］. 南京：江苏人民出版社，2006.

［15］康海玲. 酬神、娱人与文化权的诉求——多种语境下的马来西亚华语戏曲［J］. 华文文学，2009（4）.

［16］康海玲. 语言的缺失与东南亚华语戏曲的没落——马来西亚为例［J］. 集美大学学报（哲学社会科学版），2012（1）.

［17］孔远志. 印度尼西亚语发展史［M］. 北京：北京大学出版社，1992.

[18]李家禄,严琪玉.马来西亚[M].重庆:重庆出版社,2004.

[19]李金兰.马来西亚·热带雨林的交响[M].南宁:广西民族出版社,2006.

[20]梁志明、李谋、吴杰伟.多元·交汇·共生——东南亚文明之路[M].北京:人民出版社,2011.

[21]廖小健.世纪之交:马来西亚[M].北京:世界知识出版社,2002.

[22]廖小健.战后马来西亚族群关系[M].广州:暨南大学出版社,2012.

[23]林远辉,张应龙.新加坡马来西亚华侨史[M].广州:广东高等教育出版社,2008.

[24]骆莉.马来西亚华文报的身份转换与本土发展[M].北京:世界知识出版社,2014.

[25]马燕冰,张学刚,骆永昆.列国志——马来西亚[M].北京:社会科学文献出版社,2011.

[26]邱新民.马来亚史前史[M].新加坡:新加坡青年书局,1966.

[27]石沧金.马来西亚华人社团研究[M].北京:中国华侨出版社,2005.

[28]宋哲美.东南亚建国史[M].香港:东南亚研究所,1976.

[29]孙大英,高歌.东南亚各国历史与文化[M].南宁:广西人民出版社,2011.

[30]孙叔林.当代亚太政治[M].北京:世界知识出版社,2005.

[31]王辉.多语社会背景下马来西亚的语文规划[J].外语教学,2010年增刊.

[32]王青.马来文学[M].北京:外语教学与研究出版社,2004.

[33]王静怡.马来西亚华人传统音乐的传承与变迁[D].福建师范大学博士论文,2003.

[34]王士录,王国平.从东盟到大东盟[M].北京:世界知识出版社,1998.

[35]王守贞,邹晓峰.马来西亚伊斯兰金融系统发展研究[J].东南亚研究,2008(2).

[36]王子昌.东盟外交共同体:主体及表现[M].北京:时事出版社,2011.

[37]吴德广.花园国度——马来西亚[M].上海:上海锦绣文章出版社,2012.

[38]吴建平、蒋有经.新时期马来西亚华文教育的回顾与展望[J].泉州师范学院学报,2012(5).

[39]吴士存,朱友华.越南、马来西亚、菲律宾、印度尼西亚、文莱五国经济研究[M].北京:世界知识出版社,2006.

［40］于在照，钟智翔.东南亚文化概论［M］.广州：世界图书出版公司，2014.

［41］岳玉杰.马华文学何以成就百年［J］.中国现代文学研究丛刊，2012（10）.

［42］张殿英，张玉安，姜永仁，杜家贵等.东方风俗文化词典［M］.黄山书社，1991.

［43］张锡镇.当代东南亚政治［M］.南宁：广西人民出版社，1994.

［44］张玉安.马来西亚的哇扬戏［J］.东南亚研究，2006（1）.

［45］赵洪.马来西亚金融发展研究［M］.厦门：厦门大学出版社，2005.

［46］郑良树.马来西亚华文教育发展简史［M］.北京：外语教学与研究出版社，2007.

［47］周伟民，唐玲玲.中国和马来西亚文化交流史［M］.海口：海南出版社，2002.

［48］周聿峨.马来西亚华文教育的保留与发展［J］.东南亚，2000（2）.

［49］朱振明.当代马来西亚［M］.成都：四川人民出版社，1995.

［50］庄兆声.马来西亚基础教育［M］.广州：广东教育出版社，2004.

［51］［美］芭芭拉·沃森·安达娅，伦纳德·安达娅.马来西亚史［M］.黄秋迪，译.北京：中国大百科全书出版社，2010.

［52］［新］尼古拉斯·塔林.剑桥东南亚史［M］.贺圣达等，译.昆明：云南人民出版社，2003.

［53］［英］理查德·温斯泰德.马来亚史［M］.姚梓良，译.北京：商务印书馆，1974.

［54］Asmah Haji Omar. *Susur Galur Bahasa Melayu*［M］. Kuala Lumpur: Percetakan Dewan Bahasa dan Pustaka, 1988.

［55］Azmah Abdul Manaf. *Sejarah Sosial Masyarakat Malaysia*［M］. Kuala Lumpur: Utusan Publications & Distributors Sdn. Bhd., 2001.

［56］Chamhuri Siwar, Surtahman Kastin Hasan. *Ekonomi Malaysia*［M］. Kuala Lumpur: Pearson Malaysia, 2002.

［57］Dato Abdullah Ahmad. *Tenku Abdul Rahman and Malaysia's Foreign Policy 1963—1970*［M］. Kuala Lumpur: Berita Publishing Sdn.bhd., 1985.

［58］Hussin Mutalib. *Islam and Ethnicity in Malay Politics*［M］. Singapore: Oxford University Press, 1990.

[59] Jamilah Haji Ahmad. *Kumpulan Esei Sastera Melayu Lama*[M]. Kuala Lumpur: Dewan Bahasa dan Pustaka, 1981.

[60] Lalita Prasad Singh. *Power Politics and Southeast Asia*[M]. New Delhi: Radiant Publishers, 1979.

[61] Lembaga Penyelidikan Undang—undang. *Perlembagaan Persekutuan(Hingga 5th April 2005)*[M]. Kuala Lumpur: Aura Productions Sdn. Bhd., 2005.

[62] Rodolfo C.Severino. *Southeast Asia in search of an ASEAN Community*[M]. Singapore: Institute of Southeast Asian Studies, 2006.

[63] Ruslan Zainuddin. *Sejarah Malaysia*[M]. Selangor: Penerbitan Fajar Bakti Sdn. Bhd., 2003.

[64] Tajuddin bin Hj. Hussein (Haji.), Robiah binti Alias, Jiyana binti Jibril. *Negara kita Malaysia*[M]. Kuala Lumpur: MDC Publishers, 2007.

[65] Umar Junus. *Sastera Melayu Moden: Fakta dan Interpretasi*[M]. Kuala Lumpur: Dewan Bahasa dan Pustaka, 1984.

[66] Zahir Ahmad. *Pengajian Kesusasteraan Melayu di Alaf Baru*[M]. Kuala Lumpur: Akademi Pengajian Melayu Universiti Malaya, 2000.

[67] 百度百科：baike.baidu.com.

[68] 马来西亚总理署网站：www.pmo.gov.my.

[69] 南洋网：www.nanyang.com.

[70] 人民网：www.people.com.cn.

[71] 维基百科：www.wikipedia.org.

[72] 新华网：www.xinhuanet.com.

[73] 中华人民共和国外交部网站：www.fmprc.gov.cn.

[74] 中华人民共和国驻马来西亚大使馆网站：my.china—embassy.org.

后　记

　　本书是解放军外国语学院亚非语系策划编写的《东南亚研究（第二辑）》的组成部分，也是国家外语非通用语种本科人才培养基地暨亚非语言文学国家级特色专业建设点重点建设项目。

　　马来西亚位于亚洲大陆和东南亚群岛的衔接部，是联接亚澳两大陆、太平洋和印度洋的纽带，扼世界海上航道之要冲，战略地位十分重要。作为一个集半岛与岛屿特征的海洋国家，得天独厚的地理条件使马来西亚拥有丰富的自然资源和旅游资源，其中橡胶、油棕和锡均享有世界级的声誉，同时还获得了"热带旅游乐园"的美誉。马来西亚还是东南亚国家中经济较为发达的国家，在独立后的50多年里，马来西亚政府根据本国的国情，制定了工业化和多元化的经济发展战略，并根据经济发展的需要及时调整具体的发展方向，实施多个短、中、长期发展计划，收到了良好的效果，成为东南亚新兴的工业化国家。

　　中国与马来西亚的友好交往已有2000多年的历史。15世纪中国明朝就与马来半岛的马六甲王国关系十分密切，双方的经济和文化交往不断。郑和七下西洋，就曾到访马六甲，留下不少历史遗迹。新中国成立后，中马关系进入了一个新的历史阶段。但在冷战的影响下，双边关系发展也经历了一个较长的酝酿、磨合过程，直到1974年5月31日才正式建立外交关系。但此后由于受印支半岛局势的变化、意识形态的分歧等因素的影响，两国关系一直停滞不前。至上世纪70年代末，两国高层领导人进行了互访，双方关系才进一步密切。1985年11月，马来西亚总理马哈蒂尔率团访华，拓展对华经贸合作，为中马关系带来了新的突破。冷战结束后，中马两国关系迅速发展，不仅官方和民间的来往频繁，两国的合作也从政治、经济拓展到文化、教育、卫生、国防等各个领域。2005年12月15日，温家宝总理访问马来西亚，两国签署了《中华人民共和国和马来西亚联合公报》，双边合作取得进一步发展。至2012年，马来西亚已成为中国在东盟国家中第一大贸易伙伴国，而中国是马来西亚第二大出口国和第一大进口来源地。2013年10月4日，习近平主席偕夫人彭丽媛访问马来西亚，受到最高规格的接待。双方决定将两国关系提升为全面战略伙伴关系,使中马的关系又上了一个新台阶。习主席提出了加强两国合作的三项建议,表示要结合各自的发展战略扩大经贸合作,实现双边贸易额2017年1600亿美元的目标。这无疑将推动两国关系全面跃升,两国友好合作的前景将更加广阔。

马来西亚是个政治稳定、社会和谐的国家,又是热带雨林天堂,那里阳光充足、气候宜人,美丽的海滩、奇特的岛屿、神秘的丛林、珍贵的动植物、奇妙的洞穴,以及古老的民风民俗、悠久的历史文化遗迹、高楼林立的现代化都市等,无不吸引着每一位游客的眼球。更值得称道的是,作为一个多民族、多语言、多宗教的国家,马来西亚各族人民和睦相处、融为一体,在多民族的大熔炉里炼出了丰富多彩的多元文化。为满足国人不断增强的对马来西亚文化进行了解的需求,解放军外国语学院亚非语系的同仁合作编撰了此书,从文化地理环境、历史文化发展沿革、宗教信仰、文学艺术、传统习俗、物质文化、教育和文化事业等多个角度对马来西亚文化进行系统介绍。希望本书不仅成为学术研究和知识普及的读物,也成为走近马来西亚的桥梁,能为促进中国与马来西亚的文化交流与合作尽绵薄之力。

本书是多人合作完成的成果,其中引言部分由唐慧撰写,第一章由龚晓辉撰写,第二章由葛红亮撰写,第三章由蒋丽勇撰写,第四章由张向辉、廖娟凤、蒋丽勇撰写,第五章和第六章由文一杰和蒋丽勇撰写,第七章由刘勇撰写。全书由唐慧和龚晓辉负责统稿、修改和定稿。由于本书体例所限,未能把所用材料一一注明出处,为弥补缺憾,我们在书后附有参考书目,在此特作说明。

本书在编撰过程中得到了解放军外国语学院亚非语系主任、博士生导师钟智翔教授的悉心指导和帮助,中国出版集团世界图书出版广东有限公司对本书的出版给予了大力支持,我们在此一并表示最衷心的感谢!

由于我们对马来西亚文化的研究尚不够充分和全面,同时受编写时间、收集资料等因素的影响,本书内容难免有错漏和欠妥之处,恳请广大读者不吝批评指正。

编者

2015年2月28日

于解放军外国语学院